_____님께

드립니다.

20____년 ____월 ____일

소리 내서 읽고,
손으로 쓰고 싶은

인생
격언

이 책은 일본에서 출간된 《남자의 좌우명(男の座右の銘)》의 구성을 그대로 따르고 있습니다. 원서의 내용 중 삭제된 인물에 대해서는 모두 일본 측의 양해를 구한 것이며, 이에 따라 번역을 진행했고, 새롭게 기획하고 추가 집필하였습니다.

로마는 하루아침에 이루어지지 않았다/ 밤이 아무리 길어도 아침은 반드시 찾아온다/ 인간은 노력하는 한 방황한다/ 사랑받기 보다는 사

랑하는 사람이 돼라/ 어느 날 아침에 일어나 보니 유명해져 있었다/ 하늘은 스스로 돕는 자를 돕는다/ 추위에 떨었던 사람일수록 햇볕

의 따스함을 고마워한다/ 인간이 불행한 이유는 자신이 행복하다는 사실을 모르기 때문이다. 단지 그뿐이다/ 당신을 곤경에 빠뜨리는 것

은 당신이 모르고 있는 것이 아니라 그럴 리 없다고 당신이 확신하고 있는 것이다/ 어둠은 불멸의 영혼의 전진을 가로 막지 못한다/ 어쨌

든 하루하루가 새로운 날인 걸/ 마음으로 보지 않으면 사물이 잘 보 이지 않는다. 정말 소중한 것은 눈에 보

이지 않으니까 말이다/ 경험이 뒷받침되지 않는 위인의 이 론은 피하라/ 겨울이 온 다음에야 소나

무와 잣나무가 푸르름을 안다/ 아름다움은 모든 곳 에 있다/ 확신에 차 있는 것처럼 행동하

라. 차츰 진짜 확신이 생겨날 것이다/ 내일 그 릴 그림이 가장 멋지다/ 우리의 재산은 우

리의 머릿속에 있다/ 인생에 필요한 것은 용 기와 상상력, 그리고 약간의 돈이다/ 에

술은 길고 인생은 짧다/ 공부에는 왕도 가 없다/ 인내와 반성하는 마음만 있

으면 누구든 난관을 뚫고 나갈 수 있 다/ 생명을 지키고 북돋워

주는 것은 선이고, 생명을 부수고 가 로막는 것은 악이다/ 남

들보다 세 배, 네 배, 다섯 배로 노력하 는 사람이 천재다/ 나는 천

때가 아니다. 단지 남보다 더 오래 문제 를 붙들고 있을 뿐이다/ 마음을 절제

한다면 안락을 얻을 수 있다/ 잘못을 하고 도 고쳐지 않는 것, 그것이 잘못이다/ 부드러

움은 능히 강함을 이긴다/ 정해진 길이란 없 다. 길은 걸어가면서 만들어가는 것이다/ 다른 사람

기 악한 일을 하거든 내 속에 악함이 없나 살펴 보라/ 모든 일은 마음먹기에 달렸다/ 소년은 늙기 쉽고 학

문은 이루기 어렵다. 한 치의 시간도 가볍게 여기지 말라/ 알면서 실천하지 않으면 참된 앎이 아니다/ 산은 산이요, 물은 물이다/ 버리지

않고는 새것이 들어설 수 없다/ 나는 내가 아무것도 모른다는 사실을 알고 있다/ 시작이 반이다/ 친구는 기쁨을 배로 만들고 슬픔을 반으

로 줄여준다/ 아는 것이 힘이다/ 나는 생각한다. 고로 존재한다/ 사람은 생각하는 갈대다/ 비록 내일 지구의 종말이 온다 할지라도 나는

오늘 한 그루의 사과나무를 심겠다/ 자연으로 돌아가라/ 침묵은 말보다 더 훌륭한 웅변이다/ 쾌활함은 즉효성 있는 직접적인 보수다/ 살

찐 돼지가 되기보다는 마른 소크라테스가 돼라/ 꿈은 현실의 투영이고, 현실의 꿈의 투영이다/ 인류의 역사는 도전과 응전의 역사다/ 언

어는 질문하기 위해 발명한 것이다/ 사람의 운명은 그 사람의 손 안에 있다/ 가난하지만 꿈꾸는 사람에게 손길을 내밀고 싶다/ 성공의 비

결은 당연한 일을 특별히 잘하는 데 있다/ 실패했다는 게 무슨 대수라고. 실패에서 교훈을 얻고 또 도전하면 되지/ 쓰러지면 일어서라/

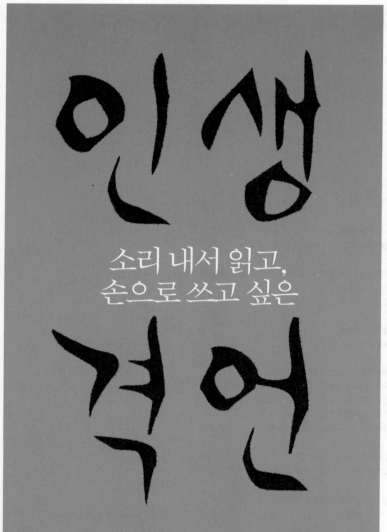

인생 격언

소리 내서 읽고,
손으로 쓰고 싶은

김규회, 야마다 토모미, 타니베 준, 나가무라 후미오, 사자키 요 지음 | 야마구치 타쿠로 감수 | 이용택 옮김

끌리는책

소리 내서 읽고, 손으로 쓰고 싶은
인생 격언

초판 1쇄 발행 2015년 10월 12일
초판 2쇄 발행 2015년 12월 10일

지은이 김규회, 야마다 토모미, 타나베 준, 나카무라 후미오, 사자키 료
감수 야마구치 타쿠로
옮긴이 이용택

펴낸이 김찬희
펴낸곳 끌리는책

출판등록 신고번호 제25100-2011-000073호
주소 서울시 구로구 경인로 55 재도빌딩 206호
전화 영업부 (02)335-6936 편집부 (02)2060-5821
팩스 (02)335-0550
이메일 happybookpub@gmail.com

ISBN 978-89-90856-96-8 03320
값 22,000원

차례

1장

소리 내서 읽고,
손으로 쓰고 싶은
문학가의 격언

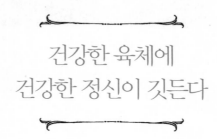

건강한 육체에
건강한 정신이 깃든다

운동의 중요성을 강조한 말이다. 정신적인 건강은 육체적인 건강에 기초를 두고 있다. 그런데 본래 이 말을 남긴 유베날리스는 정신의 단련은 소홀히 한 채 육체적 힘에만 집착하는 당시 세태를 풍자했다. 악독한 도미티아누스 황제와 부패한 권력가들이 검투 경기 같은 폭력적인 스포츠를 즐기는 것을 비꼰 것이다. 2세기 초, 고대 로마에서는 하루도 빠지지 않고 검투 경기가 벌어졌다. 유베날리스는 검투 경기를 보고 나서 "건강한 육체에 건강한 정신이 깃들기를 바라노라. 죽음을 두려워하지 않는 용감한 영혼을 구하노라"라는 시를 남겼다. 검투사들이 잘 가꾼 몸만큼이나 건전한 정신을 갖추길 바라는 마음이 깃들어 있다.

데키무스 유니우스 유베날리스(Decimus Junius Juvenalis)
풍자시인(BC ?) 고대 로마

캄파니아의 아퀴눔에서 태어났다. 1세기 후반에서 2세기 초반에 활동한 것으로 보이지만 생애에 대해서는 확실한 근거를 가진 사료가 별로 없다. 로마에서 활약했는데 대략 트라야누스 황제와 하드리아누스 황제의 시대로 짐작된다. 도미티아누스 황제를 비롯한 많은 황제들과 로마의 귀족들, 당시의 사회상에 대해 풍자와 통렬한 비판을 했다. 조소와 해학이 담긴 《풍자시집(Saturae)》이 전해진다. 5권의 책, 16편으로 나눠져 있다. 1권이 풍자시 1~5편, 2권이 풍자시 6편, 3권이 풍자시 7~9편, 4권이 풍자시 10~12편, 5권이 풍자시 13~16편이다. 다만 풍자시 16편이 미완성인 채로 남아 있다. 《풍자시집》은 당시의 부패한 사회상에 대해 격렬한 분노를 담고 있다. 결국 도미티아누스 황제의 노여움을 사서 추방당했고, 만년을 불행하게 보냈다고 전해진다. 평가가 높아진 것은 사후의 일이다. 그에 관한 전기도 상당수는 그가 죽은 지 오랜 시간이 지난 후에 쓰인 것으로 보인다. 그의 작품은 라틴 문학은 물론 후대의 풍자 작가들에게 큰 영향을 끼쳤다.

유베날리스의 인생 격언

- 미래에 부자인 채로 죽기 위해서 오늘 가난하게 사는 것이야말로 어리석은 일이다.

- 늘 운이 좋은 사람은 흰 까마귀보다 드물다.

- 누구도 갑자기 타락하는 법은 없다.

- 갑자기 극단적인 악인이 된 자는 없다.

- 얼굴은 여러 가지 마음을 비추는 거울이다.

- 젊은이는 여러모로 다르지만 노인은 모두 똑같이 보인다.

- 정의의 손에는 칼이 있을 수 없다.

- 지혜는 우선 옳은 것을 알려준다.

- 젊은이들에게 관대하라.

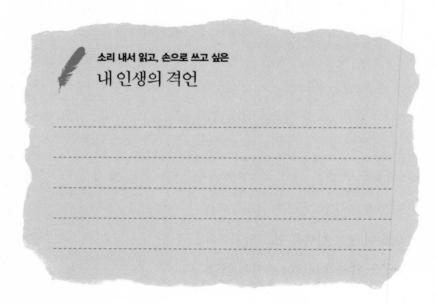

소리 내서 읽고, 손으로 쓰고 싶은
내 인생의 격언

세월은
사람을
기다리지 않는다

도연명의 여러 시들을 모은 《잡시(雜詩)》라는 책에 나오는 구절이
다. 인생을 살면서 좋은 때는 한때이니 이 시기를 놓치지 말고 값지게
쓰라는 뜻이다. 시간을 아끼자는 뜻으로도 사용하고 있지만, 때를 놓
치지 말라는 의미가 더 크다. 도연명이 벼슬을 버리고 시골로 내려가
농사일을 하면서 지은 시(詩)다. 전문에 따르면 '젊은 시절은 거듭 오
지 않으며 / 하루에 새벽은 두 번 오지 않는다 / 때를 놓치지 않고 힘
써 노력하라 / 세월은 사람을 기다리지 않는다'고 되어 있다. 학문을
권하는 내용을 담고 있어 '권학시'라고도 부른다. 무슨 일이든 일을
하기에 적합한 시기가 있다. 때를 놓치지 않고 자기 것으로 만든다면
나중에 큰 후회를 남기지 않는다.

도연명(陶淵明)
동진(東晉)의 시인(365~427) 중국

이름은 잠(潛), 자는 연명 또는 도잠(陶潛). 동진 말기부터 남조의 송대(宋代) 초기에 걸쳐 생존한 중국의 대표적 시인이다. 유명 가문에서 태어났지만 집안 형편이 어려웠다. 호구지책으로 관리가 되어 10년이 넘도록 벼슬살이를 했지만 높은 자리에 오르지는 못했다. 말단 관리로 작은 소도시들을 떠돌아 다녔다. 40세가 넘어 관직을 버리고 고향으로 돌아가 농사를 지으며 농부들과 어울려 생활했다. 이후 끝까지 벼슬에 다시 나가지 않았으며, 63세로 인생 여정을 마쳤다. 은자의 삶을 즐겨 노래했다. 전원풍의 시풍이 특징이다. 중국 최고의 자연시인으로 꼽힌다. 《귀거래사(歸去來辭)》, 《도화원기(桃花源記)》 등의 유명한 작품이 있다.

도연명의 인생 격언

- 새도 날다가 지치면 둥지로 돌아올 줄을 안다.[1]
- 소박하게 살아가며 침묵을 지킨다.

---

1 ── 조권비이지환(鳥倦飛而知還). 도연명의 《귀거래사(歸去來辭)》에 나오는 한 구절이다.

로마는
하루아침에
이루어지지 않았다

'Rome was not built in a day.' 이미 이루어진 일을 보기만 할 때 그것은 쉽게 달성한 것처럼 보인다. 그러나 아주 작은 일이라도 오랜 인내와 노력 없이 그냥 만들어지는 일은 세상에 없다. 작은 일들의 성과가 하나하나 쌓여서 큰 일이 되는 것이다. 대제국 로마 건설은 로마인이 하루하루 열심히 이뤄낸 결과물이다. 이 말은 본래 12세기의 프랑스 속담집에 실려 있다. 그런데 세르반테스의 《돈키호테》에서 인용하면서 세계적인 명언으로 알려지게 됐다. 번역자가 영어로 옮길 때 독자들의 이해를 돕기 위해 이 말을 집어넣었던 것이다. 이 말대로 고대의 로마는 이리의 젖을 먹고 자랐다는 로물루스와 레무스 형제가 나라를 세웠을 때만 해도 작은 도시국가였다. 그런 로마가 기원전

6세기에 에트루리아인의 지배에서 벗어나 지중해를 제압해 거대한 국가로 자리 잡기까지는 무려 700년 정도의 세월이 필요했다.

세르반테스의 인생 격언

- 사귀고 있는 벗을 보면 그 사람의 인품을 알 수 있다.

- 햇빛이 비치는 동안에 건초를 만들자.

- 나의 작품은 곧 나의 자식이자 내 지성의 창조물이다.

- 근면은 행운의 어머니다. 반대로 나태는, 인간을 그가 가장 바라는

어떤 목표에도 결코 데려다주지 않는다.

- 여자가 하는 소리는 시시하다. 하지만 그 말을 듣지 않는 남자는 제 정신이 아니다.

- 눈이 보지 않으면 마음도 상하지 않는다.

- 순결하고 덕망 있는 여인보다 값진 보물은 이 세상에 없다.

- 용감한 사람일수록 자신의 운명은 자신이 만들어낸다.

- 용기는 악운을 쳐부순다.

- 우리가 첫째로 싸워야 하는 적은 우리 내부에 들어 있다.

- 운명은 항상 너를 위해 더욱 더 훌륭한 성공을 준비하고 있는 법이다. 그러므로 오늘 실패한 사람이 내일에 가서는 성공하는 법이다.

- 위대한 일은 위대한 인물을 위해서 남겨져 있다.

- 자유란 신이 인간에게 베푼 최고의 축복 중 하나다.

- 전쟁으로 출세한 자보다 전사한 자의 숫자가 훨씬 더 많다.

- 행운은 물레방아와 같이 돌고 돌아, 어제 정상에 있던 사람이 오늘은 밑바닥에 깔린다.

- 훌륭한 화가는 자연을 모방하고 어리석은 화가는 자연을 토해낸다.

밤이 아무리 길어도
아침은 반드시 찾아온다

《맥베스》는 셰익스피어의 작품 중에서도 특히 인기가 높다. 명예욕에 불타는 악녀 맥베스 부인에게 휘둘려 왕을 살해하러 가는 맥베스의 어수룩함, 마음을 다쳐 파멸로 향하는 그들의 모습은 현대사회의 분위기와도 통하는 것 같다. 맥베스를 농락하는 세 마녀와의 수수께끼 같은 대사도 스릴 넘친다. 그중에 일품은 맥베스를 토벌하는 맬컴 장군의 이 대사다. 맥베스에 의해 불우한 나날을 보내던 그는 이 희곡에서 드물게 긍정적인 대사를 읊었다.

윌리엄 셰익스피어(William Shakespeare)
극작가(1564~1661) 영국

잉글랜드 지방에서 태어났다. 1592년경부터 런던의 극작업계에서 활동했던 기록이 있고, 1594년경에는 글로브 극장의 공동 주주가 됐다. 평생 36편의 희곡을 남겼고, 그중에는 《맥베스》, 《햄릿》, 《리어 왕》, 《오셀로》 같은 4대 비극과 《로미오와 줄리엣》 같은 러브 스토리, 《한여름 밤의 꿈》, 《템페스트》 같은 희극이 있다. 지금도 전 세계적으로 사랑받고 있는 작가다.

셰익스피어의 인생 격언

• 최악이라고 말할 때는 아직 최악이 아니다.

• 내 것은 네 것, 네 것은 내 것.

• 죽느냐 사느냐, 그것이 문제로다.[1]

• 이야기나 역사에 비추어 봐도 진실한 사랑은 결코 상황에 따라 달라지지는 않는 것 같다.

• 불행을 고치는 약은 오직 희망밖에 없다.

• 성실하지 못한 친구를 갖는 것보다 오히려 적을 갖는 것이 낫다.

• 슬픔은 언제나 혼자서는 찾아오지 않는다. 뒤에는 떼를 지어 몰려오는 법이다.

• 역경이 사람에게 주는 교훈만큼 아름다운 것은 없다.

• 위인은 세 종류가 있다. 태어날 때부터 위대한 사람, 노력해서 위인
  이 된 사람, 위대한 사람이 되도록 강요당한 사람이다.

• 이 세상에는 행운도 불운도 없다. 다만 생각하기에 달렸다.

1 — 《햄릿》의 너무나도 유명한 대사다. 뒤에 "어느 편이 사내다운 삶의
    태도인가. 몸을 움츠리고 불법적인 운명의 화살을 견디는 일과, 칼을
    빼들고 밀려오는 고난에 맞서 이를 굴복시킬 때까지 물러서지 않는
    일 중 어느 편을 택할 것인가"가 이어진다.

소리 내서 읽고, 손으로 쓰고 싶은
내 인생의 격언

천하에
두려운 존재는
백성뿐이다

허균의 저서인 《성소부부고(惺所覆瓿藁)》에 여러 편의 글이 있다. 책 속에 그의 입장을 가장 잘 표현했다고 하는 '유재론(遺才論)'과 '호민론(豪民論)'이 포함되어 있다. 이 말은 '호민론'에 나오는 어록이다. 그는 "천하의 두려워할 바는 백성이다"라고 전제한 뒤 백성을 다음과 같이 구분하며 호민을 가장 두려워해야 할 존재라고 말했다. 이에 따르면 "대저 이루어진 것만을 함께 즐거워하느라 항상 눈앞의 일들에 얽매이고, 그냥 따라서 법이나 지키면서 윗사람에게 부림을 당하는 사람들은 항민(恒民)이다. 항민은 두렵지 않다. 모질게 빼앗겨서, 살이 벗겨지고 뼛골이 부서지며, 집안의 수입과 땅의 소출을 다 바쳐서, 한없는 요구에 응하느라 시름하고 탄식하면서 그들의 윗사람을 탓하는

허균(許筠)
조선 중기의 문장가(1569~1618) 대한민국

우리나라 최초의 한글소설인《홍길동전》의 저자로 유명하다. 소설가 이전에 시대를 앞선 자유민주주의자이자 사상가였다. 봉건사회 조선에서 신분차별 없는 세상을 꿈꿨던 개혁주의자이기도 했다. 자는 단보(端甫), 호는 교산(蛟山)·성소(惺所)·백월거사(白月居士). 호 교산은 태어난 외가인 강릉시 사천면 사천리의 교산자락에서 유래한다. 교산이라는 이름은 용이 되지 못한 이무기가 기어가듯 구불구불한 모양이라고 해서 붙여진 것이다. 경상도 관찰사 허엽과 강릉 김씨의 3남 2녀 중 막내로 태어났다. 허균의 가문은 대대로 대문벌이었고 학문으로 이름이 높았다. 12세 때 부친을 잃은 그는 유성룡에게서 학문을 배우고, 이달에게서 시를 배웠다. 천재 문장가인 그의 생은 자유분방한 삶과 파격적인 학문으로 순탄하지 않았다. 26세 때 처음 관직에 나섰지만 관직 생활 20여 년 동안 세 번이나 유배를 가고 여섯 번이나 파직을 당했다. 1606년에 종사관으로 명나라 사신을 대접하는 자리에서 뛰어난 문장과 학식을 발휘해 이름을 떨쳤다. 그의 학문 태도는 매우 자유로웠다. 유교뿐만 아니라 불교, 도교, 천주학, 양명학 등 새로운 학문과 사상에 심취했다. 1610년에 명나라에 사신으로 갔다가 한국 최초의 천주교 신자가 되어 천주교 기도문 12장을 얻어왔다. 그에게는 조선시대 최고의 여류 시인으로 평가받는 누이 허난설헌(許蘭雪軒)이 있다. 조선시대 사회모순을 비판한 불후의 명작《홍길동전》을 통해 평등한 민본사회 건설이라는 꿈을 실현하고자 했다. 조카 사위인 의창군을 왕으로 추대한다는 역모 혐의를 받았다. 결국 1618년(광해군 10년)에 모반죄를 뒤집어 쓴 채 능지처참 가산 몰수 형을 선고 받고 형장의 이슬로 사라졌다. 작품으로《교산시화(蛟山詩話)》,《한정록(閑情錄)》등이 있다.

사람들은 원민(怨民)이다. 원민도 결코 두렵지 않다. 자취를 푸줏간 속에 숨기고 몰래 딴 마음을 품고서, 천지간(天地間)을 흘겨보다가 혹시 시대적인 변고라도 있다면 자기의 소원을 실현하고 싶어 하는 사람들이 바로 호민(豪民)이다. 대저 호민은 몹시 두려워해야 할 사람이다" 라고 되어 있다.

허균의 인생 격언

- 사치한 자는 3년 동안 쓸 것을 1년에 써버리고, 검소한 자는 1년 동안 쓸 것을 3년 내내 쓴다.
- 독서로 더위를 잊는 것이 가장 좋은 방법인데, 거기에 술까지 있으면 금상첨화다.

인간은
노력하는 한
방황한다

1808년에 발표된 괴테의 대표작 《파우스트》 중 '천상의 서곡'에 나오는 말이다. 유혹의 악마 메피스토펠레스가 주인공 파우스트의 영혼을 악의 길로 끌어들일 수 있을지를 두고 신에게 내기하자고 해서 신이 그 내기를 받아들일 때 하는 말이다. 모든 학문을 섭렵하고 싶어하는 파우스트 박사는 신이 말하는 '늘 향상을 위해 노력하는 사람'이다. 높은 목표를 향할수록 고민은 커지며, 고민이 클수록 사람은 성장한다고 괴테는 이야기한다.

요한 볼프강 폰 괴테(Johann Wolfgang von Goethe)
시인, 소설가, 극작가(1749~1832) 독일

독일의 유복한 가정에서 태어났다. 아버지는 그를 법률가로 키우려고 법률
학교에 보냈지만, 재학 중에 문학으로 눈을 돌렸다. 프랑크푸르트에서 지내
던 1774년, 대표작《젊은 베르테르의 슬픔》을 발표했다. 그 후 바이마르로
이주해서 궁정 고문으로 공무에 몰두했다. 실러와 함께 독일 고전주의 시대
문학을 확립했다. 1831년에《파우스트》의 제2부를 완성하고, 1832년에 세
상과 이별했다.

괴테의 인생 격언

- 오늘이라는 날보다 좋은 날은 없다.
- 항상 선한 목적을 잃지 않고 노력을 지속하는 한, 최후에는 반드시
  구원받는다.[1]
- 서두르지 말고, 쉬지 말고.[2]
- 최선을 다해 노력하라. 그 결과는 노력하지 않을 때보다 훨씬 나을
  것이다.
- 지갑이 가벼우면 마음이 무겁다.
- 눈물 젖은 빵을 먹어보지 않은 사람은 인생의 참다운 맛을 모른다.
- 법률의 힘은 위대하다. 그러나 필봉의 힘은 더욱 위대하다.

- 과거를 잊는 자는 결국 과거 속에 살게 된다.

- 햇빛이 비치는 한 먼지도 반짝인다.

- 희망만 있으면 행복의 싹은 그곳에서 튼다.

- 30분을 티끌과 같은 시간이라고 말하지 말고 그동안 티끌과 같은 일을 처리하는 것이 현명하다.

- 우리의 운명은 겨울철 과일나무와 같다. 그 나뭇가지에 다시 푸른 잎이 나고 꽃이 필 것 같지 않아도, 우리는 그것을 꿈꾸고 그렇게 될 것을 잘 알고 있다.

1 ── 《파우스트》에 나오는 말이다. '인간은 노력하는 한 방황한다'라는 말 뒤에 이어지는 말이다. 최후에는 구원받는다는 괴테의 기본적인 사상을 담고 있다.

2 ── 전체 문구는 '태양이 도는 것처럼 서두르지 말고, 쉬지 말고'다. 조급해하지 말고 착실히 노력하는 것이 중요하다는 뜻이다.

연애는
남자의 일생에서
하나의 삽화에 불과하지만,
여자의 일생에서는
역사 그 자체다

스탈 부인은 비평가이자 문예평론가다. 프랑스 낭만주의의 선구자이고, 후에 독일 문학에도 영향을 끼쳤다. 희대의 재능을 타고났지만, 성적으로는 문란했다고 한다. 남편과는 결혼한 지 2년 만에 별거에 들어갔고, 그 후 나폴레옹을 만났다. 무슨 이유에서인지 나폴레옹에게는 지나치리만큼 호의를 가졌다. 나폴레옹이 목욕하는 욕실로 쳐들어갔다는 에피소드도 있다. 하지만 나폴레옹에 의해 파리에서 추방됐고, 20세 연하의 장교와 결혼했다. 말 그대로 연애로 꽉 찬 인생을 산 여성이다.

스탈부인의 인생 격언

- 양심의 소리는 너무나도 희미해서 쉽게 묵살해버릴 수 있지만, 또한 너무나도 분명해서 잘못 알아들을 수 없다.
- 두 천재가 손을 잡는 것은 프랑스의 국익에 합치한다.[1]
- 내가 남자가 아니라서 다행이다. 왜냐하면 여자와 결혼하지 않아도 되니까.[2]
- 남자는 의견에 도전하는 법을 알아야 하며, 여자는 의견에 복종하는 법을 알아야 한다.

1 ── 두각을 나타내기 시작한 젊은 나폴레옹에게 한 말이다. 스탈 부인이
　　　 얼마나 자신감 넘치는 사람인지 잘 알 수 있다.

2 ── 그는 이런 말을 했지만, 그를 알고 있는 남성들은 '부부 사이에 권태
　　　 기를 맞이한 남편은 스탈 부인과 한번 만나보기를 권한다'라고 뒤에
　　　 서 몰래 이야기했다고 한다. 그러면 아내의 소중함을 잘 알 수 있기
　　　 때문이다.

소리 내서 읽고, 손으로 쓰고 싶은
내 인생의 격언

사랑받기보다는
사랑하는 사람이 돼라

스탕달이 살았던 시대는 변화와 혼란의 시대였다. 그런 시절에는 저마다 자기의 이익을 쫓아다니기 분주하기 마련이다. 출세만을 위해서 살아가다 보니 남을 사랑하는 방법도 잊게 된다. 그런데 사람은 혼자서만 살아갈 수는 없다. 한자로 '사람 인(人)'자를 보면 알 수 있다. 사람은 서로 기대어 살아야 하는 존재다. 다른 사람에게 사랑을 베풀 줄 아는 사람이 사랑을 받을 줄도 안다. 스탕달은 자신이 훌륭한 소설을 쓸 수 있었던 것은 남들을 한껏 사랑했던 경험의 덕택이라고 고백했다.

스탕달의 인생 격언

- 사랑에는 한 가지 법칙밖에 없다. 그것은 사랑하는 사람을 행복하게 만드는 것이다.

- 살았다, 썼다, 사랑했다.[1]

- 마음을 정결하게 해서 모든 증오의 감정을 멀리하면 젊음은 오래 보존할 수 있다. 아름다운 부인들도 대개는 얼굴부터 먼저 나이를 먹는다.

- 사랑은 늙는 것을 모른다.

- 여자는 훌륭한 악기다. 사랑이 그 활이며 남자가 그 연주자다.

- 연애는 열병과 같은 것이어서 의지와는 아무런 상관없이 생겨났다

가 사라진다. 결국 연애는 나이와 상관없다.

1 ── 스탕달이 생전에 자신의 묘비명에 새겨 달라고 한 말이다.

소리 내서 읽고, 손으로 쓰고 싶은
내 인생의 격언

어느 날 아침에
일어나 보니
유명해져 있었다

바이런은 영국 낭만파를 대표하는 시인이다. 그는 케임브리지대학 재학 시절 첫 시집 《한가한 시간》(1807)을 발간했다. 그런데 예상과 달리 평단의 혹평은 따가웠다. 대학을 졸업한 후에 포르투갈, 스페인, 그리스 등을 돌아다녔다. 이 여행 경험을 토대로 이국적인 장시 〈차일드 해럴드의 순례1, 2〉(1812)를 발표했다. 그런데 이번에는 최고의 찬사를 받았다. 이 시 덕분에 바이런은 하루아침에 일약 낭만주의 시인의 선두주자로 명성을 얻으며 유명해졌다. 이때 바이런은 다음과 같은 말로 감격의 기쁨을 표현했다. "I awoke one morning and found myself famous."

런던에서 태어났다. 집안은 유서 깊은 귀족 가문이었지만 평이 좋지는 않았다. 재혼을 한 부친이 가족을 버리고 프랑스로 도피해 객사한 후에는 어머니의 고향 스코틀랜드 애버딘에서 자랐다. 조각상 같은 외모 덕분에 런던 사교계의 총아로 떠오르기도 했다. 한때 무절제하고 방탕한 생활을 했다. 여행시집 《차일드 해럴드의 편력》을 출판해 신진 시인으로 명성을 얻었다. 이후 영국 시단을 뒤흔들며 열광적인 인기를 독차지했다. 괴테는 바이런을 '금세기 최대의 천재 시인'이라며 찬사를 보냈다. 1823년, 그리스 독립 전쟁에 참전했다가 말라리아에 걸려 35세의 나이에 사망했다.

바이런의 인생 격언

- 슬픔은 현명한 사람의 스승이다.

- 나에 대한 세평이 옳다면 내가 영국에 맞지 않는 인간이고, 틀리다면 영국이 나에게 맞지 않는 나라다.[1]

- 남자는 여자와 더불어 살 수도 없고, 그렇다고 여자 없이 살 수도 없다.

- 모든 비극은 죽음으로 종말을 고하게 되고, 모든 희극은 결혼으로 종언을 고하게 된다.

- 법을 두려워하지 않는 자는 틀림없이 법 때문에 망한다.

- 여자는 천사지만 결혼하면 악마가 된다.

- 우리의 청춘시대는 우리의 영광시대다.

- 내 자신의 무식을 아는 것은 지식으로 향하는 첫걸음이다.

1 —— 바이런은 시인으로 큰 명성을 얻은 반면 여성 편력 등으로 오명을 얻기도 했다. 여러 가지 소문 중에서도 가장 충격적인 것이 근친상간 혐의였다. 진실이야 어떻든 당시 사회 통념으로도 결코 묵인할 수 없는 일이었다. 그래서 갖가지 악담이 난무했다. 견디다 못한 바이런은 이 말을 남기고 1816년에 영국을 떠났다.

소리 내서 읽고, 손으로 쓰고 싶은
내 인생의 격언

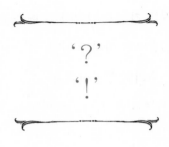

'?'

'!'

위고가 출판사와 주고받은 서신 내용. 세상에서 가장 짧은 편지로 널리 알려져 있다. 위고는 한때 나폴레옹을 반대해 영국의 작은 섬에서 19년 동안이나 망명생활을 했는데, 이 시기에 오로지 문학에만 몰두해 위대한 작품을 많이 남겼다. 대표적인 작품이 《레 미제라블》이다. 하지만 위고가 머물던 섬에서는 그가 쓴 책에 대한 프랑스인들의 반응을 알 수 없었다. 이를 몹시 궁금하게 여긴 그는 출판사에 '?'라고만 쓴 편지를 보냈고, 출판사는 답장으로 '!'라고 써서 보냈다. 위고의 '?'는 '나의 책이 잘 팔리고 있습니까? 평은 어떻습니까?'라는 뜻이고, 출판사의 '!'는 '네, 아주 잘 팔립니다! 평도 좋습니다!'라는 뜻이었다. 그의 재치를 엿볼 수 있다.

빅토르 위고(Victor Hugo)
시인, 소설가, 극작가(1802~1885) 프랑스

브장송에서 태어날 당시 프랑스는 나폴레옹 시대였다. 나폴레옹의 장군이었던 부친은 위고가 군인이 되기를 희망했다. 그러나 문학에 매료되어 시, 소설을 공부했다. 20세 때 첫 시집인《송가》를 발표했다. 23세 때 프랑스 황실로부터 작가로서의 공로를 인정받아 레지옹 도뇌르 기사 훈장을 받았다. 이 무렵부터 낭만주의 문학 이념의 초석을 다졌고 이후 낭만주의 작가로 명성을 떨쳤다. 1876년에는 상원의원에 선출돼 정치도 했다. 83세를 일기로 사망하기까지 20권의 시집, 10편의 희곡과 장편 소설, 5권의 논집 등 방대한 저술을 남겼다. 사회적인 문제를 다룬 작품들이 특히 많았다. 세계적인 명작인《레 미제라블》,《노르트담 드 파리》등이 있다. 장례식은 위대한 문학 업적과 독재에 맞서 민중을 이끈 사상가로서의 공헌을 인정받아 국장으로 치러졌다.

위고의 인생 격언

• 수학보다 희망이 더 문제를 푸는 힘이 있다.

• 궁핍은 영혼과 정신의 힘을 낳는다. 불행은 위대한 인물의 좋은 유모가 된다.

• 노동은 생명이요, 사상은 광명이다.

• 마흔 살은 청년기의 노년이고, 쉰 살은 노인의 청춘기이다.

• 만일 신문이 없었다면 프랑스 혁명은 일어나지 않았을 것이다.

- 바다보다도 웅장한 광경이 있다. 그것은 하늘이다. 하늘보다도 웅대한 광경이 있다. 그것은 양심이다.
- 사랑한다는 것은 믿는 것이다.
- 여자를 아름답게 만드는 것은 신이요, 여자를 매혹적으로 만드는 것은 악마다.
- 예수는 울었다. 볼테르는 웃었다. 그 신의 눈물과 그 인간의 미소로 오늘날 문명의 아름다움이 이뤄진 것이다.
- 예술을 위한 예술이 아름다울지도 모른다. 그러나 진보를 위한 예술은 더욱 아름답다.
- 운명은 화강암보다도 견고하지만 인간의 양심은 운명보다도 견고하다.
- 진실성이 결여된 칭찬은 칭찬이 아니라 아첨일 뿐이다.
- 청춘은 슬픔 속에서도 언제나 그 자체의 광택이 있다.
- 하느님은 물을 만드셨지만 인간은 와인을 만들었다.
- 인생에서 최고의 행복은 우리가 사랑받고 있음을 확신하는 것이다.
- 인간은 웃는 재주를 가진 유일한 생물이다.
- 인간 최고의 의무는 타인을 기억하는 데 있다.
- 미래는 여러 가지 이름을 가지고 있다. 약한 자들에게는 불가능이고, 겁 많은 자들에게는 미지(未知)이며, 용기 있는 자들에게는 기회이다.

하늘은
스스로 돕는 자를
돕는다

'Heaven helps those who help themselves.' 스마일스의 대표작《자조
론(自助論)》에 나오는 내용이다. 빅토리아 시대 영국인의 자조(自助)
정신을 잘 표현하고 있다. 빅토리아 시대는 영국의 빅토리아 여왕이
통치(1837~1901)했던 시대. 산업혁명의 경제 발전이 성숙기에 도달
해 대영 제국의 절정기로 간주되던 시기였다.《자조론》은 정치 개혁
보다 개인의 개혁이 더 시급하다는 인식에서 출발한다. 자신에 대한
성실함만이 성공을 이룰 수 있다는 뜻이다. 근면하고 성실하게 일하
는 사람에게 행운이 찾아온다는 말도 된다. 영국의 산업혁명은 전 세
계의 역사를 바꾸어 놓을 만큼 획기적인 사건이었다. 사람들은 엄청
나게 쏟아지는 물질의 홍수 속에서 남보다 더 많이 가지려고 욕심을

부렸다. 결국 가난한 사람과 부자의 격차는 더 벌어졌다. 이런 혼란한 시대에 스마일스는 국민 모두가 근검하고 성실하게 노력하지 않는다면 나라 경제가 어렵게 될 것이라고 경고했다.

스마일스의 인생 격언

• '노'라고 말해야 할 때 말하지 못하는 사람은 자신을 불행하게 만든다.

• 결혼은 복권이다.

• 고통, 슬픔, 곤란을 이겨 나가는 데 있어 마지막으로 의지하는 것은 자기 자신의 힘 이외에는 없다.

- 스스로 일해서 얻는 빵만큼 맛있는 것은 없다.
- 아무리 엄한 법률일지라도 게으른 사람을 부지런하게, 낭비하는 사람을 검약하게, 술에 취해 있는 사람을 깨게 할 수는 없다.
- 악의 근원을 이루는 것은 돈, 그 자체가 아니라 돈에 대한 사랑이다.
- 연애가 있기 때문에 세상은 항상 신선하다. 연애는 인생의 영원한 음악으로 청년에게는 빛을 주고 노인에게는 후광을 준다.
- 예의가 사람을 만든다. 마음이 사람을 만든다. 이런 두 가지 격언보다도 더 진실한 것은 가정이 사람을 만든다는 격언이다.
- 유쾌한 기분을 항상 유지할 수 있는 중대한 비결이 있다. 즉 쓸데없는 일에 신경을 쓰지 말고, 어떤 사소한 의무이건 그것을 다 이행하는 데서 큰 만족을 느끼는 것이다.
- 인간을 위대하게 만드는 것은 모두 노동에 의해서다. 문명이란 노동의 산물이다.
- 자존심은 사람이 입을 수 있는 가장 고귀한 의상이며, 마음을 북돋아줘 가장 의기양양하게 하는 감정이다.
- 아주 작은 구멍을 통해서도 햇빛을 볼 수 있듯이 사소한 일로 사람의 인격을 알 수 있다.

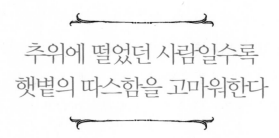

추위에 떨었던 사람일수록
햇볕의 따스함을 고마워한다

휘트먼은 어린 시절부터 많은 고생을 하며 자랐다. 그래서 자신과 비슷한 처지에 있는 가난한 사람들의 삶을 시로 쓰기 위해 그들의 생활을 직접 관찰했다. 이런 관찰을 통해 민주주의야말로 정말 위대하다는 사실을 깨달았다. 비록 현실은 어렵고 힘들지만, 인간에게는 기회와 자유가 있기 때문에 미래가 밝다고 생각했다. 그는 민주주의를 따스한 햇볕이라고 느꼈다. 민주주의의 소중함을 일깨운 말이지만, 삶의 어려움을 겪은 사람만이 진정한 행복을 안다는 의미도 된다.

월트 휘트먼(Walt Whitman)
시인(1819~1892) 미국

뉴욕에서 목수의 아들로 태어났다. 가정 형편이 어려워 초등학교를 중퇴하고 독학으로 공부했다. 아버지의 목수일을 도우며 가난한 사람들의 생활을 관찰하고, 이를 바탕으로 《풀잎》이라는 시집을 출간하면서 세상에 알려졌다. 시집은 9판까지 출판되며 베스트셀러가 됐다. 인간성 회복과 민주주의를 찬양하는 글들을 많이 남겼다. 산문집 《자선일기 기타》가 유명하다.

휘트먼의 인생 격언

- 우리들이 오늘밤 거짓이라고 배척하는 것도 먼 옛날에는 진리였다.
- 내 결심은 조금도 흔들림이 없다. 나는 내 시를 나만의 방법으로 마지막까지 최선을 다해 써나갈 것이다.
- 나 자신이라는 존재가 있다. 존재는 있는 그대로도 충분하다.
- 나에 대한 평가는 100년 후에 결정된다.
- 성스러운 것이 있다면 바로 인간의 육체다.
- 평화는 언제나 아름답다.

인간이 불행한 이유는
자신이 행복하다는 사실을 모르기 때문이다.
단지 그뿐이다

소설 《악령》 중 키릴로프라는 등장인물의 대사다. '행복을 자각한 사람은 금세 행복해진다'라는 말이 뒤따른다. 현대사회에서도 객관적으로 보면 행복의 요소를 분명히 많이 지니고 있는 사람이 스스로 불행하다고 한탄하는 모습을 자주 목격한다. 자신에 관한 사소한 깨달음이 행복과 불행을 결정한다는 뜻으로 보인다. 덧붙여, 이 《악령》에는 '인간에게는 행복 말고도 그와 똑같은 수의 불행이 필요하다'라는 문장도 있다.

표도르 도스토옙스키(Fyodor Dostoevsky)
소설가, 사상가(1821~1881) 러시아

러시아의 문호. 모스크바 빈민 구제 병원에서 일하는 의사의 아들로 태어났다. 1846년에 《가난한 사람들》을 출간하며 소설가로 데뷔했지만 두 번째 작품부터 좋은 평판을 얻지 못한 채, 공상적 사회주의라고 불리는 반체제파의 일원으로 체포됐다. 사형 판결을 받았지만 특사에 의해 시베리아 유형으로 감형됐다. 1854년에 복역을 마쳤다. 그 후 《죄와 벌》이 좋은 평판을 얻었고, 이어서 《백치》, 《영원한 남편》 등을 발표했다. 《카라마조프 가의 형제들》을 탈고한 지 몇 달 후에 세상을 떠났다.

도스토옙스키의 인생 격언

- 참된 진리는 항상 진리 같지 않다.

- 사람의 일생은 선물이다. 인생은 행복하다. 각각의 순간이 행복해질 수 있는 순간이다.[1]

- 사랑 없이는 아무것도 인식할 수 없다. 사랑에 의해 비로소 많은 것을 인식할 수 있다.

- 무(無)야. 어쨌든 무에 걸겠어.[2]

- 가장 간단하고 가장 명백한 사상이야말로 가장 이해하기 어려운 사상이다.

• 인간에게는 행복만이 아니라 정확히 그만큼의 불행 역시 필요하다
  는 것을 아는가.
• 감정은 절대적인 것이다. 그 가운데에서도 질투는 가장 절대적인
  감정이다.
• 돈은 절대적인 힘을 가진다. 그와 동시에 평등의 이치이기도 하다.
  돈이 가지는 위대한 힘은 바로 그것이다. 돈은 모든 불평등을 평등
  하게 만든다.
• 이 세상에 사는 모든 것은 무엇보다도 그 생을 사랑하지 않으면 안
  된다.
• 자기 자신을 희생하는 것처럼 행복한 일은 없다.

1 ── 도스토옙스키의 편지에서 발췌했다. 행복에 관한 그의 여러 가지 복
     잡한 발언 중에는 드물게 '인생은 행복하다'고 단순히 고백하는 말도
     있다.

2 ── 《도박자》에 나오는 말이다. 도스토옙스키는 도박에 폭 빠져서 도박
     빚을 갚기 위해 항상 소설 마감에 쫓기는 생활을 했다고 한다.

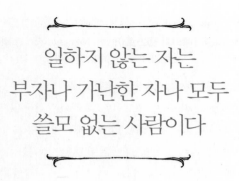

일하지 않는 자는
부자나 가난한 자나 모두
쓸모 없는 사람이다

톨스토이가 활약할 당시 러시아 사회는 불평등하고 경제 사정은 좋지 않았다. 농부들은 하루 종일 쉬지 않고 일을 해도 입에 풀칠하기가 어려웠다. 반면 귀족들은 자신의 땅에서 나오는 세금을 받아 챙기며 일은 하지 않고 사치와 낭비를 일삼았다. 유복했던 톨스토이는 아무 조건 없이 자신의 경작지를 사람들에게 내놓았다. 그들과 어울려 쉬지 않고 잡초를 뽑고 돌을 고르며 땅을 갈았다. 사람들이 모두 행복하게 살려면 누구나 부지런히 일해서 땀 흘린 보람을 느끼는 사회가 돼야 한다고 생각했다.

톨스토이의 인생 격언

- 행복한 가정은 거의 모두 비슷한데, 불행한 가정은 모두
  각각 다른 불행을 짊어지고 있다.

- 본인은 거금의 상금을 받아서 어떻게 쓸지 고민하지 않아도 되고,
  이 돈은 내게 재앙만 가져다줄 것임을 확신하기에 문학상 수상자
  로 선정되지 않아서 매우 기쁘게 여긴다.[1]

- 너는 너의 이마의 땀으로 너의 빵을 얻지 않으면 안 된다.

- 이승에서 인간이 얻는 최고의 행복은 사람들과의 융합과 일치다.

- 가정의 상태를 좋게 하지 못하는 여자는 집에서 행복하지 못하다. 그

리고 집에서 행복하지 못한 여자는 어디에 가거나 행복할 수 없다.

· 겸손은 사랑을 불러일으킨다. 진심에서 우러나오는 겸손은 이 세상에서 가장 사람의 마음을 이끈다.

· 교회의 신앙은 일종의 노예 제도다.

· 누구나 직접 손을 써서 일하는 참된 노동을 배우지 않으면 안 된다. 우리는 노동을 통해서만 최상의 순수한 기쁨 한 가지를 알게 된다.

· 만약 누구를 비난해야 한다면 그의 뒤에서가 아니라 그 사람 앞에서 하라. 그리고 그가 나쁜 감정을 갖지 않도록 하라.

· 말수가 적고 친절한 것은 여성의 가장 좋은 상식이다.

· 모른다는 것은 수치스럽거나 해로운 것이 아니다. 모든 것을 다 안다는 것은 있을 수 없는 일이다. 모르는 것을 아는 척하는 것이야말로 수치스럽고 해로운 일이다.

· 믿음에 의해서, 또는 남의 용서를 받음으로써 죄를 벗을 수 있다고 생각한다면, 그것은 큰 잘못이다. 죄는 무엇으로도 벗을 수 없다. 다만 자기의 죄를 알고 그 죄를 되풀이하지 않도록 노력하는 것만 있는 것이다.

· 비방을 비방으로 응수하는 것은 불 속에 장작을 집어넣는 것과 같다. 그러나 자신을 비방하는 사람을 평화로운 태도로 대하는 사람은 이미 비방을 이겨낸 사람이다.

· 사랑은 인간에게 몰아(沒我)를 가르친다. 따라서 사랑은 인간을 괴

로움에서 구해준다.

- 선을 행하기 위해서는 노력이 필요하다. 그러나 악을 억제하기 위해서는 더 한층 큰 노력이 필요하다.

- 선한 사람이란 자기의 죄는 언제까지나 잊지 않고 자기의 선행은 곧바로 잊는 자이다. 악한 사람이란 그 반대로 자기의 선행은 언제까지나 잊지 않고 자기의 죄는 곧 잊는 자이다.

- 시간은 흘러가버리지만 한번 입 밖에 낸 말은 그대로 남는다.

- 시간이란 없는 것이다. 다만 있는 것은 일순간뿐이다. 그 일순간에 우리의 전 생활이 달려 있다. 그러므로 이 순간에 우리의 모든 힘을 발휘해야 한다.

- 신은 이성으로 이해할 수 있는 존재가 아니다.

- 여자란 아무리 연구를 계속해도 항상 완전히 새로운 존재다.

- 예술은 기예가 아니라 예술가가 체험한 감정의 전달이다.

- 욕망이 작으면 작을수록 인생은 행복하다. 이 말은 구태의연한 말 같지만 결코 모든 사람이 다 안다고 할 수 없는 진리다.

- 우리들은 과거의 일 때문에 고민한다. 그리고 미래에 닥칠 일 때문에 자신을 손상시키기도 한다. 이것은 우리들이 현재를 경시하고 있기 때문이다. 그러나 과거도 미래도 환상이다. 현재만이 사실이다.

- 인간의 행복은 생활에 있고 생활은 노동에 있다.

- 일한 뒤에 갖는 기쁨은 일이 고될수록 크다.

- 자선은 희생이 있을 경우에만 자선이다.
- 진정한 신앙은 교회도, 장식도, 찬송가도, 많은 사람의 모임도 필요치 않다. 진정한 신앙은 오히려 고요하고 고독한 곳에서만 마음속으로 스며드는 것이다.
- 학문과 예술은 우리 몸의 간과 심장과 같이 서로 상부상조하고 있다. 양자 중 하나를 손상시키면 다른 것 또한 안정을 잃는다.
- 학문이 있는 사람이란, 책을 읽어서 많은 것을 아는 사람이다. 교양이 있는 사람이란, 그 시대에 맞는 지식이나 양식을 몸소 행하는 사람이다. 그리고 덕이 있는 사람이란, 자기 인생의 의의를 알고 있는 사람이다.
- 미래를 위해서 무엇을 해야 하는지 결코 알 수 없다. 그래서 인생은 멋진 것이다.
- 나 자신은 물론 다른 사람의 삶을 삶답게 만들기 위해 끊임없이 정성을 다하는 마음처럼 아름다운 것은 없다.

1 —— 1901년 제1회 노벨문학상의 유력 후보였던 톨스토이가 노벨문학상 수상에서 탈락하는 이변이 일어났다. 이는 일대 사건이었다. 스웨덴 작가와 예술인들은 노벨위원회의 결정이 매우 유감스럽다는 내용의 편지를 톨스토이에게 보냈다. 이에 대한 톨스토이의 답장이다. 첫 노벨문학상의 영광은 프랑스 시인 쉴리 프뤼돔에게 돌아갔다.

당신을 곤경에 빠뜨리는 것은
당신이 모르고 있는 것이 아니라
그럴 리 없다고
확신하고 있는 것이다

풍자와 위트로 유명한 트웨인은 수많은 촌철살인의 명언을 남겼다. 이것도 그중 하나다. 유사한 의미로 '하인리히 법칙(Heinrich's Law)'이 있다. 1대 29대 300 법칙이라고도 한다. 중상자가 한 명 나오면 그와 같은 원인으로 경상자가 29명, 또 그 뒤에 운 좋게 재난을 피했지만 같은 원인으로 부상을 당할 우려가 있는 잠재적 상해자가 300명이 나온다는 것이다. 대형 사고는 반드시 징후가 존재한다. 재난은 개연성이 있는 경미한 사고가 반복되면서 발생한다. 많은 대형 사고들은 전조가 있었지만 이를 무시했다. 대형 사고는 대개 인재(人災)에서 비롯된 경우가 적지 않다. 재난이 없는 나라는 없다. 하지만 재난에 강한 나라는 있다.

마크 트웨인(Mark Twain)
소설가(1835~1910) 미국

본명은 사무엘 랭그혼 클레멘스(Samuel Langhorne Clemens).《톰 소여의 모험》의 작가로 유명하다. 가난한 개척민의 아들로 미주리 주에서 태어났다. 아버지를 여읜 후 인쇄공이 되어 각지를 전전했다. 이후 수로 안내인, 광산 기사와 신문사 기자를 지냈다.《뜀뛰는 개구리》로 문단에 데뷔해 주목을 받았다. 생활의 체험을 소재로 한 작품을 많이 썼다. 자연 존중, 물질 문명의 배격, 사회 풍자 등을 담은 작품이 많다.《왕자와 거지》,《미시시피강의 생활》,《허클베리 핀의 모험》 등이 독자들의 많은 사랑을 받았다. 이외에 반전 우화집인《전쟁을 위한 기도》, 비관주의를 엿볼 수 있는《인간이란 무엇인가》 등의 작품도 남겼다.

마크 트웨인의 인생 격언

- 고전이란 우리 모두가 읽기를 바라면서 그 어느 누구도 읽지 않으려는 책이다.
- 모든 사람은 달과 같아서 누구에게도 결코 보여주지 않는 어두운 일면을 가지고 있다.
- 사람에겐 투기에 손대지 말아야 할 경우가 일생에 두 번 있다. 한 번은 돈을 잃게 되면 자기가 감당을 못하게 될 경우이고, 또 한 번은 잃어도 감당할 수 있는 경우이다.

- 슬픔은 혼자서 간직할 수 있다. 그러나 기쁨의 충분한 가치를 얻으려면 누군가와 기쁨을 나눠 가져야 한다.
- 이브는 사과가 탐이 나서 먹은 것은 아니었다. 금지되어 있었기 때문에 먹은 것이다.
- 일은 몸이 꼭 해야 하는 것들로 이뤄졌고 놀이는 몸이 꼭 하지 않아도 되는 것들로 이뤄졌다.
- 정치적 수완에는 명분을 옳게 하라. 도덕은 결코 마음 쓰지 마라.
- 친구의 본래 임무는 당신의 형편이 나쁠 때 당신을 편들어주는 것이다. 당신이 옳은 곳에 있을 때는 누구나 당신 편을 들어줄 것이다.
- 자신의 기운을 북돋우는 가장 좋은 방법은 다른 사람의 기운을 북돋아주는 것이다.
- 오늘 일어날 수 없는 일은 아무것도 없다.
- 20년 후 당신은 당신이 했던 일보다 하지 않았던 일들로 인해 더욱 실망을 할 것이다.
- 좋은 책을 읽지 않는 사람은 그것을 읽을 줄 모르는 사람보다 나은 것이 없다.
- 용기는 두려움을 느끼지 않는 것이 아니라 두려움에 대한 저항이며 극복이다.
- 굶주린 개를 주워 잘 돌보면 그 개는 절대 당신을 물지 않을 것이

다. 이 점이 바로 인간과 개의 근본적인 차이점이다.

- 거짓말에는 세 종류가 있다. 그럴듯한 거짓말, 새빨간 거짓말, 그리고 통계다.

- 인간이 80세로 태어나 18세를 향해 늙어간다면 인생은 무한히 행복하다.

- 청춘의 나날이야말로 달려가는 표범과도 같다.

- 망치를 든 사람에게는 모든 것이 못으로 보인다.

- 당신의 야망을 깔보는 사람을 멀리하라.

- 역사는 반복되지 않지만 흐름은 되풀이 된다.

- 탐험하고, 꿈꾸고, 발견하라.

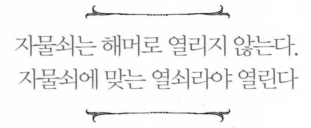

자물쇠는 해머로 열리지 않는다.
자물쇠에 맞는 열쇠라야 열린다

억지로 연다고 되는 것이 아니다. 짝이 맞는 열쇠라야 자물쇠가 열린다. 열쇠와 자물쇠는 같은 짝이지만 목적은 다르다. 마치 바늘과 실 같은 관계다. 한데 어우러져 있어야 제구실을 할 수 있다. 열쇠는 해결의 실마리가 될 수도 있다. 폭력적인 해머로는 자물쇠가 순순히 열리지 않는다. 파괴만 있을 뿐이다. 온화함과 부드러움은 분노와 폭력보다 더욱 강하다. 인도의 시성(詩聖)인 타고르의 경구는 여러 곳에서 인용된다.

라빈드라나드 타고르(Rabindranath Tagore)
시인, 사상가(1861~1941) 인도

뱅골 지방에서 명문 집안의 아들로 태어났다. 11세 때부터 시를 썼고, 16세 때 첫 시집 〈들꽃〉을 펴냈다. 어린 시절에는 인도의 전통 교육을 받았으며, 청년 시절에는 영국에 유학해 서양 교육을 받았다. 1913년에 〈기탄잘리〉라는 시집으로 동양에서 첫 노벨문학상을 수상했다. 음악, 미술 등에도 조예가 깊었다. 현재 인도의 국가를 작사·작곡했다.

타고르의 인생 격언

- 사람에겐 사람이 필요하다.
- 일찍이 아시아의 황금시기에 / 빛나던 등불의 하나인 조선 / 그 등 불 / 한 번 다시 켜지는 날에 / 너는 동방의 밝은 빛이 되리라.[1]
- 나는 최선을 고를 수가 없다. 최선이 나를 고른다.
- 버리는 것이 곧 얻는 것이다.
- 사람이 자기의 인생으로부터 배울 수 있는 가장 큰 교훈은, 이 세상에는 고통만 있는 것이 아니라 그 고통을 극복해 승리를 거두는 것이 자기 자신에게 달려 있다는 사실과, 더 나아가 그 고통을 참 기쁨으로 승화시킬 수 있는 능력 또한 자신 속에 있다는 것이다.
- 시와 예술은 인간의 모든 존재와의 결합에 대한 인간의 깊은 신앙

을 담고 있다. 그 궁극의 진리는 인격의 진리다.

• 어린이는 신이 인간에 대해 절망하지 않고 있다는 것을 알려주기
위해 이 땅에 보낸 사자(使者)다.

• 예술가는 대자연의 연인이다. 따라서 그는 자연의 하인이며 자연의
주인이다.

• 정치적 자유는 우리들의 마음이 자유롭지 않을 때는 우리에게 자유
를 주지 않는다.

• 창문이 닫힌 사원 한 구석에서 그대는 누구를 찾고 있는가. 두 눈을
크게 뜨고 그곳에 신이 없는 것을 잘 보라. 신은 농부가 땅을 일구
고 인부가 길을 닦는 곳에 있다.

1 — In the golden age of Asia/Korea was one of its lamp-bearers/And that
lamp is waiting/to be lighted once again/For the illumination in the
East. 타고르의 시 '동방의 등불(The Lamp of the East)'이다. '동방의 등
불'은 '동쪽의 빛 같은 존재'라는 뜻이다. 이 시는 1929년 4월 2일자
〈동아일보〉에 실려 있다. 타고르는 1929년 3월 28일에 일본에서 만
난 〈동아일보〉 기자에게 시를 보내주었고, 주요한이 이를 번역했다.
'동방의 등불'은 원래 제목이 아니고 통칭해서 부르는 말이다. 신문
에 게재되어 있는 시 제목은 '조선(朝鮮)에 촌탁(付託)'이다. 이 시는
일제 강점기 시대의 한국인들이 희망을 잃지 말고 꿋꿋하게 싸워 독
립을 이루기를 바라는 마음에서 보낸 영어로 된 짧은 송시(頌詩)다.

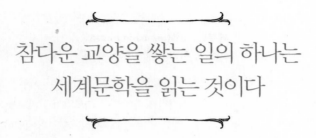

참다운 교양을 쌓는 일의 하나는 세계문학을 읽는 것이다

　현대는 정보의 홍수 시대이기도 하지만, 가치관의 혼돈을 겪는 '지혜의 가뭄' 시대이기도 하다. 그래서 시공을 초월한 보편타당한 지혜가 더욱 절실하다. 역사에 명멸했던 위대한 문인들의 작품은 세상을 보는 우리들의 시각을 더 넓고 깊게 만든다. 문학은 가장 지성적인 예술이다. 헤세는 철학적 깊이가 있는 소설로 인간의 삶에 대한 근원적 성찰을 도와주었다. 헤세는 세계문학 도서에 대해 책읽기를 권고했다. 자신이 직접 읽고 영감을 받았던 동서양 최고의 문학 작품들에 대한 독서법을 소개하기도 했다.

헤르만 헤세(Hermann Hesse)
소설가, 시인(1877~1962) 독일

뷔르템베르크의 칼프에서 목사의 아들로 태어났다. 정규 학교 교육을 받지 못했다. 신학을 공부하려 했지만 자기 자신에 대해 눈뜨면서 신학교를 뛰쳐나와 공장이나 서점의 견습생 생활을 하며 문학 수업을 쌓았다. 시인이기도 했지만 소설가로 더 이름을 떨쳤다. 대표작으로 《데미안》, 《싯다르타》, 《지성과 사랑》, 《유리알 유희》, 《독서의 기술》 등이 있다. 1946년에 노벨문학상과 괴테상을 수상했다.

헤세의 인생 격언

- 최대의 고통과 최대의 쾌락은 꼭 닮은 표정을 가지고 있다.

- 가장 아름다운 것은, 사람이 그것을 보면 기쁨 이외에도 비애감이나 불안감을 품게 되는 것이다.

- 목적이 없는 생활은 따분하고 목적이 있는 생활은 번거롭다.

- 신은 있다. 오직 하나뿐이다. 그 신은 당신의 마음속에 살고 있다. 당신은 그곳에서 신을 구하고 그곳에서 그 신과 대화를 교환하지 않으면 안 된다.

- 예술가들 거의 모두가 자신들의 작품에 나타나 있는 고귀하고 훌륭

하고 이상적인 것을 자기 자신들의 생활에서 전혀 실현시키지 않고 있다. 얼마나 기묘하고 두려운 일인가.

- 요구하지 않는 사랑, 이것이 우리 영혼의 가장 고귀하고 가장 바람직스러운 경지다.

- 운명은 어딘가 다른 데서 찾아오는 것이 아니라 자기 마음속에서 성장하는 것이다.

- 인생은 살 만한 가치가 있다는 것이 모든 예술의 궁극적인 내용이며, 그것은 또한 예술가에게 더없는 위안이 된다.

- 인생은 한 마리의 말이다. 경쾌하고 우람한 말이다. 우리들은 그것을 기수처럼 대담하게, 그리고 세심하게 취급하지 않으면 안 된다.

- 자기의 운명을 짊어질 수 있는 용기를 가진 자만이 영웅이다.

- 지식은 행위다. 지식은 경험이다. 지식은 영속하지 않는다. 지식은 순간적인 것이다.

- 평화는 이상이다. 평화는 말할 수 없이 복잡한 것, 불안한 것, 위협받고 있는 것이다.

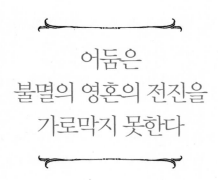

어둠은
불멸의 영혼의 전진을
가로막지 못한다

헬렌 켈러가 자서전을 통해 남긴 말이다. 자신이 비록 시각 장애와 언어 장애를 가졌지만, 자신의 인생을 개척하려는 의지가 있었기 때문에 장애가 절망이 될 수는 없었다는 얘기다. 그에게는 설리반이라는 선생님이 있었다. 설리반의 도움으로 그는 모든 것이 예전과 달라졌다. 그는 눈을 떴다. 실제로 눈을 뜬 것이 아니라 세상과 자연에 대한 마음의 눈을 뜨게 됐다는 뜻이다. 자신의 인생도 정상인과 다름없이 소중하다는 생각을 했다. 헬렌 켈러는 "맹인으로 태어나는 것보다 더 비극적인 일은 앞은 볼 수 있으나, 비전이 없는 것이다"라고 말했다.

헬렌 켈러(Helen Keller)
작가, 사회사업가(1880~1968) 미국

앨라배마 주 터스컴비아에서 태어났다. 19개월 됐을 때 심한 병을 앓고 난 후 눈과 귀의 감각을 잃어버려 보지도, 듣지도, 말하지도 못하게 됐다. 그러나 가정교사였던 앤 설리번의 도움으로 점자와 발성 훈련을 받아 책을 읽고, 자신의 뜻을 남에게 전달할 수 있었다. 수많은 역경을 극복하고 명문 래드클리프대학에 입학해 최고의 성적으로 졸업했다. 이후 일생을 장애인 교육과 복지 사업에 헌신했다. 첫 번째 책《내가 살아온 이야기》는 출간 즉시 베스트셀러가 됐으며 50개 이상의 언어로 번역됐다. 1964년에 미국 정부는 그에게 미국 최고의 훈장인 '자유의 메달'을 수여했다.

헬렌 켈러의 인생 격언

• 얼굴을 태양 쪽으로 돌리고 있으면 그림자를 볼 수가 없다.

• 세상에서 가장 아름답고 소중한 것은 보이거나 만져지지 않는다. 단지 가슴으로만 느껴질 뿐이다.

• 가장 아름다운 세계는 언제나 상상을 통해 들어간다.

• 나는 위대하고 고상한 일을 성취하기를 열망하지만, 내 가장 중요한 의무는 작은 일들을 마치 그것들이 위대하고 고상한 일인 것처럼 해내는 것이다.

- 나는 마음속에 눈과 귀와 입이 있어 마음으로 보고 듣고 말할 수 있다.

- 말을 고귀하게 만드는 것은 사상이다.

- 문화를 역행시키는 것은 불가능하다. 이 세계에는 정년이 있기 때문이다.

- 우리는 선과 악을 모두 알지 못하고는 스스로를 위한 바른 길을 자유롭고 현명하게 선택할 수 없다.

- 조상 중에 노예 아닌 자가 없었으며 노예의 조상 중에 왕 아닌 자도 없었다.

- 행복의 한쪽 문이 닫히면 다른 쪽 문이 열린다. 그러나 흔히 우리는 닫힌 문을 오랫동안 보기 때문에 우리를 위해 열려 있었던 문을 보지 못한다.

- 희망은 사람을 성공으로 이끄는 신앙이다. 희망이 없으면 아무것도 성취할 수 없다.

- 내가 할 수 있는 일은 제한되어 있는지 모르나 그것이 일이라는 사실 자체가 중요하다.

어쨌든 하루하루가
새로운 날인 걸

《노인과 바다》에 나오는 말이다. 운이 따라주지 않는다고 느낀 늙은 어부가 '오늘만은 꼭 잡고 말리라'는 다짐을 마음속에서 되뇌는 말이다. 84일 동안이나 물고기를 잡지 못한 어부가 바다에 미끼를 던질 때 그의 마음속에서는 자신의 한계와 싸우고 자신을 고무시키기 위한 강력한 힘이 필요했을 것이다. 이야기는 슬픈 결말을 맞이하지만, 헤밍웨이는 이 작품으로 높은 평가를 받아 퓰리처 상과 노벨 문학상을 수상했다.

헤밍웨이의 인생 격언

• 책만큼 믿을 수 있는 친구는 없다.

• 물고기가 잡히지 않을 때에는, 물고기가 나에게 사색할 시간을 주
  었다고 여기면 된다.[1]

• 고양이는 철저히 정직하다.[2]

• 이 세상은 대단하다. 싸울 가치가 있다.

• 우리 마음속에 개소리 탐지기를 만들자.

• 문학을 교과서에서 배운 사람은 한 사람도 없다.

• 인간 최고의 의무는 성실하게, 그리고 진지하게 진리를 탐구하는
  데 있다.

- 이곳저곳 돌아다녀도 자기 자신으로부터 도망칠 수는 없다.

- 이상을 지니고 산다는 것은 성공적인 생활이다.

- 선은 뒷맛이 좋은 것이다. 악은 뒷맛이 나쁜 것이다.

1 — 대표작 《노인과 바다》를 비롯한 헤밍웨이의 여러 작품 중에는 낚시를 소재로 한 장면이 많이 나온다. 헤밍웨이 자신도 아버지의 영향으로 낚시를 취미로 삼았다.

2 — 헤밍웨이는 고양이를 좋아했다. 지금도 그의 집에는 당시 기르던 고양이의 직계 자손이 살고 있다고 한다.

소리 내서 읽고, 손으로 쓰고 싶은
내 인생의 격언

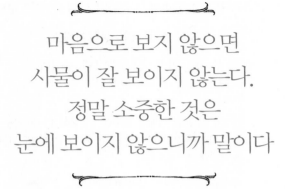

마음으로 보지 않으면
사물이 잘 보이지 않는다.
정말 소중한 것은
눈에 보이지 않으니까 말이다

생텍쥐페리가 쓴 동화《어린 왕자》에 나오는 유명한 구절이다.《어린 왕자》는 250개 이상의 언어로 번역돼 1억 2000만 권 이상 팔린 글로벌 베스트셀러다. 생텍쥐페리는 1940년에 조국 프랑스가 독일 수중이 되자 미국으로 탈출했다. 그곳에서《어린 왕자》를 썼다. 어느 조그만 별에 어린 왕자가 살았다. 왕자는 장미꽃 한 송이를 정성들여 길렀다. 어느 날 어린 왕자는 멀리 여행을 떠났다. 이런저런 사람들이 사는 별들을 거쳐 지구라는 별의 사막에 도착해 여우를 만났다. 여우는 어린 왕자에게 "마음으로 보지 않으면 사물이 잘 보이지 않는다. 정말 소중한 것은 눈에 보이지 않는다"고 말했다. 그 말을 듣자 어린 왕자는 별에 두고 온 장미꽃이 생각났다. 그리고 자신이 오랫동안 장미꽃을 사랑하고 있었다는 것을 느꼈다. 어린 왕자는 기쁨에 넘쳐 자기가 살고 있는 별로 돌아갔다.

생텍쥐페리의 인생 격언

- 사랑, 그것은 서로가 마주보는 것이 아니라 함께 같은 방향을 바라보는 것이다.
- 사막이 아름다운 것은 어딘가에 우물을 숨기고 있기 때문이다.[1]

- 정해진 해결법 같은 것은 없다. 인생에 있는 것은 진행 중인 힘뿐이다. 그 힘을 만들어내야 하는 것이다. 그것만 있으면 해결법 따위는 저절로 알게 되는 것이다.

- 부모들이 우리의 어린 시절을 꾸며 주셨으니 우리는 그들의 말년을 아름답게 꾸며 드려야 한다.

- 더 이상 추가할 것이 없을 때가 아니라 더 이상 뺄 것이 없을 때, 완벽함이 성취된다.

- 고립된 개인은 존재하지 않는다. 슬픈 자는 타인을 슬프게 한다.

- 누구나 처음에는 아이였다. 그러나 그것을 잊지 않고 있는 어른은 별로 없다.

- 물, 너는 생명에 필요한 것이 아니라 생명 그 자체다.

- 인간의 행복은 자유에 있는 것이 아니고 의무를 이행하는 데 있다.

- 미래에 대해 우리가 할 일은 예측이 아니라 실현이다.

- 행복하게 여행하려면 가볍게 여행해야 한다.

1 — 《어린 왕자》에 나오는 말이다. 비행기 고장으로 사막 한가운데에 추락한 조종사가 소혹성 B612에서 온 어린 왕자와 만났다. 이 조종사는 어린 왕자의 이야기를 흥미롭게 들으면서도 얼마 남지 않은 물을 걱정했다. 그때 어린 왕자가 "사막이 아름다운 것은 어딘가에 우물을 숨기고 있기 때문이다"라고 말했다. 어린 왕자의 말에 큰 깨달음을 얻은 조종사는 사막 이곳저곳을 걷다가 마침내 우물을 발견했다.

인간은
사랑과 혁명을 위해
태어났다

다자이 오사무의 대표작 중 하나인 《사양(斜陽)》에 나오는 말이다. 가족을 잃고 사랑하는 남자까지 떠난 후 임신했음을 알게 된 여주인공이 떠난 남자에게 쓴 편지에 나오는 문구다. 이 소설은 다자이 오사무의 불륜 상대였던 오타 시즈코의 일기를 토대로 했기 때문에, 소설 속의 유부남은 다자이 오사무 본인을 모델로 삼았다고 여겨진다. 이 말에는 더 이상 잃을 것이 없는 여성의 강인함이 함축돼 있다.

다자이 오사무(太宰治)
소설가(1909~1948) 일본

아오모리 현 기타쓰가루 군의 대지주 집안에서 태어났다. 프랑스 문학을 동경해서 도쿄제국대학 문학부에 입학했지만 수업에 큰 흥미를 느끼지 못했다. 그 후 공산주의 활동에 빠져들었고, 재학 중에 첫 정사(情死) 미수 사건을 일으켰다. 1935년에 《역행(逆行)》을 〈문예(文藝)〉지에 발표해서 아쿠타가와상 후보에 올랐지만 수상하지 못했다. 그 후 두 번의 자살 미수 사건을 일으킨 다음 결혼했다. 《달려라 메로스》, 《부악백경(富岳百景)》 등을 발표하고 《사양》에 이르러 인기 작가가 됐다. 《인간 실격》, 《앵두》를 집필한 후, 애인과 함께 다마가와 저수지에 투신했다.

다자이 오사무의 인생 격언

~∽~

• 어른이란 배신당한 청년의 모습이다.

• 사람이 거짓말을 할 때에는 반드시 진지한 표정을 짓는 법이다.[1]

• 과연 순진한 신뢰는 죄의 원천이로구나.

1 —— 《사양》에서 주인공의 남동생이 쓴 노트에 나오는 문구다.

소리 내서 읽고, 손으로 쓰고 싶은

내 인생의 격언

"맑은 물이 없을 때에는 탁한 물을 마신다."

필리핀 속담이다. 맑은 물이 없으면 탁한 물을 마실 수밖에 없다. 최선이 없으면 어쩔 수 없이 차선을 선택해야 한다는 뜻이다.

"남을 돕는 자는 나이가 들어도 가난하지 않다."

미얀마 속담이다. 남에게 호의를 베푸는 사람은 나이가 들어서 보답을 받는다는 뜻이다. 남에게 인정을 베풀면 반드시 자신에게 돌아오는 법이다.

"춤을 못 추는 사람은 땅이 물렁하다고 불평한다."

말레이시아 속담이다. 춤을 못 추는 사람은 자신의 춤 실력을 문제 삼지 않고 땅만 탓한다. 책임을 전가하고 이런저런 핑계만 댄다는 뜻이다.

"뱀에게 좋을 때면 개구리에겐 나쁠 때다."

베트남 속담이다. 입장이 바뀌면 좋고 나쁨도 달라진다는 가르침이다. 좋고 나쁨은 쉽게 말할 수 없다. 어떤 사람에게는 좋은 것이 다른 사람에게는 나쁜 것이 될 수도 있다.

2장

소리 내서 읽고,
손으로 쓰고 싶은
예술가의 격언

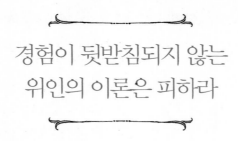

경험이 뒷받침되지 않는
위인의 이론은 피하라

레오나르도 다 빈치는 회화뿐 아니라 조각이나 건축에 이르기까지 다양한 방면에서 재능을 발휘한 '만능 천재'였다. 특히 인간 내면에서부터 더 아름답게 그림을 그리기 위해 인체 해부까지 참관했다고 한다. 그가 남긴 1만 3000장의 원고 중에는 두개골 그림이나 '비트루비우스의 이론에 따른 인체 비례도'도 포함되어 있다. 선인의 이론을 그대로 따르기보다 스스로 연구하고 경험하는 것이 그의 기본 자세였다. 이는 하늘을 나는 기구를 만들기 위해 새의 비행에 대해 연구한 것만 보더라도 쉽게 수긍할 만하다.

다 빈치의 인생 격언

- 간소함은 궁극의 세련미다.

- 사용하지 않으면 철이 녹슬듯이, 활동하지 않으면 지성도 쇠퇴한다.

- 술은 적당히 마셔라. 조금씩 여러 번 나눠 마셔라.

- 알찬 하루를 보낸 후에는 행복하게 잘 수 있다. 마찬가지로 알찬 삶을 살면 행복한 죽음을 맞이할 것이다.

- 장해나 고뇌는 나를 굴복시킬 수 없다. 이 모든 것은 분투와 노력에 의해 타파된다.

당신이 약속을 지키지 못한다면
자결이라도 해서
내 인생을 마치는 편이 더 좋을 것입니다

신사임당의 지혜롭고 현명한 내조의 일화다. 신사임당은 1522년에 정승 가문 후손인 이원수와 결혼했다. 남편은 과거 시험을 보기 위해 10년 동안 아내와 별거를 약속했다. 이후 남편은 신사임당을 처가에 남겨 두고 한양으로 길을 떠났다. 그런데 아내가 보고 싶어 그 새를 참지 못하고 며칠 만에 집으로 되돌아왔다. 이를 본 신사임당은 낙담했다. 결연한 의지로 신사임당은 가위로 본인의 머리카락을 자르며 공부에 전념하지 않는다면 차라리 자결이라도 하는 편이 낫다며 단호하게 말했다. 부인의 속뜻을 알아차린 남편은 곧 한양으로 발걸음을 재촉했다. 이후 남편은 부인의 격려와 내조로 갖은 어려움 속에서도 학문에 정진해 마침내 뜻을 이룰 수 있었다.

신사임당(申師任堂)
조선 중기 화가(1504~1551) 대한민국

우리나라를 대표하는 현모양처의 귀감. 신사임당은 어머니 상을 뛰어넘어 예술사에 큰 족적을 남겼다. 조선시대 최고의 지성이며 대표적인 성리학자인 율곡 이이의 어머니로도 유명하다. 이원수와 결혼해 4남 3녀를 두었으며 이이가 셋째 아들이다. 본관은 평산(平山). 본명은 신인선(申仁善). 사임당(師任堂)은 호다. 그밖에 시임당(媤任堂), 임사재(妊思齋)로도 불렸다. 강원도 강릉 오죽헌(烏竹軒)은 그가 태어난 본가이기도 하고 율곡이 태어난 곳이기도 하다. 효성이 지극하고 지조가 높았다. 자녀교육에도 남달랐다. 특히 그림과 시에 뛰어난 재능을 보였다. 안견의 영향을 받은 화풍은 여성 특유의 섬세함을 더해 조선시대 제일의 여류화가라는 평가를 받는다. 유교 경전에 밝았으며 고전, 역사 등에 해박했다. 친정어머니에 대한 절절한 마음을 노래한 시조 '사친(思親)'과, 미술 작품으로 〈초충도(草蟲圖)〉, 〈산수도(山水圖)〉, 〈연로도(蓮鷺圖)〉 등이 있다.

신사임당의 인생 격언

- 말은 망령되게 하지 말아야 한다. 기품을 지키되 사치하지 말고, 지성을 갖추되 자랑하지 말라.

- 그림은 단순히 손재주만으로 그릴 수 있는 게 아니다. 그릴 대상을 꼼꼼히 관찰해야 한다. 실체를 파악하지 않으면 생명력이 없는 그

림이 나올 뿐이다.[1]

• 오르막길이 있으면 내리막길이 있는 법이다. 공자님도 바른 길에서 얻은 것이 아니면 아무리 귀중한 것이라도 뜬구름과 같다고 했다.

---

1 — 신사임당 화풍의 백미는 우리가 일상에서 쉽게 만날 수 있는 풀과 벌레가 중요한 소재로 등장한다는 점이다. 화첩 〈초충도(草蟲圖)〉에는 각종 풀과 벌레가 나온다. 풀벌레 그림을 마당에 내놓아 여름 볕에 말리려 하자, 닭이 이를 보고 산 풀벌레인 줄 알고 쪼아 종이가 뚫어질 뻔했다는 일화는 유명하다. 그가 사물을 얼마나 세심히 관찰해 사실적이고 정교하게 그렸는지를 보여주는 대표적인 예이다.

소리 내서 읽고, 손으로 쓰고 싶은
내 인생의 격언

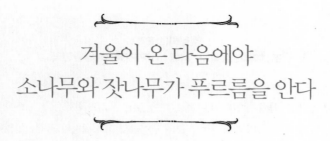

겨울이 온 다음에야
소나무와 잣나무가 푸르름을 안다

우리나라 문인화의 최고봉으로 일컫는 〈세한도(歲寒圖, 국보 180호)〉
에 나오는 글귀다. 〈세한도〉는 1844년, 추사 김정희가 제주도 유배 시
절인 59세 때 그린 그림이다. 제주도로 유폐된 자기를 잊지 않고 멀리
중국에서 귀한 책들을 구해다 준 제자 이상적(李尙迪, 1804~1865)을
위해 그렸다. 세로 23cm, 가로 61.2cm의 작은 그림으로 잣나무와 소
나무, 작은집 한 채가 화폭에 담겨 있다. 〈세한도〉의 핵심어인 이 말은
원래 《논어》 아홉 번째 편인 자한(子罕) 편의 후반부에 나온다. 원문
은 '세한, 연후지송백지후조야(歲寒, 然後知松栢之後凋也, 추운 겨울이 된
뒤에야, 소나무와 잣나무가 다른 나무보다 늦게 시든다는 것을 알게 된다)'이다.
사람이 어려운 상황에 처했거나 시련을 겪은 후에야 주변 사람들의 진실된 참모습을 볼 수 있다는 의미다. 자신의 꺾이지 않는 신념을 에둘러 표현한 것이기도 하다. 이상적은 〈세한도〉를 청나라에 가져가 문인들에게 보여주었고, 청나라 문인들은 김정희의 글씨체와 글씨에 감동해 감상문을 적어주었다. 이상적은 감상문을 받게 된 경위를 덧붙였다. 또 훗날 독립 운동가였던 이시영, 오세창, 정인보 등이 또 감상문을 적어 붙였다. 이것이 현재 〈세한도〉의 길이가 14m나 된 이유다.

김정희의 인생 격언

- 서로가 내세에 바꿔 태어나/ 천리 밖에서 내가 죽고/ 그대
  는 살아서/ 이 마음 이 설움을 알게 했으면.[1]
- 세상에서 제일가는 모임은 부부와 아들, 딸, 손자들의 모임이다.[2]
- 판전 칠십일과병중작(板殿 七十一果病中作).[3]
- 속기(俗忌, 세속에서 꺼리는 일)를 빼고, 골기(骨氣, 서예에서 힘찬 필력)
  만 남겨라.

1 ── 절절하고 애통한 마음을 담은 '죽은 아내를 애도함'이라는 시(詩)다.
　　　김정희는 제주 유배 중에 아내와 사별했다. 아내에 대한 각별하고 애
　　　틋한 마음을 담고 있다.

2 ── 충남 예산 추사 김정희의 고택 기둥에 걸려 있는 주련(기둥이나 벽 따
　　　위에 장식으로 써서 붙이는 글귀)의 내용이다. 글귀는 김정희가 71세 되
　　　던 해에 제일 즐겁게 생각되는 것을 적어 놓은 것이다.

3 ── 경기도 광주 봉은사에 쓴 현판 글씨. '칠십일과병중작(七十一果病中
　　　作)'은 '71세가 된 과천사람이 병중에 쓰다'의 뜻이다. 김정희는 현판
　　　에 글씨를 쓴 뒤 사흘 만인 1856년 10월 10일에 세상을 떠났다.

아름다움은
모든 곳에 있다

프랑스 조각가 로댕은 〈생각하는 사람〉의 조각가로 유명하다. 〈생각하는 사람〉은 처음에는 로댕이 제작한 〈지옥의 문〉 팀파늄에 위치한 조각이었다. 〈지옥의 문〉은 중세 이탈리아 시인인 단테의 《신곡》에서 영향을 받아 제작한 조각. 단독상이나 그룹상으로 유명해진 여러 작품들이 포함되어 있다. 〈생각하는 사람〉은 1888년에 〈지옥의 문〉에서 독립적으로 떨어져 나와 더 크게 제작됐고, 1904년에 살롱에 출품하면서 기념비적인 조각상으로 자리잡았다. 바위에 엉덩이를 걸치고, 고뇌를 하듯 깊이 생각에 잠긴 남자의 상이다. 미(美)는 곳곳에 있다. 그것이 우리 눈앞에 없는 것이 아니다. 우리들의 눈이 그것을 인정하지 않고 있을 뿐이다. 〈생각하는 사람〉도 초기에는 평범한 조각품에

오귀스트 로댕(Auguste Rodin)
조각가(1840~1917) 프랑스

근대 조각가의 시조로 일컬어진다. 프랑스 파리에서 말단 관리의 아들로 태어났다. 14세 때 국립 공예 실기학교에 입학해 조각가로서의 기초를 닦았다. 그러나 돈을 벌기 위해 건축 장식의 직공 노릇도 했다. 〈지옥의 문〉, 〈칼레의 시민〉 등의 작품을 남겼다.

불과했다. 로댕은 "세상은 아름다운 것으로 꽉 차 있다. 그것이 보이는 사람, 눈뿐만 아니라 지혜로 그것이 보이는 사람은 실로 많지 않다"고 말했다.

로댕의 인생 격언

• 조각에는 독창이 필요치 않다. 생명이 필요한 것이다.

• 깊고 무서운 진실을 말하라. 자기가 느낀 바를 표현하는 데 있어 결코 주저하지 말라.

• 나쁜 예술가들은 항상 남의 안경을 쓴다.

• 미는 도달점이지 출발점은 아니다. 그리고 사물이 아름다울 수 있는 것은 오직 그것이 진실할 때뿐이며 진실 이외에 미는 없다. 또한

진실이란 '완전한 조화'를 말한다.

• 자연은 결코 실수가 없다. 자연은 언제나 걸작을 만든다. 이것이야 말로 우리들의 모든 것에 대한 크고 유일한 학교다.

• 자연은 언제나 완전하다. 결코 잘못을 저지르지 않는다. 우리의 입장, 우리의 눈에 잘못이 있는 것이다.

• 천재? 그런 것은 절대로 없다. 다만 연구와 방법이 있을 뿐이다.

• 경험을 현명하게 사용한다면, 어떤 일도 시간 낭비는 아니다.

소리 내서 읽고, 손으로 쓰고 싶은
내 인생의 격언

확신에 차 있는 것처럼 행동하라.
그러면 차츰 진짜 확신이 생겨날 것이다

지금은 고흐의 작품이 고가로 낙찰되지만, 고흐의 생전에 팔린 작품은 단 한 점뿐이었다. 그는 당시 '자칭 화가'에 불과했고, 화가로서는 불행한 삶을 살았다고 할 수 있다. 그런 그가 이 말을 했다. 단순히 '확신을 갖고 행동하라'는 것이 아니라, '확신에 차 있는 것처럼 행동하라'고 한 점이 흥미롭다. 확신 없이 불안을 안고 살아가는 오늘날의 사람들과 마찬가지로, 그도 화가로서의 불안과 싸우며 자신에게 들려주었던 말인 듯하다.

고흐의 인생 격언

- 신을 알게 되는 최선의 방법은 많은 것을 사랑하는 일
  이다.
- 인생이 아무리 패배의 연속이라도 나는 훌륭히 싸우고 싶다.[1]
- 무언가를 제대로 이야기하는 일은 무언가를 제대로 그리는 일과 마
  찬가지로 어려우면서도 재미있다.[2]
- 찾아 나서고 있다. 노력하고 있다. 혼신을 다해 일하고 있다.
- 태양이 그림을 그리라고 나에게 협박한다.[3]
- 인간은 의연하게 현실의 운명을 견뎌나가야 한다. 그곳에 모든 진
  리가 숨어 있다.

1 — 고흐는 정신적인 불안정 때문에 도발적인 말을 많이 남겼을 것 같지만, 동생 테오에게 보냈던 편지를 보면 매우 성실한 일면도 살펴볼 수 있다.

2 — 동생 테오와 나눴던 편지들은 후에 출판되어 문학적으로 높은 평가를 받았는데, 이런 말을 보면 왜 높은 평가를 받았는지 잘 이해할 수 있다.

3 — 실제로는 고흐 본인의 말이 아니라, 1990년에 개봉된 구로사와 아키라 감독의 〈꿈〉이라는 영화에 등장하는 고흐의 대사. 고흐를 연기한 배우는 마틴 스콜세지.

소리 내서 읽고, 손으로 쓰고 싶은
내 인생의 격언

내일 그릴 그림이
가장 멋지다

피카소는 가장 많은 작품을 그린 화가로 기네스북에 올라 있다. 많은 작품을 그렸지만 저마다 그의 혼이 배어 있다. 이 말을 보면 피카소는 다음에 그릴 작품에 대한 기대로 항상 가슴이 뛰었던 것 같다. 피카소의 작풍은 변화무쌍하다. 입체주의, 초현실주의 등 참신하고 독특한 세계관을 드러낸다. 만년의 작풍은 이전까지의 작품을 섞어놓은 것으로, 후에 신표현주의에 큰 영향을 미쳤다. 항상 새로운 목표로 향하는 그의 마음가짐이 잘 전달되는 말이다.

파블로 피카소(Pablo Picasso)
예술가(1881~1973) 스페인

스페인 말라가 지방에서 태어났다. 마드리드의 미술 학교에 입학했지만 학교에서 배우는 것이 무의미하다고 생각하고 자퇴했다. 파리로 이주해서 '청색 시대', '장밋빛 시대'를 거쳐 입체주의를 창시했다. 1937년에 스페인 게르니카 지방이 공습당한 데 충격을 받고 〈게르니카〉를 제작했다. 만년에는 과거 거장의 작품을 재배열한 새로운 작품을 창작하거나, 에로틱한 동판화를 제작하는 등 세상을 떠날 때까지 열정적인 활동을 계속했다.

피카소의 인생 격언

- 상상할 수 있는 것은 모두 현실이다.

- 사람은 일을 해야 한다. 그래서 사람은 자명종을 발명했다.[1]

- 노동자가 일을 하듯이 예술가도 일을 해야 한다.[2]

- 대상을 보이는 대로 그리지 않고, 본 대로 그린다.

- 나는 돈 많은 가난뱅이로 살고 싶다.

- 고독 없이는 아무것도 달성할 수 없다. 나는 예전에 나를 위해서 하나의 고독을 만들었다.

- 나는 그림으로 모든 것을 말한다.

- 위대한 예술은 언제나 고귀한 정신을 보여준다.

- 예술은 사람의 마음으로부터 일상생활의 먼지를 털어준다.

- 회화에는 구상도 추상도 없다. 좋은 그림이냐 나쁜 그림이냐가 있을 뿐이다.

- 모든 어린이는 예술가다. 어른이 되어서도 그 예술성을 어떻게 지키느냐가 관건이다.

1 — 피카소는 다작을 한 작가였다. 기이한 작풍과는 달리, 피카소가 제작 활동에 얼마나 진지하게 임했는지 엿볼 수 있다.

2 — 피카소에게는 '그림을 그리고', '조각을 하는' 행위가 모두 '일'이었는지 모른다.

소리 내서 읽고, 손으로 쓰고 싶은
내 인생의 격언

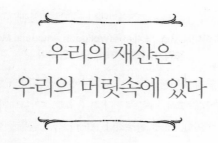

우리의 재산은
우리의 머릿속에 있다

모차르트는 35년의 생애 동안 620곡 이상을 남겼다. 천재라는 명
성을 떨치며 화려한 인생을 산 것처럼 보이지만, 사실 그는 가난했다.
여러 가지 설이 있지만 낭비벽이 심했고, 불성실한 성격 탓에 제대로
된 직업을 갖지 못해서 꽤 많은 빚을 졌다고 한다. 모차르트의 작품
에 장조의 밝은 곡이 많은 이유는 천재성 때문이기도 하지만, 당시 유
행하던 로코코 양식의 단순 명쾌한 음악을 자주 의뢰받아 썼기 때문
이다.

모차르트의 인생 격언

∼❦∽

• 여행을 하지 않는 음악가는 불행하다.

• 남들의 칭찬이나 비난은 전혀 신경 쓰지 않는다. 나의 감성을 따를 뿐이다.[1]

• 음악에서 가장 중요하고 가장 어려우면서도 꼭 있어야 하는 것은 템포다.

• 기교를 구사하지 않고 단순하고 쉽게 연주하는 것처럼 보이는 섬세한 테크닉이 연주자에게는 필요하다.

1 —— 천재라는 명성을 떨치던 모차르트였지만, 그를 초빙하겠다는 궁정은 한 군데도 없었다. 그래서 그는 평생토록 제대로 된 직업을 가질 수 없었다. 사람들은 모차르트의 작품을 칭찬했지만 정작 그의 작품에 많은 대가를 치르려고는 하지 않았다. 그래서 모차르트는 경제적으로 어려움을 겪었다. 그럼에도 이 말에서는 자신만의 음악을 관철하고자 하는 고집을 엿볼 수 있다.

소리 내서 읽고, 손으로 쓰고 싶은
내 인생의 격언

고뇌를 뚫고
환희로

베토벤은 고전파 음악의 완성자이자 낭만파 음악의 창시자로 불린
다. 음악에 겨우 눈을 뜨고 실력을 인정받게 됐을 때 불행이 닥쳤다.
귀가 멀었던 것이다. 음악은 소리의 예술인데 듣지 못한다는 것은 치
명상 그 자체였다. 절망한 그는 유서를 쓰고 자살하려고 했다. 그러나
음악에 대한 사랑과 열정이 그를 죽음으로 몰지 않고 붙들었다. 그는
귀가 먼 직후에 누군가에게 편지를 썼다. 그 편지 속에 바로 이 대목
이 나온다. 그는 평소에도 고통을 경험한 사람만이 예술의 참 즐거움
을 안다고 말하곤 했다.

루트비히 판 베토벤(Ludwig van Beethoven)
음악가(1770~1827) 독일

본에서 태어났다. 가난한 음악가 집안에서 자란 그는 어려서부터 음악에 뛰어난 소질을 보였다. 하지만 한창 실력을 인정받던 시기에 난청이 심해져 전혀 들을 수 없게 됐다. 그럼에도 불굴의 의지로 난관을 극복하고 오히려 심오함을 더해 베토벤다운 걸작을 완성했다. 〈영웅교향곡〉, 〈운명교향곡〉, 〈전원교향곡〉, 〈합창교향곡〉과 같은 주옥같은 음악을 작곡해 세계인을 감동시켰다. 악성(樂聖)으로도 불린다.

베토벤의 인생 격언

- 음악은 어떤 지혜나 철학보다도 더 높은 계시를 준다.
- 나는 운명의 목을 조르고 싶다. 어떤 일이 있어도 운명에 짓눌리고 싶지 않다.
- 나의 예술은 가난한 사람들의 행복을 위해서 바쳐지지 않으면 안된다.
- 남을 위해서 일을 한다는 것은 어릴 때부터 나에게 최대의 행복이었고 즐거움이었다.
- 참된 인간을 다른 인간과 구분 지을 수 있는 본질적인 특징은 곤란한 역경을 견뎌낸다는 점이다.

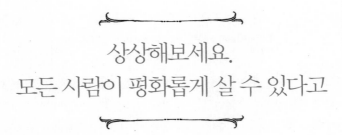

상상해보세요,
모든 사람이 평화롭게 살 수 있다고

존 레넌이 남긴 수많은 명곡 중에서도 특히 유명한 〈이매진 (Imagine)〉의 한 구절이다. 비틀스가 해체된 후인 1971년에 발표한 동명 앨범에 수록되어 있다. 발표된 지 40년이 흐른 지금도 평화를 갈망하는 상징적인 곡으로 전 세계 사람들에게 사랑받고 있다. 전쟁을 증오하고 평화를 바란다는 직설적인 가사가 사람들의 마음을 울린다. 존 레넌은 노래 가사 중 '상상해보세요'는 부인 오노 요코의 시에서 '살짝 빌린' 문구라고 밝혔다.

리버풀에서 태어났다. 상선 승무원으로 일하던 아버지는 항해하느라 늘 집에 없었고 어머니도 다른 남성과 동거했기 때문에, 레넌은 이모인 미미 밑에서 자랐다. 1960년에 폴 매카트니, 조지 해리슨과 비틀스(The Beatles)를 결성했다. 그 후 링고 스타가 합류했다. 1962년에 첫 앨범을 내놓자 순식간에 세계적인 스타로 떠올랐다. 비틀스는 1970년에 사실상 해체됐다. 그는 솔로 활동을 이어가다가, 1980년, 집 앞에서 괴한의 총탄을 맞고 사망했다.

존 레넌의 인생 격언

- 자신의 마음은 스스로 돌봐야 한다. 아무도 대신해주지 않는다.
- 만일 모든 사람이 눈앞의 텔레비전 대신에 평화를 요구한다면, 평화는 실현될 것이다.
- 인생이란 우리가 다른 계획을 세우느라 바쁘게 지내는 사이에 일어나는 그 무엇이다.

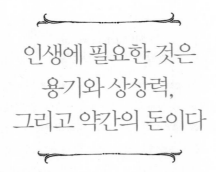

인생에 필요한 것은
용기와 상상력,
그리고 약간의 돈이다

찰리 채플린의 대표작인 〈라임라이트(Limelight)〉에 나오는 대사 중 하나다. 〈라임라이트〉는 전성기가 지난 코미디언 칼베로와 삶의 의욕을 잃어버린 발레리나 테리사의 러브 스토리다. 채플린은 유소년기에 부모님의 이혼과 어머니의 정신적 문제 때문에 경제적으로 어려움을 겪으며 고아원을 전전했다. 그는 영국에서 미국으로 건너가 할리우드 영화에 진출해서 성공을 거두는 사이에 용기, 상상력, 부를 얻었다.

찰리 채플린(Charles Chaplin)
영화감독, 희극배우(1889~1977) 영국

런던에서 태어났다. 어렸을 적 부모님이 이혼해 고아원에서 자랐다. 할리우드로 건너가 영화에 출연해서 대스타가 됐다. 〈위대한 독재자〉 같은 반나치즘을 그린 작품을 발표해서 좌파와 우파 양쪽 진영으로부터 공격을 받았다. 채플린은 공교롭게도 히틀러와 같은 해, 같은 달에 태어났다. 제2차 세계대전 후에도 그의 작품이 공산주의를 지지한다고 비난받아, 1952년에 미국에서 추방당했다. 만년에는 스위스에서 가족과 함께 지냈다.

채플린의 인생 격언

• 인생은 가까이에서 보면 비극이지만 멀리서 보면 희극이다.

• 나의 최고 걸작은 다음 작품이다.[1]

• 한 사람을 죽이면 살인자가 되지만 백만 명을 죽이면 영웅이 된다. 살인은 희생자의 수에 의해 신성화되기 때문이다.[2]

• 땅만 바라보면 결코 무지개를 발견할 수 없다.

• 인생은 희망이지, 의미가 아니다.

• 내게 있어 영화는 곧 인생이다. 나는 온 세계 사람들에게 웃음으로 희망을 되찾아주고 싶다.

• 가난하다는 것은 매력적인 것도 교훈적인 것도 아니다. 나의 경우 가난은 부자나 상류 계급의 우아함을 과대평가하는 것밖에 가르쳐 주지 않았다.

1 — 채플린은 모든 면에서 완벽주의자여서 영화감독, 배우뿐 아니라 각본, 작곡, 발레 안무까지 했다고 한다. 그래도 만족하지 못하고 '더 높은 다음 목표'를 향해 정진했다.

2 — 〈살인광 시대〉라는 작품 속의 대사다. 돈을 위해 연쇄 살인을 벌이는 주인공이 사형대에 서기 전에 한 대사로 유명하다. 이 작품으로 반공산주의자가 채플린을 궁지로 내몰았다.

어떻게 시작할 것인가에 대한 비전을 가지고 있지 않은 영화를 보아줄 인내심 있는 관객은 그리 많지 않다

히치콕 영화는 서스펜스적 분위기를 극대화하며 몰입도를 높이는 것이 특징이다. 첫 장면부터 관객들을 긴장시키고 묘한 속도감과 함께 전개되는 스토리는 상상할 수 없었던 반전을 만나게 된다. 그의 영화에서는 평범하지 않은, 일상적이지 않은 사건이 등장해 관심과 흥미를 유발한다. 그는 "영화가 줄 수 있는 놀람과 재미는 첫 장면에서 거의 결정된다"고 강조하곤 했다. 첫 장면에서 관객의 시선을 끌어들이지 못하면 인내심 있게 끝까지 다 보게 하는 것은 쉽지 않은 일이라는 것이다. 이 말에서 그의 영화에 대한 철학과 열정을 엿볼 수 있다.

알프레드 히치콕(Alfred Hitchcock)
영화감독(1899~1980) 미국

스릴러 영화의 거장으로 불린다. 국적은 미국이지만 런던 출생이다. 런던대학에서 미술을 전공한 후 1920년에 영화사에 입사해 1925년에 〈쾌락의 정원〉으로 영화감독에 데뷔했다. 영화에 음성이 도입될 무렵인 1929년에 〈협박〉을 제작해 호평을 받았다. 이후 〈너무 많이 안 사나이〉, 〈39계단〉 등을 통해 현대인의 심리적 불안감을 교묘하게 유도하는 독보적인 영상기법을 확립해 '히치콕 터치'를 창출했다. 1939년에 미국 할리우드로 건너가 1940년에 〈레베카〉로 아카데미 작품상 수상에 이어 〈다이얼 M을 돌려라〉, 〈의혹의 그림자〉, 〈새〉, 〈현기증〉, 〈백색의 공포〉, 〈북북서로 진로를 돌려라〉, 〈사이코〉 등으로 서스펜스 영화의 지존에 올랐다. 1955년부터는 자신이 직접 사회를 맡은 텔레비전 영화 〈히치콕 극장〉을 선보이기도 했다. 1980년에 엘리자베스 2세로부터 나이트 작위를 서훈 받았으며 그해 4월 타계했다.

히치콕의 인생 격언

• 두려움을 없애는 나의 유일한 방법은 그 두려움에 대한 영화를 만드는 것이다.

• 모든 성공의 비결은 자신을 부인하는 법을 아는 것이다. 스스로 통제할 수 있음을 증명하면 당신은 교육받은 사람이고 그렇지 못하면 다른 어떤 교육도 쓸모가 없다.

- 난 삐걱거리는 문소리로 서스펜스를 자아내 본 적이 없다. 컴컴한 거리, 죽은 고양이와 폐물들이 나뒹구는 것보다는 밝은 대낮, 졸졸 흐르는 냇가에서 일어나는 살인이 더 흥미롭다.
- 영화의 상영시간은 인간 방광의 내구성에 정확히 상응해야 한다.
- 폭탄이 터지는 일에는 공포가 없다. 공포는 오직 폭발이 일어나리라는 예감에 존재한다.
- 서스펜스는 사랑이다.
- 배우가 나를 찾아와서 자기가 맡은 역할에 대해 이야기하고 싶다고 하면 나는 "대본에 있잖아"라고 대답한다. 배우가 "그렇지만 동기는요?"하고 물으면 이렇게 대답한다. "자네 출연료."

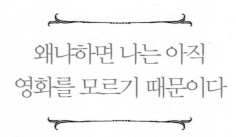

왜냐하면 나는 아직
영화를 모르기 때문이다

구로사와 아키라는 1990년에 미국 아카데미상 명예상을 수상했다. 스티븐 스필버그와 조지 루카스 등 인기 감독의 환대를 받으며 무대에 오른 그는 연설 도중에 이 말을 했다. '세계적인 명장'의 농담이라고 여긴 청중이 가벼운 웃음을 터뜨리는 가운데 이렇게 말을 이었다. "영화는 참으로 멋집니다. 그러나 그 멋지고 아름다운 영화를 손에 쥐기란 대단히 어렵습니다." 세계 영화 관계자들의 존경과 동경을 한 몸에 받은 그는, 80세가 되어도 시들지 않는 탐구심으로 전 세계에 감동을 불러일으켰다.

구로사와 아키라(黑澤明)
영화감독(1910~1998) 일본

도쿄에서 태어났다. 화가를 지망했다가 1936년에 수많은 난관을 뚫고 P.L.C. 영화제작소에 입사했다. 1943년에 〈스가타 산시로〉를 발표하며 영화감독으로 데뷔했다. 1951년에 〈라쇼몬〉으로 베니스 국제영화제 황금사자상을 수상하며 전 세계에 이름을 알렸다. 그 후로 〈7인의 사무라이〉, 〈거미의 성〉, 〈숨은 요새의 세 악인〉 등의 시대극, 〈천국과 지옥〉 등의 사회파 서스펜스로 큰 인기를 끌었다.

구로사와 아키라의 인생 격언

- 사소한 것이라고 타협하면 도미노처럼 모든 것이 무너진다.[1]

- 자신이 정말 좋아하는 일을 찾으십시오. 그 일을 찾았다면 그 소중한 일을 위해 노력하십시오. 여러분은 노력하고 싶어 하는 무언가를 지니고 있을 것입니다. 분명히 그 일은 여러분 마음속 깊은 곳에 잠들어 있을 것입니다.

---

1 —— 구로사와 아키라는 영화에 관해서만큼은 매우 완벽주의자였다고 한다. 소도구 하나하나까지 세심하게 살피고, 마음에 들지 않으면 촬영을 중단하는 일도 다반사였다고 한다.

일류 영화를 보라.
일류 음악을 들어라. 일류 연극을 보라.
일류 책을 읽어라

데즈카 오사무는 젊었을 때 도쿄 도시마 구에 있던 도키와 장이라는 다가구 주택에서 젊은 만화가들과 함께 생활했다. 그 젊은 만화가 중 한 사람인 아카쓰카 후지오가 추후에 데즈카의 말이라고 밝힌 것이 이 말이다. 실제로 데즈카는 찰리 채플린을 유달리 사랑했고, 클래식 음악에도 조예가 깊었다. 〈데즈카 오사무 만화 음악관〉이라는 작품에서도 클래식 음악에 대한 그의 각별한 사랑을 엿볼 수 있다. 후배들에게는 '좋은 작품을 접하고 자신의 세계를 창조하라'고 조언했다고 한다. 데즈카의 깊이 있는 만화가 어떻게 탄생했는지 잘 알 수 있는 말이다.

데즈카 오사무(手塚治虫)
만화가(1928~1989) 일본

오사카 부 도요나카 시에서 태어났다. 오사카제국대학 부속 의학전문부(지금의 오사카대학 의학부)에 다니다가 만화가로 데뷔했다. 19세 때 〈신보물섬〉이 큰 인기를 끌어 전국적인 소년 만화 붐을 일으켰다. 1950년부터는 만화 잡지에서도 연재를 시작했다. 〈철완 아톰〉 같은 대히트작을 발표했다. 1963년에 일본 최초의 텔레비전 방영 애니메이션 〈철완 아톰〉을 제작해서 애니메이터로서 선구자적인 존재가 됐다. 위암으로 병상에 누워서도 작품을 그렸다고 전해진다.

데즈카 오사무의 인생 격언

- 나는 남이 하지 않는 일을 하는 것이 좋다. 그리고 남이 나를 흉내 내는 것을 즐긴다.
- 아톰은 완전하지 않아. 왜냐하면 나쁜 마음을 지니지 않았기 때문이야.[1]

1 — 〈철완 아톰〉의 '전광 인간 편'에 나오는 말이다. 오차노미즈 박사가 아톰을 칭찬하자, 악역 '스컹크 구사이'가 떠듬떠듬 내뱉은 말이다. 완전한 로봇은 인간처럼 나쁜 마음을 지녀야 한다는 주장이다.

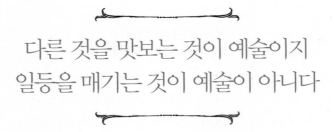

다른 것을 맛보는 것이 예술이지
일등을 매기는 것이 예술이 아니다

백남준은 파격적 실험으로 미술사의 흐름을 바꾸어 놓은 인물이다. 그는 천재 예술가였다. 다양한 개성을 미술 작품에 투영하는 점이 가장 큰 특징이다. 서양이나 동양 미술의 전통을 따르기보다는 독특하게 오직 자신의 아이디어에서 작품을 착안했다. 그가 내건 미술의 재미는 예술과 대중의 만남이다. 예술의 대중화를 위해 분야의 경계를 넘나들며 실험적, 개방적 작업을 통해 대중과 소통하고자 했다. 특히 예술에서는 차별과 다름이 중요하다. 누가 더 나은가를 따지는 것이 아니라는 얘기다.

백남준(白南準)
비디오 아트의 선구자(1932~2006) 대한민국

백남준은 전자기기를 새로운 예술의 재료로 사용한 비디오 아트의 개척자였다. 진부한 '고정관념'을 깨뜨려 국제무대에서 '동양에서 온 테러리스트'라는 별칭이 늘 따라붙었다. 텔레비전을 첼로 형태로 쌓아올려 첼로를 연주하는 듯한 포즈의 퍼포먼스를 연출했다. 서울에서 태어나 경기고를 졸업했다. 1949년에 홍콩 로이든스쿨을 거쳐 일본 도쿄대학에서 미술, 미학, 음악, 철학, 작곡을 공부했다. 1956년에 독일로 유학을 가 뮌헨대학 미학문학부에서 공부했다. 1963년에 독일 부퍼달 파르니스 화랑에서 첫 개인전을 열면서 비디오 아트를 선보였다. 1984년에 35년 만에 고국인 한국을 방문해 '비디오 아트'를 소개하고, 전 세계 방송위성을 통해 TV쇼 〈굿모닝 미스터 오웰〉을 연출했다. 1993년에 대규모 국제 미술 전람회인 베니스비엔날레에서 '황금사자상'을 수상했다. 많은 작품들에서 한국의 정서 및 문화, 샤머니즘(굿)을 등장시켰다. 1996년 6월에 뇌졸중으로 쓰러져 몸의 왼쪽 신경이 모두 마비됐음에도 각종 전시회에 참가하는 투혼을 발휘했다. 1998년에 미국 프랫 인스티튜트에서 명예 미술 박사학위를 받았다. 2000년에는 금관문화훈장을 받았다. 부인 구보타 시게코(久保田 成子)는 평생의 동반자이자 동지였다. 2007년 1월 29일, 미국 플로리다 주 마이애미에서 타계했다. 대표작으로 〈TV 자석〉(1965), 〈TV 부처〉(1974), 〈다다익선〉(1988) 등이 있다.

백남준의 인생 격언

❦

- 예술가의 역할은 미래를 사유하는 것이다.
- 욕을 먹어야 예술이 강해진다.
- 인생에는 되감기 버튼이 없다.
- 행동은 모든 성공의 기본이다.
- 책은 위대한 천재가 인류에게 남겨주는 유산이며, 한 세대에서 다른 세대로 전달된다.
- 예술은 결과야 어떻든 개인을 위해 하는 것이지, 나라를 위해 하는 것은 아니다.
- 나는 아침에 일어나기 싫어서 예술가가 되었다.

소리 내서 읽고, 손으로 쓰고 싶은
내 인생의 격언

"으르렁거리는 사자는 사냥감을 죽이지 못한다."

강한 척하는 사람은 큰일을 할 수 없다는 뜻이다. '사람을 죽여 잡아 먹는 사자는 으르렁대지 않는다'라고 표현하는 지역도 있다. 일본에 도 '약한 개일수록 자주 짖는다'라는 비슷한 뜻의 속담이 있다.

"기어 다닌다고 해서 뱀을 얕보지 마라."

남의 약점을 비웃지 말라는 훈계다. 기어 다닌다는 이유로 뱀을 얕보 지 않는 것처럼, 고치기 힘든 남의 신체적 결함을 보고 비웃어서는 안 된다.

"너무 고르다 보면 덜 익은 코코넛을 고르게 된다."

고르는 데 시간을 너무 많이 들이면 가장 좋은 것을 놓치고 만다는 뜻 이다. 코코넛의 성장 단계는 일곱 단계나 된다고 한다. 잘 익은 코코 넛을 고르기가 그만큼 힘든 데서 비롯된 말이다.

"남과 친척은 멀리 있을 때가 가장 따뜻하다."

에티오피아의 속담이다. 결혼식이나 장례식 등 집안 행사가 있으면 친척들이 모이는데, 같이 있는 시간이 길어지면 성가셔진다는 뜻이다.

3장

소리 내서 읽고,
손으로 쓰고 싶은
과학자의 격언

예술은 길고
인생은 짧다

　의학의 아버지로 불리는 히포크라테스는 평생 과학적 의학을 정립
하고자 연구하고 노력했다. 제자들을 가르칠 때는 늘 의술의 중요성
을 강조했다. 그는 인간의 수명은 짧지만 의술은 다음 세대까지 계속
이어져 사람들에게 도움을 줘야 한다고 생각했다. 그는 "의학을 공부
하려면 많은 시간이 걸린다. 그런데 사람의 생명은 짧으니 부지런히
공부해야 한다"고 말했다. 이 말을 미국의 시인 롱펠로가 '예술은 길
고 인생은 짧다'라고 고쳐 말한 것이 유명해졌다. 히포크라테스의 말
은 시대에 따라 뜻이 조금 바뀌긴 했지만 오늘날까지도 예술의 가치
를 강조하는 명언으로 널리 알려져 있다.

히포크라테스(Hippocrates)
의학자(BC 460~BC 375?) 고대 그리스

고대 그리스의 코스 섬에서 태어났다. 아버지에게 의학의 기초를 배웠다.
아시아와 그리스 각지를 여행하며 견문을 넓혔다. 그의 학설을 모은 《히포
크라테스 전집》과 《금언집》 등이 남아 있다. 히포크라테스 선서는 의료인
들의 신조가 되어 왔고, 현재까지도 의사가 되려는 사람들에게 교본이 되고
있다.

히포크라테스의 인생 격언

- 의술에 대한 사랑이 있는 곳에 인간에 대한 사랑이 있다.

- 우리의 삶에서 가장 귀중한 것은 건강이다.

- 최고의 운동은 걷기다.

- 우리 안에 있는 자연적인 힘이야말로 모든 병을 고치는 진정한 치
  료제다.

- 음식이란 약이 되기도 하고 독이 되기도 한다.

- 병을 낫게 하는 것은 자연이다.

- 식생활로 고칠 수 없는 병은 어떠한 요법으로도 고칠 수 없다.

- 환자는 종종 의사의 진심 어린 태도에 감명을 받아 회복되기도 한다.

공부에는
왕도가 없다

'There is no royal road to learning.' 주로 공부에서 꾸준함의 중요성을 강조할 때 애용하는 말이다. 유클리드는 당시 이집트의 왕 프톨레마이오스 1세(BC 367~ BC 283)의 후원을 받았다. 프톨레마이오스 1세는 알렉산더 대왕의 휘하에서 장군으로 지내다 알렉산더가 죽자 이집트 통치자로 등극해 프톨레마이오스 왕조를 열었다. 유클리드는 이집트 알렉산드리아대학의 석좌교수로 왕에게 수학을 가르쳤다. 프톨레마이오스 1세는 유클리드로부터 수학 강의를 들었으나 도통 이해가 되지 않았다. 유클리드의 기하학 저서인 《기하학 원론》이 너무 어렵다고 생각했던 그는 어느날 유클리드에게 "기하학을 쉽게 배울 수 있는 방법을 가르쳐 달라"고 말했다. 그러자 유클리드는 "폐하, 기

유클리드(Euclid)
수학자(BC 330?~BC 275?) 고대 그리스

기하학의 아버지로 불린다. 개인 행적은 거의 알려져 있지 않다. 생몰(生沒)
연도도 불확실하다. 세계 최초의 도서관인 이집트의 알렉산드리아 도서관
에서 기하학을 연구하고 학생들을 가르쳤다. 당대 그리스 기하학을 집대성
한《기하학 원론》이라는 명저를 펴냈다. 공리(公理)로부터 체계적으로 명제
들을 증명해 가는 방법론을 총정리했다. 피타고라스의 정리를 처음으로 증
명했으며《기하학 원론》에서 피타고라스의 정리를 자세히 소개했다. 유클
리드의 업적은 과학적 영역뿐만 아니라 후대 각 분야의 학문 연구에 큰 영
향을 끼쳤다. 그가 사망한 후 19세기까지 2000년이 넘도록 전 세계 기하학
은 모두 '유클리드 기하학'을 의미했다.

하학에는 왕도가 없습니다(Sire, There is no royal road to geometry)"라고
대답했다. 이는 5세기에 활동했던 그리스 철학자 프로클루스(Proclus,
412~485)가 기록한 내용이다. 당시 유클리드가 언급했던 '왕도(Royal
Road)'는 BC 5세기 무렵 옛 아케메네스 왕조의 전성기를 이끌었던 페
르시아 다리우스 1세(BC 550~BC 486)가 만든 길이다. 이 길은 이집
트와 그리스까지 뻗쳐 있던 제국을 효율적으로 통치하기 위해 설계된
지름길이었다. 기록에 따르면 왕도는 1600마일(약 2700km) 정도나 됐
다. 당시 몇 개월이 걸릴 그 거리를 왕명을 전달하는 전령은 1주일 만
에 도착했다고 하니 왕도가 얼마나 빠른 길인지 짐작이 간다.

유클리드의 인생 격언

• 자연의 법칙이란 신(神)의 수학적인 방법일 뿐이다.

• 이 사람은 배움에서 이익을 얻고 싶어 하는 사람이기 때문에 몇 푼
  을 베풀어 주어라.[1]

• 이렇게 증명했다.[2]

---

1 —— 알렉산드리아에는 유클리드의 진지한 학문 태도를 보여주는 일화들
    이 전해져온다. 어려운 기하학 문제로 골치 아파하던 한 제자가 "도
    대체 배워서 어디에 씁니까?"라고 묻자, "동전이나 몇 푼 던져줘라.
    꼭 본전 찾으려고 배우는 놈인 모양이다"라고 꾸짖었다고 한다.

2 —— 유클리드의 《기하학 원론》은 성서와 더불어 서양 사상에서 가장 큰
    영향을 준 저술로 꼽힌다. 당시 기하학은 건축과 조선, 도시 건설 분
    야 등에서 일상적으로 활용됐다. 유클리드는 모든 공리를 '증명 끝'
    이라는 말로 끝맺었다.

알았다!
알았어!

시라쿠사의 왕 히에론 2세는 금 세공사를 불러 순금으로 된 왕관을 만들어 오라고 했다. 금 세공사는 왕의 명령대로 금관을 만들어왔다. 그가 만들어온 왕관 무게는 금 무게와 똑같았다. 그런데 왕관이 순금이 아닌 은이 섞인 가짜라는 소문이 나돌았다. 왕은 물리학자인 아르키메데스에게 왕관의 진위를 밝히라고 명령했다. 아르키메데스는 마땅히 뾰족한 수가 떠오르지 않았다. 해결책을 고민하면서 아르키메데스는 목욕을 하기 위해 욕조에 들어갔다. 머릿속은 온통 왕관의 부피를 어떻게 측정할지에 대한 생각들로 가득 차 있었다. 그러던 중에 우연히 욕조에 채워진 물이 넘쳐흐르는 것을 목격했다. 그로부터 다음과 같은 사실을 알아냈다. '금과 무게가 동일할 때는 금보다 부피가

크다. 같은 크기일 때 다른 물질이 섞인 것은 순수한 물질보다 물속에
서 더 높이 떠오른다.' 아르키메데스는 이 현상의 원리를 발견한 순간
흥분한 나머지 물속에서 뛰쳐나와 벌거벗은 채로 'Eureka!(유레카, 알
았다는 뜻)'를 외쳤다. 그는 물속에서 저울대를 이용해 금관과 동일한
분량의 순금덩어리를 함께 달아 보았다. 그러자 저울대는 순금덩어리
쪽으로 기울어졌다. 왕의 금관에 은이 섞였음을 밝혀낸 것이다. 이를
'아르키메데스의 원리(Archimedes' Principle)'라고 한다.

아르키메데스의 인생 격언

- 말해야 할 때를 아는 사람은 침묵해야 할 때도 안다.
- 긴 지렛대만 있다면 지구도 들어 올릴 수 있다.[1]
- 내 원을 밟지 마![2]
- 태양은 불타는 쇠의 신이다.

1 — 지렛대 원리는 BC 2500년 무렵부터 사용해 왔다. 그렇지만 누구도 그 원리를 명확하게 설명하지 못했다. 그러다가 아르키메데스가 처음으로 지렛대 원리를 밝혔다. 아르키메데스는 길고 튼튼한 지렛대와 단단한 지렛목만 있으면 아무리 무거운 물건이라도 거뜬히 들어 올릴 수 있다고 장담했다. 설령 우리가 사는 지구라도 가능하다며. 아르키메데스는 이 원리를 바탕으로 무거운 돌을 날려 보내는 투석기를 개발했다. 투석기는 로마 군대가 시라쿠사에 쳐들어왔을 때 전투에 큰 도움을 주었다.

2 — 로마군이 시라쿠사를 점령했다. 로마 병사들은 거침없이 거리를 휘젓고, 집안으로 쳐들어와 행패를 부렸다. 아르키메데스의 집도 예외가 아니었다. 로마 병사들이 집 안마당으로 들이닥쳤을 때 아르키메데스는 바닥에 쪼그리고 앉아 자신이 그려놓은 원을 내려다보며 깊은 생각에 빠져 있었다. 한 로마 병사가 대꾸도 하지 않은 채 멀뚱이 있는 아르키메데스를 보고는 화가 나서 그려진 선을 밟았다. 그러자 아르키메데스가 "내 원을 밟지 마!"라고 하며 호통을 쳤다.

약보보단 식보이고
식보보단 행보다

　건강에는 딱히 정답이 없다. 걷기는 돈 안 들이고 건강을 유지할 수 있는 좋은 방법이다. 조선 중기의 의관이자 명의인 허준. 그는《동의보감》의 저자로도 유명하다. 조선시대 최고의 명의였던 허준은 약을 먹어서 보하는 것보다는 음식을 통해서 보하는 것이 낫고, 음식보다는 걷는 행동을 통해서 보하는 것이 낫다고 했다.

허준(許浚)
조선의 최고 명의(1539~1615) 대한민국

조선 최고 의서인《동의보감》의 저자. 자는 청원(淸源), 호는 구암(龜巖). 비록 서자였지만 명문가 출신답게 차별받지 않고 좋은 교육을 받았다. 어려서부터 경전과 사서 등에 밝았다. 당시 명의 유의태에게 처음 의술을 배웠다. 29세 때인 1574년(선조 7년)에 내의원 시험에 합격한 이후 내의·태의·어의로 명성을 날렸다. 의인으로서 최고의 명예인 당상의 부군과 보국의 지위를 누렸다. 1608년에 선조가 승하하자 책임 어의로서 파직당하고 의주로 유배됐다. 1610년에 편술 완료한《동의보감》을 광해군에게 바친 후 귀양에서 풀려나 어의로서 왕의 총애를 받았다.《동의보감》은 당시의 모든 의학 지식을 망라한 임상의학의 백과전서로, 16년 동안의 노력 끝에 완성된 대작이었다. 동양에서 가장 우수한 의학서로 평가받고 있다. 동양의학의 보감으로 일본과 중국에 전해져 현재까지 귀중한 한방임상의학서의 교본이 되고 있다. 우리나라에서는 2015년 6월 국보로 지정됐고, 2009년 7월에 세계기록유산으로 등재됐다. 허준은《동의보감》이외에도 많은 의방서 등을 증보 개편하거나 알기 쉽게 한글로 해석해 출판하기도 했다.

허준의 인생 격언

• 병도 긴 눈으로 보면 하나의 수양이다.

• 나라를 다스리는 어진 재상이 되지 못할 바에는 사람과 병을 다스리는 명의가 되겠다.

천체의 운동은
얼마든지 계산할 수 있지만,
사람의 마음은
아무리 해도 계산할 수 없다

뉴턴은 '사과가 나무에서 떨어지는 것'을 보고 발견했다는 만유인력의 법칙으로 유명하다. 하지만 그밖에도 자연과학 분야에서 수많은 업적을 남겼다. 지구와 천체의 운동을 실험으로 해명하고, 천체의 궤도를 타원·포물선·쌍곡선으로 나눌 수 있다는 사실도 밝혀냈다. 한편, 미적분법을 누가 먼저 발견했는지를 둘러싸고 라이프니츠와 25년 동안이나 법정 싸움을 벌이기도 했다.

아이작 뉴턴(Isaac Newton)
물리학자, 수학자, 천문학자(1642~1727) 영국

근대 과학의 시조. 농민의 가정에서 태어나 할머니 슬하에서 자랐다. 케임브리지대학에 입학해 자연과학, 광학 등을 연구하기 시작했다. 영국에서 페스트가 유행한 1665년에 대학이 폐쇄돼 고향으로 돌아간 그는 홀로 연구에 몰두했다. 만유인력의 법칙과 미적분학의 기초도 이 시기에 확립했다. 그후 트리니티대학 교수가 됐고, 1687년에 대저작《자연철학의 수학적 원리》(프린키피아)를 발간했다. 평생을 독신으로 살았고, 런던 교외의 켄싱턴에서 작고했다.

뉴턴의 인생 격언

- 굳은 인내와 노력을 하지 않은 천재는 이 세상에 있었던 적이 없다.

- 눈앞에는 아무것도 발견되지 않은 진리라는 거대한 바다가 펼쳐져 있다.[1]

- 오늘 이룰 수 있는 일에 전력을 다하라. 그러면 내일은 한 걸음 더 전진할 수 있을 것이다.

- 제가 먼 곳을 볼 수 있었던 이유는 거인들의 어깨 위에 올라탔기 때문입니다.[2]

- 나는 가설을 만들지 않는다.

- 발명의 비결은 부단한 노력에 있다.

1 — 뒤에 '나는 그 바닷가에서 매끈한 돌이나 예쁜 조개껍데기를 찾고 즐거워하는 소년이다'라는 말이 이어진다. 천재로 불리는 과학자의 탐구심을 엿볼 수 있는 말이다.

2 — 과학의 발견은 혼자서 이룰 수 있는 것이 아니라, 갈릴레이나 코페르니쿠스 등 수많은 선배 과학자들이 쌓아올린 성과를 토대로 이루어졌다는 의미다.

소리 내서 읽고, 손으로 쓰고 싶은
내 인생의 격언

저는 당초의 생각과는 달리
종(種)이 변화하지 않는 것이 아니라는
확신에 거의 도달했습니다.
마치 살인을 자백하는 것 같습니다

다윈은 전 세계를 항해하던 중 '종은 변화하지 않는다'는 생각이 틀렸다는 것을 깨달았다. 모든 생물은 같은 날에 창조되어 지금껏 변함없이 이어져 내려왔다는 구약 성서의 가르침을 부정한 것이다. 이 말은 다윈이 친구에게 보낸 편지에 쓰여 있다. 크나큰 발견을 한 후 동요하는 그의 심정을 잘 엿볼 수 있다. 실제로 다윈이 쓴 《진화론》은 종교계와 학계에 큰 충격을 주었고, 사람들은 다윈에게 날 선 비난을 퍼부었다. 기존 개념을 뒤집어엎는 새로운 발견을 발표하기 전의 고뇌가 잘 드러난 말이다.

다윈의 인생 격언

- 원인을 꾸준히 탐구하는 힘이 새로운 발견으로 이어진다.
- 변화에 가장 잘 적응하는 종이 살아남는다.[1]
- 나는 어리석은 사람처럼 우직하게 실험하는 것을 좋아한다.
- 아무렇지도 않게 한 시간을 낭비하는 사람은 인생의 가치를 아직 발견하지 못한 것이다.
- 은행나무는 살아 있는 화석이다.

---

1 ─ 변화와 사고의 유연성을 강조하기 위해 자주 인용되는 말이다.《종의 기원》이 출처라고 알려져 있지만, 사실《종의 기원》에는 이런 말이 없다.

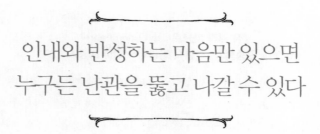

인내와 반성하는 마음만 있으면
누구든 난관을 뚫고 나갈 수 있다

이 말은 파브르의 대표작인 《곤충기》에 나온다. 열 권으로 되어 있는 《곤충기》는 곤충을 아주 세밀하고 꾸준하게 관찰한 대기록이다. 그는 31세부터 곤충을 연구하기 시작해 56세 때 《곤충기》를 처음 출간했다. 이 책이 모두 나왔을 때는 그의 나이 84세였다. 긴 세월을 이겨내고 얻은 교훈은 실로 대단할 수밖에 없다. 세계적인 곤충학자인 파브르의 인내와 성실성은 타의 추종을 불허한다. 개똥구리라는 벌레를 관찰하는 데만 무려 40년이 걸렸다고 한다.

파브르의 인생 격언

- 단 1분 동안도 쉴 수 없는 때처럼 행복한 일은 없다. 일하는 것, 이것만이 살아 있다는 증거다.
- 인간은 진보에 진보를 거듭한 결과, 문명이라 이름 붙여진 것의 지나친 발달 때문에 자멸해 쓰러질 날이 올 것처럼 보인다.
- 누구에게나 정신적으로 하나의 기원(紀元)을 만들어 주는 책이 있다.

소년들이여, 야망을 가져라

'Boys, be ambitious!' 큰 뜻을 품고 도전 정신을 기르라는 뜻이다. 일본은 공업, 산업 분야뿐만 아니라 농업을 근대화하는 데에도 노력을 기울였다. 이를 위해 서양의 저명한 과학자를 초빙해 가르침을 받았다. 미국의 클라크 박사도 삿포로 농학교의 초대 교장으로 초청돼 일본에 갔다. 그는 서양식 농사법 등을 가르치며 다방면으로 농학교의 발전을 위해 애썼다. 시간이 흘러 클라크는 고향인 미국으로 돌아갈 때가 됐다. 클라크는 배웅하러 나온 학생들에게 이 한마디를 남겼다. "소년들이여, 야망을 가져라. 사람들이 명성이라 부르는 덧없는 것을 위해 야망을 가지지 말고, 사람으로서 마땅히 되어야 하는 것을 성취하기 위해 야망을 가져라"라고 당부했다.

윌리엄 스미스 클라크(William Smith Clark)
식물학자, 농학자(1826~1886) 미국

미국의 매사추세츠 주에서 태어났다. 에머스트대학을 졸업하고 독일 괴팅겐대학에 유학해 화학과 식물학을 연구해 박사 학위를 받았다. 미국으로 돌아와 메사추세츠 주 상원의원과 1867년에 매사추세츠 주립대학에서 농과대 학장을 지냈다. 1876년에 일본 최초의 농업 대학인 삿포르 농학교(현 홋카이도 대학)의 초대 교장으로 초빙됐다. 독실한 기독교 신앙을 바탕으로 학생들에게 깊은 종교적 감화를 주었다. 일본 메이지(明治) 시대 때 '일본의 간디'라 불리는 우치무라 간조 등이 클라크의 절대적인 영향을 받았다. 일본 삿포로 히쓰지가오카 전망대에 클라크 박사 동상이 서 있다. 그 동상 밑에 'Boys, be ambitious!'가 새겨져 있다.

클라크의 인생 격언

• 신사가 돼라(Be gentleman).**1**

---

1 —— 삿포르 농학교 교장 시절, 일본인 관리가 교칙을 만들겠다고 했다. 이
    에 클라크는 규칙으로 인간을 만들려고 해서는 안 된다고 말했다. '신
    사가 돼라(Be gentleman)'는 말이면 충분하다고 하고는 규칙을 없앴다.

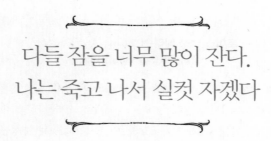

다들 잠을 너무 많이 잔다. 나는 죽고 나서 실컷 자겠다

에디슨은 '발명왕'이라는 별칭에 걸맞게 평생 1000건이 넘는 발명을 했다. 일을 무척 좋아해서 '고민 해결에는 일하는 것이 가장 좋은 약이다'라는 명언을 남겼다. 하루에 16시간쯤 일하다가 가끔 30분 정도 졸았는데, 잠깐 존 시간을 다 합쳐도 하루에 3시간 정도밖에 자지 않았다고 한다. 80세가 넘어서도 이런 생활을 계속했다. 강인한 체력과 정신력이야말로 에디슨을 발명왕으로 만든 원동력인 듯하다.

토머스 앨바 에디슨(Thomas Alva Edison)
발명가(1847~1931) 미국

어렸을 때 선생님 말씀을 그대로 받아들이지 않고 '왜요?'라는 질문을 연발하는 바람에 퇴학당했다. 그래서 어머니가 공부의 기초를 가르쳤다고 한다. 자기 집 지하실에서 발명을 시작했고 축음기를 상품화하는 데 성공했다. 이후 설립한 연구소에서는 전기철도와 전축을 발명했다. 에디슨은 기업형 발명가였다. 인류 역사상 가장 많은 발명품을 고안해냈다. 그는 '발명계의 나폴레옹'으로 칭송된다. 청각 장애를 이겨내고 인간승리를 거둔 것으로도 유명하다. 1931년 10월 18일 그가 타계한 날, 미국 국민은 미국 전역에서 1분 동안 전등을 꺼 그를 추모했다.

에디슨의 인생 격언

- 결코 시계를 보지 마라. 이것이 젊은이들에게 하고 싶은 나의 충고다.

- 나는 실험할 때 한 번도 실패하지 않는다. 실패는 실패가 아니라, 성공하지 못하는 방법을 한 가지 더 찾아낸 것이다.[1]

- 천재는 1퍼센트의 영감과 99퍼센트의 노력으로 이루어진다.[2]

- 완벽하다고 생각될 때 한 번 더 살피면 복이 들어온다.

- 필요는 발명의 어머니다.

- 책은 위대한 천재들이 인류에게 남겨 놓은 훌륭한 유산이다.
- 시도했던 모든 것이 물거품이 되었더라도 그것은 또 하나의 전진이기 때문에 나는 용기를 잃지 않는다.
- 변명 중에서도 제일 어리석고 못난 변명은 '시간이 없어서'다.
- 기회는 작업복을 입고 찾아온 일감처럼 보여서 사람들 대부분이 이를 놓치고 만다.

1 — 에디슨은 생전에 놀라울 정도로 많은 발명을 한 만큼 실패도 많이 했다. 예를 들어, 필라멘트를 발명할 때에는 그 소재인 대나무를 발견하기까지 솜, 실, 수염 등 약 6000종류의 소재로 시험했다가 실패를 거듭했다. 그 때문에 에디슨은 실패에 관한 명언을 무수히 남겼다.

2 — 에디슨의 명언 중 가장 유명한 세기적 명언이다. '노력하면 천재가 될 수 있다'는 뜻으로 자주 사용되지만, 정작 에디슨은 '아무리 노력해도 1퍼센트의 번뜩이는 기지가 없으면 아무것도 이룰 수 없다'는 뜻으로 말했다고 한다.

생명을 지키고 북돋워주는 것은 선이고,
생명을 부수고 가로막는 것은 악이다

슈바이처는 살아 있는 성자로 불릴 만큼 소외된 사람들을 위해 평생 헌신했다. 40세가 다 된 슈바이처가 아프리카로 떠나겠다고 했을 때 주변 사람들의 반대가 심했다. 당시 아프리카에 있는 나라들은 거의 유럽의 식민지였고, 유럽 사람들은 아프리카인들을 자신과 동일한 인간으로 여기지 않았다. 또한 아프리카는 살 만한 곳이 못 된다고 생각했다. 사지(死地)나 다름없는 그런 곳을 간다고 하니 주변에서 극구 말리는 것은 어쩌면 당연했다. 그럼에도 슈바이처의 의지를 꺾을 수는 없었다. 그는 결국 아프리카로 갔고, 전 재산을 털어 아프리카에 병원을 지었다. 세계대전이 일어났을 때는 포로로 끌려가 한동안 병원 문을 닫기도 했다. 하지만 언제나 아프리카와 함께 있었다.

알버트 슈바이처(Albert Schweitzer)
의사, 성직자(1875~1965) 프랑스

원래는 독일인이지만 그가 태어난 알자스가 제1차 세계대전 후 프랑스 땅으로 바뀌어 프랑스 국적을 취득했다. 대학에서 신학과 철학을 공부하고 졸업 후에는 목사와 대학 강사로 일했다. 또 뛰어난 파이프 오르간 연주가로도 활약했다. 아프리카 흑인들이 질병으로 고통받는다는 사실을 알고 의사가 됐다. 프랑스령 적도 아프리카의 랑바레네에 병원을 개설한데 이어 아프리카에서 전도와 진료에 일생을 바쳤다. 1928년에 괴테상을 수상하고, 1952년에 노벨평화상을 수상했다. 노벨상 상금으로 나환자촌을 세웠다. 1965년 9월 4일, 아프리카 랑바레네에서 세계인의 애도 속에 세상을 떠났다. 저서로 《문화 철학》, 《물과 원시림 사이에서》, 《독일과 프랑스의 오르간 제작법과 오르간 음악》 등이 있다.

슈바이처의 인생 격언

• 삶을 바라보는 인간의 방식이 그의 운명을 결정한다.

• 나는 살려고 하는 생명에 둘러싸인 살려고 하는 생명이다.

• 원자력 전쟁에서는 승리자가 없다. 있는 것은 패배자뿐이다.

• 일반적으로 인간과 인간과의 관계 속에는 우리들이 알고 있는 것보다 훨씬 더 많은 신비가 숨겨져 있는 것은 아닐까? 비록 매일 함께 생활하고 있는 상대라 할지라도 진실로 그 사람을 알고 있다고는

그 누구도 주장할 수 없다.

- 가장 중요한 것은 나의 내부에서 빛이 꺼지지 않도록 노력하는 일이다. 안에 빛이 있으면 스스로 밖이 빛나는 법이다.

- 나는 오직 한 가지 외에는 아는 것이 없다. 진실로 행복한 사람은 섬기는 법을 갈구하여 발견한 사람이다.

- 독서는 단지 지식의 재료를 공급할 뿐이다. 그것을 자기의 것으로 만드는 것은 사색의 힘이다.

- 인간의 미래는 인간의 마음에 있다.

- 이 세상에서 가장 비극적인 삶이란 살아 있는 동안 정신이 죽어 있는 삶이다.

소리 내서 읽고, 손으로 쓰고 싶은
내 인생의 격언

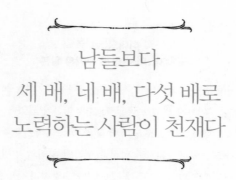

남들보다
세 배, 네 배, 다섯 배로
노력하는 사람이 천재다

노구치 히데요는 가난한 농민의 아들로 태어났다. 어렸을 때 이로리(방바닥의 일부를 네모 모양으로 잘라내고, 그곳에 재를 깔아 불을 피우는 장치)에 떨어져 손에 화상을 입었고, 주변의 따돌림 속에서도 불굴의 의지로 의사가 되는 데 성공했다. 그 후 미국의 록펠러 의학연구소에서 세균학의 권위자가 됐다. 그는 경제 개념이 없어서 주변에 많은 빚을 졌다. 한편으로는 심한 플레이 보이였다고도 한다. 그러나 노력만큼은 타의 추종을 불허했다. 천재였지만 그는 남들보다 몇 배나 더 노력했다.

노구치 히데요(野口英世)
세균학자, 의사(1876~1928) 일본

현재의 후쿠시마 현에서 태어났다. 한 살 때 왼손에 큰 화상을 입어 수술을 받은 것을 계기로 의사가 되기를 꿈꿨고, 결국 의사가 되었다. 청나라로 건너가 의사로 활동했다. 일본으로 귀국한 후 곧바로 미국으로 건너가 뱀독을 연구해서 성과를 올렸다. 1918년, 당시 유행하던 황열의 병원체를 발견하기 위해 에콰도르로 갔다. 10년 후에 자신도 황열에 걸려 사망했다. 노벨 의학상 후보에 세 번 올랐다.

노구치 히데요의 인생 격언

- 뜻을 이루지 않으면 다시 이 땅을 밟지 않으리라.[1]
- 집이 가난하더라도, 몸이 부자유스럽더라도 결코 실망해서는 안 된다. 일생의 행복과 불행은 자신이 만드는 것이기 때문이다.[2]
- 가르치러 온 것이 아닙니다. 배우러 왔습니다.[3]

1 — 노구치가 청년기에 도쿄로 가면서 고향 집 기둥에 새긴 말이다. 1900년에 미국으로 건너간 후로는 오랫동안 귀향하지 않았고, 1915년이 되어서야 연로하신 어머니를 만나기 위해 일본으로 돌아왔다.

2 — 노구치는 성적이 우수했기 때문에 당시 교사의 알선으로 이나와시로 고등소학교에 입학했다. 왼손 수술은 두 번 받았다.

3 ―― 브라질을 방문했을 때 신문기자에게 한 말이다. 현지의 기자는 노구치의 겸허한 태도에 놀랐다고 한다.

소리 내서 읽고, 손으로 쓰고 싶은
내 인생의 격언

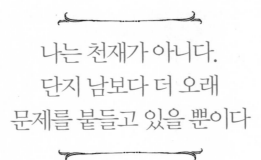

나는 천재가 아니다.
단지 남보다 더 오래
문제를 붙들고 있을 뿐이다

아인슈타인은 '상대성 이론'으로 유명한 20세기 최고의 물리학자
다. 독특한 외모에 상대성 이론의 난해함까지 더해져 괴짜 천재의 이
미지도 강하다. 하지만 실은 성실하고 소탈한 인물이었다고 전해진
다. 자신은 스스로 천재라고 생각하지 않았던 모양이다. 1905년에 '특
수 상대성 이론'을 처음으로 발표한 후 1916년에 '일반 상대성 이론'
을 발표하기까지 한 가지 연구만 계속했다는 사실을 보면 위의 말이
쉽게 이해가 된다.

알베르트 아인슈타인(Albert Einstein)
이론 물리학자(1879~1955) 독일

독일 출신의 미국 물리학자. 상대성 이론으로 유명하다. 1921년에 광양자 가설에 바탕을 둔 광전효과를 이론적으로 해명해서 노벨 물리학상을 수상했다. 1940년에 미국 국적을 취득하고 평생 미국에서 살았다. 제2차 세계대전 후에는 핵무기 폐기, 전쟁 근절, 과학기술의 평화적 이용을 호소하는 평화운동에 주력했다. 혀를 내민 유명한 사진은 1951년에 촬영한 것이다. 1999년에는 〈TIME〉지의 '20세기 인물'로 뽑혔다.

아인슈타인의 인생 격언

- 인생을 사는 데는 딱 두 가지 방법이 있다. '내게 주어진 모든 것이 기적인 듯 사는 것' 또는 '아무 것도 기적이 아닌 듯 사는 것'.

- 뜨거운 난로 위에 손을 1분 동안 올려놓아 보렴. 그러면 1분이 마치 1시간처럼 느껴지겠지? 이번에는 1시간 동안 예쁜 여자와 함께 앉아 있다고 생각해봐. 그러면 1시간이 마치 1분처럼 느껴질 거야. 이것이 바로 상대성이란다.[1]

- 자신을 스스로 질책할 필요가 뭐 있나? 필요하면 남들이 알아서 따끔하게 질책해줄 텐데.

- 먼저 경기의 규칙을 익혀야 한다. 그러고 나서 남보다 더 잘 뛰어야 한다.
- 시간이 존재하는 이유는 단 하나, 만사가 한꺼번에 일어나지 않도록 하기 위해서다.
- 나는 미래에 대해 생각한 적이 없다. 어차피 곧 닥치니까.
- 종교 없는 과학은 절름발이고 과학 없는 종교는 장님이다.
- 평화는 힘으로 유지될 수 없다. 그것은 이해에 의해서 달성될 수 있을 뿐이다.
- 이성과 합리적인 마음으로 내가 발견한 것은 아무것도 없다.
- 교육이란 학교에서 배운 것을 다 잊은 후에 남아 있는 것이다.
- 사람을 위해서 국가가 만들어졌지, 국가를 위해 사람이 만들어지지 않았다.

1 — "상대성 이론이 뭐예요?"라는 어린이의 질문에 아인슈타인이 설명했다는 내용이다. 실제 상대성 이론과는 상관없는 심리학적인 설명이 돼버렸지만, '관측자의 상태에 따라 시간과 공간이 변화한다'는 개념을 생생하고 이해하기 쉽게 전달해준다.

IQ,
그건 패배자들이
즐겨 쓰는 말이다

스티븐 호킹이 한 언론사와의 인터뷰에서 한 말이다. 〈뉴욕타임즈〉의 기자이자 문화비평가인 데보라 솔로몬이 2004년 12월 호킹 박사와 인터뷰를 가졌다. 그는 호킹에게 "당신은 우주물리학에 대단한 업적을 남겼다. 사람들은 당신을 천재로 생각한다. 그러면 IQ는 얼마 정도 되는가?"라고 물었다. 그러자 호킹은 "잘 모른다. IQ를 자랑하는 사람들은 패배자라고 생각한다(I have no idea. People who boast about their IQ are losers.)"라고 답했다. 무슨 일을 하는 데 있어 IQ가 절대적 기준이 못 된다. 그보다 더 중요한 것은 노력과 열정이다. 꿈은 IQ 지수로 이뤄지는 것이 아니다.

스티븐 호킹(Stephen Hawking)
우주물리학자(1942~) 영국

블랙홀의 연구 등에 뛰어난 업적을 남긴 천재 물리학자. 갈릴레이, 뉴턴, 아인슈타인을 잇는 세계 물리학의 거장으로 꼽힌다. 옥스퍼드에서 태어났다. 1962년에 옥스퍼드대학을 졸업하고 케임브리지 대학원에서 물리학을 전공했다. 박사과정 중인 22세 때 몸속의 운동신경이 차례로 파괴돼 전신이 뒤틀리는 루게릭병에 걸렸다. 이로 인해 1~2년의 시한부 인생을 선고받았다. 그러나 예상은 보기 좋게 빗나갔다. 이때부터 호킹은 본격적으로 우주물리학에 몰두했다. 1967년에 박사학위 논문으로 '블랙홀의 특이점'을 발표했다. 1974년 32세 때 영국왕립협회 최연소 회원이 되었고, 1979년부터 2009년까지 뉴턴과 디랙에 이어 영국 과학자로서는 최고의 영예인 케임브리지대학 루카시언 석좌교수를 지냈다. 1985년에 폐렴으로 기관지 절개 수술을 받았다. 그 후 가슴에 꽂은 파이프를 통해서 호흡을 하고 휠체어에 부착된 고성능 음성합성기를 통해 대화를 하고 있다. 신체 중에서 유일하게 움직이는 두 개의 손가락으로 컴퓨터를 작동시켜 강의도 하고, 글을 받아쓰고 이야기를 나눈다. 1990년에 첫 부인 제인과 이혼하고 자신을 돌봤던 간호사 일레인과 재혼했다. 첫 부인과의 사이에 세 자녀를 두고 있다. 1988년에 출간된 우주 빅뱅이론에 관한 기념비적 저서인 《시간의 역사》는 전 세계 40여 나라에서 천만 권 이상 팔린 베스트셀러가 되었다. 그 외 《시간과 공간에 관하여》,《호두껍질 속의 우주》,《위대한 설계》 등의 책을 펴냈다.

호킹의 인생 격언

- 삶이 웃기지 않다면 비극이었을 것이다.
- 우리의 관심을 지구에서 벌어지는 일에만 기울인다면 그건 인간 정신을 제한하는 일이나 다름없다.
- 우주의 한 가지 기본적인 법칙 중 하나는 완벽한 것은 없다는 것이다. 간단히 말해 완벽이란 존재하지 않는다. 불완전함이 없다면, 우리는 존재하지도 않았을 것이다.
- 우주는 신이 아니라 물리학 법칙이 만들었다.
- 여자, 그들은 완전한 미스터리다.
- 유명인사로 살아가는 것의 가장 힘든 점은 어디를 가든 나를 알아본다는 것이다. 선글라스와 가발은 별로 소용이 없다. 이놈의 휠체어가 어차피 다 드러낸다.
- 우리는 평균적인 항성의 마이너한 행성 위에 사는 조금 발전된 원숭이 종족일 뿐이다. 그러나 우리는 우주를 이해할 수 있다. 그게 우리를 매우 특별하게 만든다.
- 내가 불구라는 것에 화를 내는 것은 시간 낭비다. 사람은 삶을 살아가야 한다. 그리고 나는 별로 못한 게 없다. 만약 당신이 언제나 화를 내고 불만을 토로한다면 다른 사람들은 당신을 위해 시간을 내주지 않는다.

"신은 눈먼 새에게 둥지를 만들어준다."

눈먼 새 같은 약자가 살아남는 것은 신의 자비로움 덕분이라고 생각한 말이다. 신의 존재가 생활 속 깊이 뿌리내린 인도의 문화를 잘 알 수 있다.

"암소도 송아지도 없는 자는 편히 잔다."

가난한 사람은 도둑맞을 재산이 없으므로 아무런 걱정 없이 푹 잘 수 있어서 정신적으로 편하다. 가난한 자는 이처럼 마음이 홀가분하므로 무리하면서까지 부자가 되려고 노력할 필요가 없다는 뜻이다.

"혀는 사람을 코끼리 등에 태울 수도 있고, 사람의 목을 벨 수도 있다."

좋은 말은 사람을 높은 지위에 올릴 수 있는 반면, 나쁜 말은 죽음을 초래할 수 있다. 말을 조심하라는 뜻이다.

"개가 따라오면 돌이 보이지 않고, 돌이 있으면 개가 따라오지 않는다."

개에게 돌을 던져야 할 때에는 돌이 가까이 없고, 돌이 가까이 있을 때에는 개가 없다. 타이밍이 나쁜 상황을 표현한 말이다.

4장

소리 내서 읽고,
손으로 쓰고 싶은
종교사상가의 격언

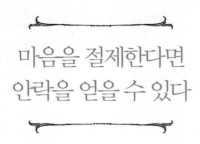

마음을 절제한다면
안락을 얻을 수 있다

석가는 샤카 족의 왕자였다. 풍족하고 화려한 환경에서 자랐지만 인생의 고뇌를 깨닫고 출가했다. 처음에는 극단적인 고행과 단식을 했지만, 곧 한계를 느끼고 전통적인 수행법을 버렸다. 그리고 '명상' 이라는 사색을 반복함으로써 깨달음을 얻었다. 석가는 '만물의 진실을 발견하면 욕심이 사라진다'고 말했다. 마음을 절제하면 '안락'을 얻을 수 있다는 뜻이다.

생몰 연대에 관해서는 이견이 많다. 석가모니와 부처는 존칭이다. 본명은 고타마 싯다르타이다. 현재의 네팔 남부와 인도의 국경 부근인 히말라야 기슭에 자리한 작은 나라에서 태어나, 29세에 처자식과 왕자의 지위 등 모든 것을 버리고 출가했다. 6년 동안 수행한 후 붓다가야의 보리수 아래에서 깨달음을 얻었다. 포교를 한 지역은 주로 갠지스 강 중류였다. 고행 같은 극단적인 방법을 피하고, 마음의 수련으로 고뇌에서 해방될 수 있다고 설파해서 폭넓은 지지를 얻었다. 사후에 '인간을 초월한 존재', '대중의 구제자'라는 평가를 받으며 '부처'로 숭배받기에 이르렀다.

석가의 인생 격언

- 모든 세상에 자비의 마음을 지녀라.

- 분노에서 멀어지면 후회를 예방할 수 있다.

- 선하지 않은 일이나 나 자신을 위한 일은 하기 쉽다. 하지만 선한 일이나 남을 위한 일은 참으로 하기 어렵다.

- 과거를 쫓지 마라. 미래를 바라지 마라. 단지 오늘 이뤄야 할 것을 이뤄라.[1]

- 우주의 모든 사람들과 마찬가지로 우리도 자신을 사랑할 자격이

있다.

- 우리는 가진 게 없지만 아주 즐겁게 살 것이다. 기쁨을 먹고 사는 사람이 될 것이다.[2]
- 실천해서는 안 되는 두 가지 극단적인 일이 있다. 하나는 욕망에 빠지는 일, 또 하나는 고행으로 몸을 망가뜨리는 일이다. 진리의 체현자는 양극단에 기울지 않는다.
- 화내지 마라. 산이 사람을 짓누르듯, 화는 어리석은 자를 짓누른다.
- 존경할 만한 사람이나 따를 만한 사람이 없다는 것은 고통이다.[3]
- 원한을 원한으로 갚으면 원한은 끊이지 않는다. 원한은 버려야만 끊어진다.

1 — 석가의 과거는 '온실 속의 화초'였다. 미인들에게 둘러싸여 음악을 즐기던 시간이 많았다. 그러나 인생의 네 가지(생로병사) 고통을 알고 나서는, 성을 떠나 진리를 추구하는 고난의 길을 선택했다. 이 말을 했을 때 석가는 예전의 부귀영화를 떠올리며 자신을 다잡았는지도 모른다.

2 — 어느 날 석가가 탁발하러 나왔지만 음식을 조금도 못 받았다. 이때 악마가 석가에게 '음식을 받을 수 있게 해주겠다'며 유혹했다. 그러자 석가는 위의 말로 대답했다고 한다.

3 — 석가는 '주변에 좋은 친구들만 두라'고 권했다. 인간은 유혹에 약하다. 따라서 같은 목표를 지닌 사람들과 친하게 지내고, 좋은 영향을 서로 주고받아야 한다고 생각했다.

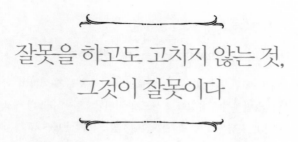

잘못을 하고도 고치지 않는 것,
그것이 잘못이다

과이불개, 시위과의(過而不改, 是謂過矣). 《논어》에 나오는 말이다. 누구나 어쩔 수 없이 잘못을 범하며 산다. 그런데 잘못을 범한 뒤에 모른 척하거나, 웃어넘기거나, 남의 탓으로 돌리는 광경을 현대사회에서는 자주 볼 수 있다. 자신의 잘못과 똑바로 마주하면 다음에 똑같은 과오를 저지르지 않을 것이고, 성실히 대응하면 오히려 주변의 신뢰를 얻을 수 있을 것이다. 공자는 잘못을 하고도 고치지 않는 것이야말로 가장 저질러서는 안 될 잘못이라고 일깨운다.

공자(孔子)
유교의 시조(BC 551~BC 479) 중국

중국 춘추시대 때 활약한 사상가. 고아로 자라면서 힘들게 예학(禮學)을 공부했다. 이전의 원시적인 유교를 학문으로 정립함으로써 유교의 시조로 불리게 됐다. 거의 평생을 무명 학자로 지냈지만, 사마천은 《사기(史記)》에서 공자의 공적을 '왕에 버금간다'고 높게 평가했다. 공자가 세상을 떠난 후에 그의 제자들이, 공자와 제자들과의 문답을 모아서 《논어》를 펴냈다.

공자의 인생 격언

- 아는 것을 안다 하고 모르는 것을 모른다고 하는 것이 지식이다.

- 배우기만 하고 생각하지 않으면 어리석어지고, 생각만 하고 배우지 않으면 위태로워진다.[1]

- 군자는 화합하되 일률적이지 않고, 소인은 똑같이 하되 조화롭지 못하다.

- 자신이 인정받지 못한 것을 고민하지 말고, 자신이 다른 사람을 인정하지 않은 것을 고민하라.[2]

- 옛것을 알고 새것을 알면 남의 스승이 될 수 있다.[3]

- 나는 열다섯 살에 학문에 뜻을 두었고, 서른 살에 자립했으며, 마흔 살

에 마음이 흔들리지 않았고, 쉰 살에 천명을 알았으며, 예순 살에 귀로 들으면 그대로 이해했고, 일흔 살에 마음이 하고자 하는 바를 따라도 법도를 넘지 않았다(오십유오이지우학(吳十有伍而志于學)하고 삼십이립(三十而立)하고 사십이불혹(四十而不惑)하고 오십이지천명(伍十而知天命)하고 육십이이순(六十而耳順)하고 칠십이종심소욕(七十從心所欲)하야 불유구(不踰矩)니라).

- 덕이 있으면 외롭지 않고 반드시 이웃이 있다.
- 예의의 실천은 자기를 낮추는 것이다.
- 인자(仁者)는 근심하지 않고, 지자(智者)는 흔들리지 않으며, 용자(勇者)는 두려워하지 않는다.
- 지혜 있는 사람은 물을 좋아하고, 어진 사람은 산을 좋아한다. 지혜 있는 사람은 움직이고, 어진 사람은 고요하다. 지혜 있는 사람은 즐겁게 살고, 어진 사람은 오래 산다.
- 흠 없는 조약돌보다는 흠 있는 금강석이 더 낫다.
- 산을 움직이고자 하는 사람은 작은 돌부터 들어낸다.
- 어둡다고 투덜대지만 말고, 어서 작은 촛불 하나부터 밝혀라.

1 ── 아무리 많이 배워도 스스로 생각하지 않으면 배웠다고 할 수 없다. 생각하면서 배워야 자기 것으로 만들 수 있다는 뜻이다.

2 ── 남이 자신을 인정하지 않는다고 괴로워해서는 안 된다. 그보다 자신이 남의 장점을 인정하려 들지 않는 것을 고민해야 한다.

3 ── '온고지신(溫故知新)'의 어원이 되는 말이다.

측은한 마음이 없으면,
부끄러워하는 마음이 없으면,
사양하는 마음이 없으면,
옳고 그름을 분별하는 마음이 없으면
사람이 아니다

맹자는 인간이 동물과 구분되는 근본적 특징을 사단(四端)에 있다고 보았다. 사(四)는 인의예지(仁義禮智)를 가리키고, 단(端)은 단서(端緒)를 의미한다. 맹자는 "측은히 여기는 마음은 인(仁)의 시초요(측은지심惻隱之心), 부끄러워하고 미워하는 마음은 의(義)의 시초요(수오지심羞惡之心), 사양하는 마음은 예(禮)의 시초요(사양지심辭讓之心), 옳고 그름을 분별하는 마음은 지(智)의 시초다(시비지심是非之心)"라고 말했다. 맹자는 사단을 확충해 발전시키면 천하 국가의 안정을 도모할 수 있다고 주장했다. 사단설(四端說)은 맹자의 성선설(性善說)의 뿌리로, 그의 사상의 핵심이 됐다. 맹자는 "사단을 가지고 있으면서 선한 일을 하지 못한다고 스스로 말하는 것은 자기를 해치는 일이다"라고 했다.

맹자(孟子)
전국시대 사상가(BC 372~ BC 289) 중국

중국 전국시대에 공자의 사상을 교육받고 이를 더욱 발전시켜 유교의 기초를 확립한 사상가. 이름은 가(軻), 자는 자여(子輿) 또는 자거(子車). 성선설(性善說)을 주창했다. 벼슬이나 정치 참여는 하지 않았다. 제자 교육에 전념해 뛰어난 인재를 많이 배출했다. 맹자의 제자들이 엮은 책이《맹자》다. 이 책은 유교의 중요한 경전으로 자리매김했다.

맹자의 인생 격언

- 학문이란 잃어버린 본래의 자기 양심을 구하는 일이다.
- 천만 명이 가로막는다 하여도 나는 가리라.[1]
- 덕력은 권력보다 무겁고 금력보다 값지다.
- 마음을 수양하는 데 욕심을 적게 하는 것보다 더 좋은 방법은 없다.
- 백성은 아무리 허약한 것 같아도 꺾을 수 없고 아무리 어리석은 것 같아도 속일 수 없다.
- 벼슬에 나가서는 도를 잃지 말고 벼슬을 그만두고서는 의를 잃지 말라.
- 불행과 행복은 자기가 구하지 않는데도 찾아오는 일은 없다.

- 사람에게 양심이 있음은 마치 산에 나무가 있는 것과 같으며, 양심을 버리는 것은 산에 나무가 다 잘린 것과 같다.

- 사람은 부끄러워하는 마음이 없어서는 안 된다. 부끄러워하는 마음이 없음을 부끄러워할 줄 안다면 부끄러워할 일이 없다.

- 사람을 가리켜 혹은 대인이라 하고 혹은 소인이라 하는데, 그것은 마음을 어질게 가지면 대인이 되고 어질지 않게 가지면 소인이 되는 것이다.

- 새는 죽음에 이르면 그 울음이 슬프고 사람은 죽음에 이르면 그 말이 선하다.

- 시기와 질투는 언제나 남을 쏘려다가 자신을 쏜다.

- 시장한 자는 밥이 맛있고, 목마른 자는 물이 맛있다.

- 아무리 적은 것도 이것을 만들지 않으면 얻을 수 없고, 아무리 총명하더라도 배우지 않으면 깨닫지 못한다. 노력과 배움, 이것 없이는 인생을 밝힐 수 없다.

- 은혜를 베풀어 나간다면 능히 천하도 보전할 수 있지만 은혜를 베풀어 나가지 않는다면 자신의 처자도 보전하기 어렵다.

---

1 —— 맹자는 정치에 나서지 않았다. 당시 전국시대는 각 나라의 왕들이 유능한 인재를 끌어들여 왕의 스승이나 상담자로 초대해 극진한 대접을 했다. 그런데 유독 학식과 덕망이 높기로 소문난 맹자는 예외였다. 그것은 맹자가 도덕 정치를 주장했기 때문이었다. 맹자는 자기의 주장을 아무도 받아들이지 않자 고향으로 돌아와 후진 양성에 일생

을 바쳤다. 어느 날, 높은 벼슬에 있는 사람이 맹자를 찾아와 "진정한 용기는 무엇입니까?"라고 묻자 "스스로 돌아보고 옳다고 생각되면 천만 명이 가로막는다 하여 어찌 가지 않겠는가? 그것이 진정 큰 용기일세"라고 말했다. 자신의 뜻이 옳다고 생각하면 용기를 가지고 실천하라는 의미다.

소리 내서 읽고, 손으로 쓰고 싶은
내 인생의 격언

부드러움은
능히 강함을 이긴다

노자의 도가 사상은 모든 것을 자연의 순리에 맡겨 두고, 억지로 무엇을 이루려 해서는 안 된다는 것이다. 그의 사상은 《도덕경(道德經)》이라는 책을 통해 전해져 내려온다. 이 말은 《도덕경》에 나오는 구절이다. "부드러운 것은 강한 것을 이긴다. 그러니 세상이 흔들리고 변해간다 해도 기를 쓰고 애쓰지 마라. 되는 대로 맡겨 두면 언젠가는 바르게 움직인다"고 했다. 부드러운 것은 얼핏 보기에 약한 것 같다. 하지만 그 속에는 강한 힘을 가지고 있다. 강한 것은 때에 따라 부러지거나 깨지기 쉬워서 언제나 강한 것은 아니다.

노자(老子)
춘추시대 사상가(?~?) 중국

도가(道家)의 창시자이자《도덕경》의 저자. 노자의 '도가'는 동양 철학에 지대한 영향을 끼쳤다. 성은 이(李), 이름은 이(耳), 자는 백양(伯陽), 시호는 담(聃). 춘추시대 말기에 활동한 것으로 전해지지만 정확한 생몰 연대는 알 수 없다. 노자의 실체를 찾아내기란 현실적으로 불가능하다. 다만 유일한 저술인《도덕경》을 통해 노자 사상의 궤적을 더듬어 볼 수 있다. 원문은 상편과 하편으로 구성돼 있다. 상편에 해당하는 제1장에서 제37장까지는〈도경(道經)〉, 하편인 제38장에서 제81장까지는〈덕경(德經)〉으로 되어 있다. 이를 줄여《도덕경》이라고 부른다. 중국 역사가 사마천(司馬遷 : BC 145?~BC 90)이 쓴《사기(史記)》〈노자열전(老子列傳)〉에 노자와 관련된 이야기가 나온다. 사마천은 이 책에서 "노자는 초나라 고현 여향 곡인리 사람으로 성은 이씨, 이름은 이, 자는 담인데, 주나라 왕실 도서관을 관장하는 사관이었다"고 노자를 소개했다.

노자의 인생 격언

- 당신이 만약 방향을 바꾸지 않는다면 당신은 지금 향하고 있는 곳으로 갈 것이다.

- 최고의 선은 물과 같다.[1]

- 자기 자신을 이기는 사람이 강하다.

- 가볍게 승낙하는 것은 반드시 신용이 적다. 쉬운 것이 많으면 반드시 어려움이 많다.
- 가장 으뜸가는 처세술은 물의 모양을 본받는 것이다.
- 물만큼 부드럽고 약한 것은 없다. 그런데도 물은 굳고 강한 것과 싸워 이긴다. 물보다 센 것은 없다. 이는 물이 약하기 때문이다.
- 끝을 맺기를 처음같이 한다면 실패할 일이 없다.
- 맡은 바 일을 다 하고 공명을 누리고 나면 그 자리에서 물러나는 것이 하늘의 순리다.
- 명예는 공기(公器)다. 너무 많이 취하지 마라.
- 믿음이 있는 말은 아름답지 않고 아름다운 말은 믿음이 없다.
- 사람의 덕과 지혜가 완전히 성숙하게 되면 그는 또다시 어린아이와 같이 된다.
- 잘 싸우는 자는 노하지 않고, 잘 이기는 자는 잘 싸우지 않는다.
- 진실한 말에는 꾸밈이 없고, 꾸미는 말에는 진실이 없다.
- 천하를 사랑한다면 천하를 맡을 수 있을 것이다.
- 한 아름의 굵은 나무도 티끌만한 싹에서 생기고, 구층의 높은 탑도 흙을 쌓아서 올렸고, 천 리 길도 발밑에서 시작된다.
- 백성의 앞에 서려는 자는 반드시 그 몸을 백성의 뒤에 두어야 한다.

1 — 상선약수(上善若水). 이 말은 노자 사상의 핵심으로《도덕경》에 나오는 말이다. 원문에는 "최고의 선은 물과 같다, 물은 만물에 혜택을 주지만 스스로를 내세워 만물과 다투려 하지 않으며 모두가 싫어하는 낮은 곳으로만 흐른다. 그러므로 도(道)에 가깝다고 할 수 있다. 사는 데는 땅이 좋고, 마음은 깊은 것이 좋고, 사귀는 데는 인(仁)이 좋고, 말은 신의가 있는 것이 좋고, 정치는 다스려져야 좋고, 일 처리는 능숙한 것이 좋고, 행동은 시기에 맞는 것이 좋지만 물처럼 겸허해서 다투지 않을 때 비로소 허물이 없다"고 되어 있다. 상선(上善)이란 최고의 선이란 뜻. 선행에는 여러 가지 유형이 있는데 물처럼 처신하는 것이 최선이라는 것이다. 물은 만물을 이롭게 하는 생명의 근원이다. 낮은 곳을 향해 흐른다. 노자는 물처럼 사는 사람이야말로 모든 덕을 갖춘 사람이라고 생각했다.

소리 내서 읽고, 손으로 쓰고 싶은
내 인생의 격언

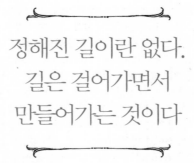

정해진 길이란 없다.
길은 걸어가면서
만들어가는 것이다

장자는 중국 고대 도가(道家)의 창시자. 맹자, 순자와는 대조적으로 무위자연을 논했다. 《장자》의 가장 첫머리에 대붕(大鵬) 이야기가 등장한다. 북쪽 어둡고 깊은 바다에 '곤(鯤)'이라는 커다란 물고기가 살았다. 곤은 더 넓고 큰 세상을 보고 싶어 각고의 노력 끝에 '대붕'이라는 새로 변신을 한다. 대붕은 한 번에 구만 리나 날아갈 수 있을 만큼 거대한 새다. 곤이 대붕이라는 아예 다른 존재로 탈바꿈하는 대변신은 거저 이뤄질 리 없다. 많은 다른 물고기들의 비아냥과 냉대를 감수해야 하고, 천 년에 한 번 꼴로 바다 기운이 크게 움직일 때를 기다려야 비로소 변신할 수 있다. 대붕이 가고자 한 곳은 밝고 따뜻하고 자유가 있는 남쪽이다. 사람들은 정해진 길이 아니면 발을 내딛으려 하지 않는다. 세상에 미지의 길은 얼마든지 있다. 희망이라는 이름 앞에는 언제든지 위기와 시련이 도사리고 있다. 위기는 또 다른 기회인 것이다. 희망이라는 수레바퀴가 굴러가려면 또 다른 길이 필요하고, 그 길은 좌충우돌하면서 만들어가는 것이다. 미래는 그냥 오는 것이 아니고 만들어가는 것이다.

장자의 인생 격언

• 부모를 공경하는 효행은 쉬우나 부모를 사랑하는 효행은 어렵다.

- 우물 안의 개구리는 바다에 대하여 말하지 마라.[1]

- 소리가 없는 소리를 듣는다.[2]

- 앞에서 남을 즐겨 칭찬하는 사람은 뒤에서 남을 즐겨 헐뜯는다.

- 간교로써 남을 이기지 말고 권모로써 남을 이기지 말며 싸움으로써 남을 이기지 말라.

- 개는 잘 짖는다고 좋은 개가 아니요, 사람은 말을 잘한다고 현인이 아니다.

- 너무 흰 것은 더러운 것처럼 보이고 위대한 덕을 지닌 사람은 좀 모자라는 것처럼 보인다.

- 물에는 물의 즐거움이 있고 돌은 돌의 즐거움이 있다.

- 민심을 모으기는 어렵지 않다. 사랑하면 가까워지고, 이익을 주면 모여들며, 칭찬해주면 부지런히 일하고, 비위를 거스르면 흩어진다.

- 분노할 줄 모르는 사람은 바보다. 그러나 분노하지 않는 사람은 현인이다.

- 생은 죽음의 동반자요, 죽음은 생의 시작이다. 어느 것이 근본임을 누가 알겠는가. 생이란 기운의 모임이다. 기운이 모이면 태어나고 기운이 흩어지면 죽는다. 이와 같이 사(死)와 생(生)이 같은 짝이 되는 것을 안다면 무엇을 근심하랴.

- 아름다운 여인은 스스로 아름답다고 교만해 아름답게 여겨지지 않으며, 못생긴 여인은 스스로 못났다고 겸손해 못났다고 여겨지지

않는다.

• 아무리 작은 일이라 해도 하지 않으면 이루지 못하고, 아무리 어진 자식이라 해도 가르치지 않으면 현명하지 않다.

• 인내함으로써 일이 이뤄지는 것을 본 적은 있지만, 분노함으로써 일이 이뤄지는 것을 일찍이 본 적이 없다.

• 재주 많은 자는 고생이 많고, 지혜 많은 자는 근심이 많다.

• 천지는 만물의 부모다. 천지의 기운인 양과 음이 합하면 형체가 생기고, 흩어지면 본래의 상태로 돌아간다.

• 탐욕스런 자는 재산이 쌓이지 않으면 근심하며, 교만한 자는 권세가 늘어나지 않으면 슬퍼한다.

• 효자는 부모에게 아첨하지 않으며, 충신은 임금에게 아첨하지 않는다.

• 흐르는 물은 사람의 모습을 비추지 않는다. 정지하고 있는 물만이 사람의 모습을 비춘다.

1 ── 《장자》라는 책의 '추수(秋水)'편에 나오는 글귀다. 여기서 우물이란 높은 벽에 둘러싸여 넓은 세상이 보이지 않는 작은 세계를 말한다.

2 ── 이 말의 뜻은 말이 많고 적음이 아니다. '마음'을 헤아려 본심을 꿰뚫어볼 수 있어야 한다는 의미다.

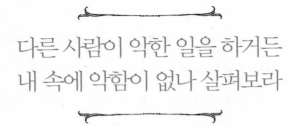

다른 사람이 악한 일을 하거든
내 속에 악함이 없나 살펴보라

남을 비난하기에 앞서 자신의 행실은 바른지 돌아보라는 것이다. 순자는 맹자의 성선설(性善說)과는 달리 성악설(性惡說)을 주장했다. 인간은 태어날 때부터 악한 본성이 있다는 것이다. 그런데 성악설은 인간 본성이 근본적으로 악하다는 뜻은 아니다. 배가 고프면 배부르기를 바라고 피곤하면 쉬길 바란다. 추우면 따뜻한 것을 바라는 것이 인간의 욕망이다. 인간은 이러한 욕망을 끊임없이 추구한다. 이 때문에 궁극적으로 욕망을 충족시키기 위해 싸울 수밖에 없다. 이로 인해 인간의 생존이 위협받게 된다. 이것이 바로 인간 본성이 악함을 의미한다는 것이다. 인간이란 원래 이기적이다. 그래서 인간은 끊임없이 배우고 다듬어서 덕을 쌓아야 하는 것이다. 정치는 이러한 천방지축

의 인간들을 잘 다스려야 하는 것이다. 바로 이것이 선(善)이라는 것
이다. 순자는 예(禮)를 강조하는 유학 사상을 발달시켰다.

순자의 인생 격언

• 길이 가깝다고 해도 가지 않으면 도달하지 못하며, 일이
  작다고 해도 행하지 않으면 성취되지 않는다.

• 사람은 태어날 때부터 악하다. 그렇기 때문에 세상은 희망이 없다.

• 바탕이 성실한 사람은 항상 편안하고 이익을 보지만, 방탕하고 사
  나운 자는 언제나 위태롭고 해를 입는다.

- 빠른 말은 하루에 천 리를 달리지만, 좀 더딘 말도 열흘을 계속 달리면 따라갈 수 있다.
- 자기 자신을 아는 사람은 다른 사람을 원망하는 법이 없고, 천명을 아는 사람은 하늘을 원망하는 법이 없다.
- 고기가 썩으면 구더기가 생기고, 생선이 마르면 좀이 생긴다. 나태함으로써 자신을 잊는다면 재앙이 곧 닥칠 것이다.
- 무릇 사람들이 선해지려 하는 것은 본성이 악하기 때문이다. 대저 세상 사람들은 얇으면 두터워지기를 바라고, 보기 흉하면 아름다워지기를 바라며, 좁으면 넓어지기를 바라고, 가난하면 부해지기를 바라며, 천하면 귀해지기를 바란다. 진실로 자기 가운데 없는 것은 반드시 밖에서 구하게 되는 법이다.
- 의를 앞세우고 이익을 뒤로 미루는 사람은 영예롭고, 이익을 앞세우고 의를 뒤로 미루는 사람은 치욕을 받는다.
- 강이나 못이 깊으면 물고기와 자라가 모여들고, 산림이 무성하면 새와 짐승이 모여든다. 바른 정치를 행하는 곳에 백성들도 순종하는 것이다.

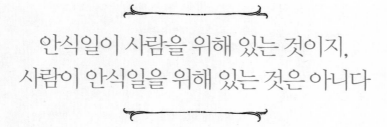

안식일이 사람을 위해 있는 것이지,
사람이 안식일을 위해 있는 것은 아니다

예수는 유대인의 나라에서 태어났다. 유대교에는 '신과 유대인의 계약'이라는 율법이 많았다. 유대인은 율법을 엄격히 지켜야 했다. 그런데 예수는 이렇게 형식에 얽매인 신앙에 반기를 들었다. 누군가 예수를 보고 "당신의 제자들은 안식일인데 왜 일하느냐?"라고 비난하자, 예수는 담담히 위의 말처럼 대답했다. '원수를 사랑하라'고까지 말할 정도로 인간애가 깊었던 예수는 인간보다 율법에만 집착하는 당시의 유대인 사회에 커다란 영향을 미쳤고, 현대인의 삶에도 많은 지침을 제시해주고 있다.

예수 그리스도(Jesus Christ)
기독교의 시조(생몰년 미상. 일설에는 BC 4~AD 30)

그리스도(구제주)는 존칭이다. 이스라엘의 베들레헴에서 태어나 30세 경부터 포교를 시작했다. 신을 믿으면 죄를 용서받고 구원받는다는 가르침을 설파하고, 사회적 약자를 위해 활동해 민중들의 열렬한 지지를 받았다. 그러나 권력을 지닌 유대인에게 미움을 사 예루살렘에서 십자가에 못박혀 처형됐다. 기독교 신자들은 하느님의 아들인 예수가 '동정녀에게서 태어난 신의 아들'이며, '죽은 지 3일 후에 부활했다'고 믿는다. 예수가 병자를 치료해주었다는 일화도 많이 남아 있다.

예수의 인생 격언

- 구하라, 그러면 얻을 것이다. 찾아라, 그러면 찾을 것이다. 두드려라, 그러면 열릴 것이다.

- 한쪽 뺨을 맞으면 다른 쪽 뺨도 내밀어라.[1]

- 누군가가 자신에게 해주었으면 하는 일을 남에게 하라.

- 칼로 흥한 자는 칼로 망할 것이다.

- 동정심이 깊은 사람들은 행복하다. 그 사람들은 동정을 받을 것이기 때문이다.

- 사람은 빵으로만 살 수 없다.

- 내일을 걱정하지 마라. 내일 걱정은 내일에 맡겨라.

- 좁은 문으로 들어가라.[2]

- 좋은 나무는 좋은 열매를 맺고, 나쁜 나무는 나쁜 열매를 맺는다.

- 한 알의 밀이 땅에 떨어져 죽지 않으면 한 알 그대로 있고, 죽으면 많은 열매를 맺느니라.

1 — 여기서 '뺨을 때린다'는 것은 보통 손바닥으로 때리는 장면을 떠올리겠지만, 실제로는 뺨을 손가락으로 톡톡 두드리는 행위였다. 그 당시에 그런 행위는 상대방에게 커다란 모욕을 주는 표현이었다. 따라서 예수가 이런 말을 한 이유는 아무리 모욕을 당해도 '나는 아무렇지도 않으니 모욕할 테면 더 해봐라'라는 기개를 나타내기 위함이었다.

2 — 예수는 '파멸로 통하는 길은 넓고, 많은 사람이 들어간다. 생명으로 통하는 길은 좁고, 들어가는 사람이 적다'라고 한탄했다. 많은 사람이 향하는 넓은 길이라고 해서 안전하지는 않다는 것이다.

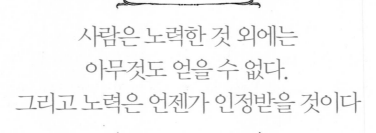

사람은 노력한 것 외에는
아무것도 얻을 수 없다.
그리고 노력은 언젠가 인정받을 것이다

이슬람교의 시조 무함마드는 고아로 자랐다. 지금도 마찬가지지만 당시 사회에서는 고아로 살아가기가 매우 불리했다. '무함마드는 글자를 못 읽었다'는 설이 있는 이유도 힘들게 자란 그의 어린 시절 때문일 것이다. 하지만 무함마드는 성실하게 일해서 상인으로 성공했다. 포교 활동을 시작하고 나서는 박해를 받고 도망쳤다. 하지만 굴하지 않고 신자를 모아 교단을 조직하는 데 성공했다. 전투에서 지거나 동료에게 비난받아도 흔들리지 않고, 초심을 끝까지 지키며 인생을 살았다. 그 배경에 있었던 생각과 믿음이 바로 위의 말이었다.

무함마드의 인생 격언

- 자비를 베풀지 않으면 결코 자비를 받지 못한다.
- 주어라. 그리고 그런 행동을 하나하나 세지 마라.[1]
- 참된 풍요로움은 물질의 윤택함에서 오지 않는다. 마음의 풍요로움에서 오는 것이다.
- 극단적으로 가지 마라. 중용을 지켜라.[2]
- 사람은 자신의 형제라면 가해자든 피해자든 가리지 말고 도와주어야 한다. 가해자라면 그의 행위를 저지하라. 그것이 그를 돕는 길이다. 피해자라면 당연히 도와주어야 한다.[3]
- 무언가 혐오스러운 것을 보았을 때 손으로 그것을 치워라. 만약 그

럴 힘이 없다면 혀(말)로 치워라. 그리고 그조차·할 수 없다면 마음 속에서 그것을 거부하라.

• 겸허하면 좋은 결과가 생기는 법이다.

1 — 이슬람교에서는 기부하는 것이 의무다. 하지만 의무 이외의 기부도 장려된다. 쿠란(코란)에도 '적선은 드러나게 해도 괜찮지만, 사람의 눈을 피해서 하면 더 좋다'고 쓰여 있다.

2 — 중용이란 한쪽에 치우치거나 극단적으로 가지 않는 것이다. 즉, '적당한 선을 찾는다'는 의미다. 무함마드는 예배를 너무 자주 드리는 사람을 나무랐다고 한다.

3 — 이슬람교가 생겨나기 이전의 아라비아 반도는 부족사회였다. 부족사회에서는 가해자와 피해자를 엄밀히 가리지 않고 무조건 같은 부족의 편을 들어 다른 부족과 싸우는 것이 의무였다. 그런 사회에서 이 말은 이슬람교의 혁신적인 가치관을 드러낸다고 할 수 있다.

모든 일은
마음먹기에 달렸다

'일체유심조(一切唯心造)'. 불교의 경전인 《화엄경》에 나오는 말이다. '일체유심조'와 관련해 자주 인용되는 것이 신라 고승 원효과 관련된 일화다. 당시 신라는 동아시아 전체로 보면 변방에 속했다. 신라의 불교 사상 역시 인도에서 중국으로 전파된 걸 가져온 것이었다. 당나라의 수도 장안에는 명성이 높은 유학자와 고승이 많았다. 그래서 승려들에게 당나라 유학은 벼슬길에 오르는 것만큼 영광스런 일이었다. 승려들은 당나라에 가서 불교를 더 깊이 있게 공부하고 싶어 했다. 원효와 의상도 마찬가지였다. 둘은 당나라 유학길에 올라 날이 저물자 산속의 굴에서 잠을 청했다. 한밤중에 심한 갈증을 느껴 깨어난 원효는 손을 더듬어 바가지에 담긴 물을 단숨에 들이키고는 다시 잠

원효(元曉)
신라의 승려(617~686) 대한민국

한국 불교 사상 가장 위대한 승려로 평가받고 있다. 아명은 서당(誓幢), 호는 화정(和淨), 성은 설(薛). 31세(648년) 때 황룡사에서 승려의 길을 시작했다. 여러 곳을 돌아다니며 불도를 닦았으며 초개사와 사라사라는 절을 세웠다. 661년에 의상과 함께 불교를 공부하기 위해 당나라로 유학을 떠나던 길에 당항성의 한 무덤에서 해골에 고인 썩은 물을 마시고 큰 깨달음을 얻었다. 신라 사회의 통합과 화합을 위해 '정토교'를 창시했다. 글을 모르는 백성들을 위해 불교 사상을 노래로 만들어 퍼뜨렸다. 태종무열왕의 딸 요석 공주 사이에서 '이두(吏讀, 한자의 음과 뜻을 빌려 우리말을 적던 표기법)'를 정리했다고 알려진 설총을 낳았다. 당나라에서 들여온 《금강삼매경》을 쉽게 풀이했으며 많은 책을 펴냈다. 원효의 화쟁론(和爭論)은 화엄사상을 한국적인 사유 속에서 녹여낸 것이다. 화엄사상은 7~8세기 동아시아 사상의 주류로 자리매김했다.

이 들었다. 그런데 아침 햇살에 눈을 떠 깨어보니 잠결에 들이킨 물이 실은 해골에 고인 썩은 물이었다. 잠을 잔 곳도 굴이 아니라 무덤이었다. 원효는 이를 보고 토할 것 같았다. 하지만 순간 자신의 어리석음을 깨달았다. 마신 물은 어제나 오늘이나 변함없이 똑같은 썩은 물이었다. 그러나 어제는 달디 단 꿀물처럼 느꼈다. 원효는 이 체험을 통해 세상사 모든 것이 사람 마음먹기에 달렸다는 것을 깨달았다. 이후 원효는 모든 것은 사물 그 자체가 아닌 바로 자신의 마음속에서 비롯된 것이라는 '일체유심조' 사상을 받아들였다. 부처님의 말씀을 깨닫고 못 깨닫고는 당나라 유학에 달려 있지 않았다. 모든 일은 마음가짐에 달렸으며, 당나라든 신라든 장소가 중요한 게 아니라고 생각했다. 원효는 곧바로 당나라 유학을 접고 신라 경주로 돌아왔다. 그곳에서 불교의 다양한 학설을 스스로 소화했다.

원효의 인생 격언

- 은혜를 베풀되 보답은 바라지 말며, 준 뒤에는 후회하지 마라.
- 모든 주장이 다 옳다. 그러나 모든 주장은 다 틀렸다.
- 옷을 기울 때는 짧은 바늘이 필요하니, 오히려 긴 창은 쓸모가 없다. 비를 피할 때는 작은 우산이 필요하니, 온 하늘을 덮는 것도 소용없다. 그러므로 작다고 가벼이 볼 것이 아니다. 그 근성에 따라서 크고 작은 것이 다 보배다.
- 자기가 미혹되어 있음을 깨닫는 자는 크게 미혹되어 있는 것이 아니며, 자신이 어둠 속에 있음을 아는 자는 지극한 어둠 속에 있는 것이 아니다.

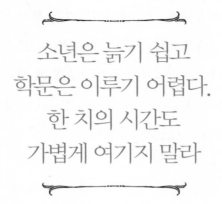

소년은 늙기 쉽고
학문은 이루기 어렵다.
한 치의 시간도
가볍게 여기지 말라

주자의 '우성'이라는 시의 첫 구절에 나오는 말이다. 성리학(性理學)은 이를 집대성한 주자(주희)의 이름을 따서 주자학(朱子學)이라고도 한다. 주자는 주자학의 학문 체계를 정립한 대학자였다. 주자학을 통해 동아시아 사상계를 지배했다. 세월은 화살처럼 빠르다. 그래서 쉴 새 없이 흘러가는 시간들을 소중히 여겨야 한다. 그렇지 않으면 나중에 반드시 후회한다. 학문은 해도 해도 끝이 없는데 시간은 생각보다 훨씬 빨리 지나간다. 시간을 아껴서 학문에 전념해야 하는 이유다.

주자(朱子)
남송시대 유학자(1130~1200) 중국

성리학의 창시자. 이름은 희(熹), 자는 원회(元晦), 호는 회암(晦庵). 푸젠성 (福建省) 우계(尤溪)에서 태어났다. 어린 시절에 유명한 스승들로부터 가르 침을 받아 학문에 힘썼다. 19세 때 진사시에 합격해 여러 관직을 두루 거쳤 다. 실제 현직에 근무한 것은 9년 정도였고 그밖의 관직은 명예직이었다. 그 래서 계속 학문에 전념할 수 있었다. 말년에는 권신의 미움을 사 학문이 위 학(僞學)이라고 해서 많은 박해를 받았다. 해금(解禁)이 되기 전에 죽었다. 그 후 학문이 인정받고 시호가 내려져 다시 태사 · 휘국공에 추증(追贈 : 관료 의 사후에 직급을 높이는 일)됐다. 저서로《근사록》,《소학》등이 있다.

주자의 인생 격언

- 글을 백 번 읽으면 그 뜻을 스스로 깨우쳐 알게 된다.

- 정신을 한 곳에 모으면 어떤 일이든 할 수 있다.[1]

- 양기가 발하는 곳에 금석도 뚫린다.

- 날마다 진보하지 않는 자는 반드시 날마다 퇴보한다. 진보하지도 않고 퇴보하지도 않는 것이란 있을 수 없다.

- 의문이 많으면 많이 나아가고 의문이 적으면 적게 나아간다. 그리 고 아무 의문도 없으면 전혀 나아가지 못한다.

• 중(中)이란 천하의 대본(大本)이다. 하늘과 땅 사이에 정정당당해 상하 좌우로 막힘이 없는 정리(正理)다.

1 —— 정신일도 하사불성(精神一到 何事不成). 중국 남송시대에 편찬된 《주자어류(朱子語類)》라는 책에 나오는 말이다. 《주자어류》는 주자의 어록들을 모은 책. 《주자어류》는 주자가 죽고 70년 후, 남송의 주자학자인 여정덕이 편찬했다.

소리 내서 읽고, 손으로 쓰고 싶은
내 인생의 격언

집 안에 든 도둑을 물리치기는 쉬우나
마음속에 든 도둑을 물리치기는 어렵다

왕양명이 도둑을 정벌하러 국경 근처로 갔다. 도둑 무리는 산속 깊이 숨어 있는데다가 워낙 거칠어서 좀처럼 정벌하기가 쉽지 않았다. 그래서 왕양명은 오랫동안 도둑들과 지루한 싸움을 벌였다. 그러던 중 도읍에 있는 제자들이 학문을 게을리 한다는 소식을 접했다. 왕양명은 제자들에게 편지를 보냈다. 편지에는 '아무리 험한 산속에 버티고 있는 도둑이라도 무찌르고 또 무찌르면 결국 정벌하게 된다. 그러나 마음속에 숨어 있는 도둑을 무찌르기는 정말 어렵다'는 내용이 있었다. 제자들은 스승의 편지를 읽고 다시 마음을 다잡아 학문에 전념했다.

왕양명(王陽明)
명나라 유학자(1472~1528) 중국

양명학의 시조. 양명은 호. 이름은 수인(守仁), 자는 백안(伯安). 진사에 합격
해 관리가 됐으나 모함을 받아 귀양살이를 했다. 귀양을 하는 동안 열심히
학문에 정진해 큰 깨달음을 얻었다. 훗날 누명을 벗고 다시 관리로서 생활
을 할 때에도 제자들을 꾸준히 양성해 제자들이 큰 학파를 이뤘다.

왕양명의 인생 격언

- 자식을 키워봐야 부모의 사랑을 안다.

- 사람은 반드시 스스로를 위하는 마음이 있어야 비로소 자기를 이겨
  낼 수 있다. 자기를 이겨낼 수 있어야만 비로소 스스로를 완성할 수
  있다.

- 어디를 가더라도 도가 아닌 것이 없으며, 어디를 가더라도 공부가
  아닌 것이 없다.

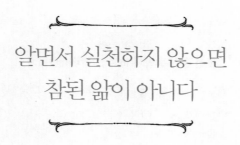

알면서 실천하지 않으면
참된 앎이 아니다

이황은 이이와 함께 조선시대 성리학의 쌍벽을 이뤘던 현자(賢者).
조선 사림의 태두로서 후학들로부터 칭송받았으며 조선의 유학 발전
에 크게 기여한 대학자다. 이황은 평생 《주자대전》과 《주자어류》를
연구해 '동방의 주자'라고 불릴 정도로 주자학 해석을 대표하는 인물
로 꼽힌다. 이(理)의 능동성을 강조하는 이기호발설(理氣互發說)을 주
창했다. 이황의 사상은 영남지방을 중심으로 계승돼 영남학파를 형성
했으며, 일본 성리학에도 큰 영향을 주었다. 말보다는 실천을 강조했
고, 제자들에게는 늘 학문에 힘써야 한다고 가르쳤다. 학자가 공부에
힘쓰는 것은 바르게 공부함으로써 공부한 것을 실천하기 위한 것이
지, 입으로 이치를 논하기 위한 것이 아니라고 했다. 이 말은 학문을

연구하는 학자뿐만 아니라 일반 사람들에게도 교훈이 된다. 아는 것
을 몸소 실천해야 하는 것이 진정한 배움의 길이라는 것이다.

이황의 인생 격언

• 심신을 함부로 굴리지 말고 잘난 체하지 말고 말을 함부로
하지 말라.
• 부모님이 나를 낳으시고 기르셨나니 그 큰 은공을 어찌 잊으랴.

- 스스로의 힘으로 실천하지 않는 것은 자포자기와 같다.

- 모기는 산을 짊어질 수 없고 작대기는 큰 집을 버틸 수 없다.

- 부귀는 뜬 연기와 같고 명예는 날아다니는 파리와 같다.

- 고요히 마음을 가다듬어 동요하지 않는 것이 마음의 근본이다.

- 만 가지 이치, 하나의 근원은 단번에 깨우쳐지는 것이 아니다. 참마음, 진실된 본체를 깨닫기 위해서는 애써 연구해야 한다.

소리 내서 읽고, 손으로 쓰고 싶은
내 인생의 격언

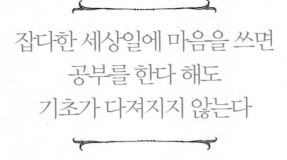

잡다한 세상일에 마음을 쓰면
공부를 한다 해도
기초가 다져지지 않는다

이이는 평생을 학문에 매달린 현인(賢人)이다. 다산 정약용, 퇴계 이황과 함께 조선 최고의 3대 성현 중 한 사람으로 불린다. 공부란 얼마나 오랫동안 하느냐가 중요한 것이 아니다. 정신을 집중해 기쁜 마음으로 공부하는 것이 중요하다는 뜻이다. 몰입을 강조했다. 이이는 남들은 한 번도 하기 힘든 장원급제를 무려 아홉 번씩이나 하는 진기록을 세우기도 했다. 어머니 신사임당의 교육법이 이이의 학문적 성장에 큰 도움을 주었다. 이이의 천재성과 신사임당의 명철한 교육이 이이라는 대학자를 탄생시키는 밑거름이 됐다. 이이는《자경문(自警文)》을 짓고 스스로를 경계하면서 공부에 전념했다.《자경문》은 모두 11조로 구성되어 있다. 이는 입지(立志), 과언(寡言), 정심(定心), 근독

이이(李珥)
조선 중기 유학자(1536~1584) 대한민국

이황과 함께 조선 성리학의 양대 산맥을 이루며 기호학파를 형성했다. 이황의 '이기이원론(理氣二元論)'과는 달리 '이기일원론(理氣一元論)'을 강조했다. 선조에게 '시무육조(時務六條)'를 바치고, 임진왜란 전 '10만 양병설'을 주장했고, 대동법과 사창제 등을 제의하는 등 많은 업적을 남겼다. 본관은 덕수(德水), 자는 숙헌(叔獻). 호는 율곡(栗谷), 석담(石潭), 우재(愚齋). 시호는 문성(文成). 어릴 때 이름은 현룡(見龍). 사헌부 감찰을 지낸 이원수와 신사임당의 셋째 아들로 강릉 오죽헌의 외가에서 태어났다. 13세 때 진사시에 합격해 신동이라는 소리를 들었다. 16세 때 어머니이자 스승이었던 신사임당을 여의고 그 슬픔과 충격으로 금강산에 들어가 불교에 의지했다. 그러나 이듬해 다시 속세로 돌아와 성리학에 전념했다. 23세 때(1556년) 낙향해 있던 대학자인 이황과 역사적인 만남을 갖고 성리학에 관해 논변을 나눴다. 문과에 장원급제한 후 대사간, 대제학, 이조판서, 병조판서 등 주요 관직을 거치며 현실 정치 속에서 학문을 실천했다. 과로와 지병으로 불과 49세의 나이에 유명을 달리했다. 사후에 파주 자운산의 선영에 묻혔다. 인조 때인 1624년에 문성공(文成公)이라는 시호를 받았다. 대표작으로 《성학집요》, 《동호문답》, 《격몽요결》, 《고산구곡가》 등이 있다. 저술들은 1611년(광해군 3년)의 《율곡문집》과 1742년(영조 18년)의 《율곡전서》에 실려 전해진다. 우리나라의 18대 명현(名賢) 가운데 한 명으로 문묘(文廟)에 배향되어 있다.

(謹獨), 독서(讀書), 소제욕심(掃除慾心), 진성(盡誠), 정의지심(正義之心), 감화(感化), 수면(睡眠), 용공지효(用功之效) 등이다.

이이의 인생 격언

- 옥은 갈지 않으면 그릇을 만들 수 없고, 사람은 배우지 않으면 도를 모른다.

- 학자는 반드시 부귀를 가벼이 여기고 빈천을 지키겠다는 마음을 가져야 할 것이다.

- 뜻이 서지 않으면 만사가 성공하지 못한다.

- 물욕은 흔들리는 그릇 속의 물이다. 흔들림이 그치기만 하면, 물은 차츰 맑아져서 처음과 같아진다.

- 어린 새가 날지 못하는 것은 더 준비하여 날기 위해서다.

- 무릇 책을 읽음에 있어서는 모름지기 한 책을 정독하여 뜻을 다 알아서 의심이 없는 연후에 다른 책을 읽을 것이요, 다독하는 데 힘써 바쁘게 넘어가지 말아야 한다.

- 시의라는 것은 때에 따라 변통하여 법을 만듦으로써 백성을 구하는 것이다.

- 옹졸한 사나이는 벼슬을 얻지 못하였을 때에는 얻으려고 걱정하고, 벼슬을 얻었을 때에는 그것을 잃을까 걱정한다. 참으로 벼슬을 잃을까 걱정하는 사람은 그 수단으로 무슨 짓이라도 한다.

- 천하의 모든 물건 중에서 내 몸보다 소중한 것이 없다. 이 몸은 부모가 주신 것이다.

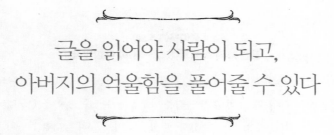

글을 읽어야 사람이 되고,
아버지의 억울함을 풀어줄 수 있다

정약용이 강진의 유배지에서 아들에게 보낸 편지에 나오는 글귀다. 정약용은 18년 동안 제주도 유배지에서 가족과 떨어져 지냈다. 그 때문에 서신을 통해 자식을 비롯한 친지들과 많은 소식을 주고받았다. 자식들에게는 학문에 정진할 것을 강조했다. 그런데 자식들은 좀처럼 공부에 대한 의욕을 갖지 못했다. 천주교인으로 몰려 온 집안이 풍비박산 나면서 과거 시험에 응할 기회까지 빼앗겼기 때문이다. 그럼에도 정약용은, 비록 벼슬에 나갈 수 없는 폐족이 되었지만 그럴수록 더욱 학문에 힘써야 함을 당부했다. 글공부를 해야만 남에게 손가락질을 받지 않으며, 패망한 집안을 다시 일으킬 수 있다고 생각했다. 이 편지를 통해 자식들뿐만 아니라 자기 자신까지도 채찍질했던 것이다.

정약용(丁若鏞)
조선 후기 실학자(1762~1836) 대한민국

자는 미용(美鏞), 호는 다산(茶山), 시호는 문도공(文度公). 실학의 집대성자이자 사회개혁가다. 조선 후기 사회를 바로잡을 수 있는 방안을 연구해 국방·역사·지리·과학·의학·예술 등 다양한 분야에 걸쳐 방대한 분량의 저술을 남겼다. 명문가였던 정재원의 넷째 아들로 태어났다. 경기도 광주군 초부면 마현(馬峴, 흔히 마재로 불렸다. 현재는 경기도 남양주시 조안면 능내리)은 태어나서 자라고 마지막 숨을 거둔 곳이다. 1810년에 정2품에 해당하는 정헌대부 규장각제학이라는 벼슬과 문도공이라는 시호를 받았다. 22세 때 소과(진사)에, 28세 때 대과(문과)에 급제해 암행어사, 황해도 곡산 부사로 업적을 쌓았다. 정조의 총애를 받았지만 당쟁에 희생돼 벼슬살이는 순탄치 않았다. 정조의 어명을 받아 수원 화성의 설계를 맡았다. 그 과정에서 거중기를 발명해 공사 기간을 크게 단축시켰다. 40세 이후는 귀양살이를 하면서 제자들을 육성했다. 노론 세력들은 어떻게든 정조의 최측근이었던 정약용을 제거하려고 했다. 이들이 꼬투리로 삼은 것이 정약용 가족이 믿는 천주교였다. 1801년에 신유사화(辛酉士禍)가 일어나 천주교 신자였던 큰형 정약종과 조선인 최초의 천주교 세례자인 매형 이승훈이 처형당하고, 그해 10월에 천주교 박해 사정을 베이징의 주교에게 전하려 한 '황사영(黃嗣永) 백서사건'이 발생해 둘째 형 정약전이 흑산도로 유배됐다. 정약용도 반대파의 모함과 천주교 신자라는 의심을 받아 전남 강진에서 18년 동안 귀양살이를 했다. '다산초당(茶山草堂)'에 머물면서 제자를 가르쳤고 수백 권의 책을 썼다. 유배 초기에 사서육경(四書六經)에 관한 경학 연구서 232권을 저술했다. 유배 중에는《경세유표》를, 유배 생활이 풀리던 해에는《목민심서》 48권을 완성했다. 귀양에서 풀린 다음 해에는《흠흠신서》 30권을 완성했다. 이른바 '1표2서'라고 하는 3대 경세서 편찬이다. 고향으로 돌아온 뒤에도 학문 연구와 집필에 몰두하다 75세의 나이로 세상을 떠났다.

정약용의 인생 격언

- 진실로 마음을 견고하게 세워 한결같이 앞으로 나아간다면 태산이라도 옮길 수 있으리라.

- 작은 산도 큰 산을 가릴 수 있으니 이는 거리의 멀고 가까움이 다르기 때문이다.[1]

- 아내의 치마폭을 잘라서 조그만 첩(帖)으로 만들어, 손 가는 대로 타이르는 말을 써서 두 아이에게 보낸다.[2]

- 하늘은 악한 사람에게는 벌을 내리고, 근면 검소한 사람에게는 복을 내린다.

- 하늘은 사람에게 스스로 주인이 될 권리를 주었다.

- 다른 벼슬은 구해도 좋으나, 목민관의 벼슬은 구해서는 안 된다.

- 무기는 설사 100년 동안 쓸 일이 없다 해도, 단 하루도 갖추지 않을 수 없다.

- 예는 공손하지 않으면 안 되며, 의는 결백하지 않으면 안 된다.

- 공직자는 법을 존중하고 법을 지키는 것을 벌벌 떨면서 추상같이 해야 한다. 그리고 법을 지키되 굽히지도 빼앗지도 말고, 여기에 사사로운 욕심이 생길 때는 물러가 하늘의 이치에 귀를 기울여야 한다.

- 나라를 망하게 하는 것은 외침이 아니라 공직자의 부정부패에 의한 민심의 이반이다.

- 나의 재물을 낭비하고 나의 명예를 손상하며 남의 시기를 받는다면 어리석지 않은가. 모든 사치는 본래 어리석은 자가 하는 어리석은 일이다.

- 대중을 통솔하는 방법에는 오직 위엄과 신의가 있을 따름이다. 위엄은 청렴한 데서 생기고 신의는 충성된 데서 나온다. 충성되면서 청렴하기만 하면 능히 대중을 복종시킬 수 있을 것이다.

- 예를 바르게 하여 남과 접촉하는 것은 군자가 조심하여 지켜야 할 일이다. 공손하게 하며 예에 가깝게 하면 치욕을 멀리할 수 있을 것이다.

- 아무리 귀하게 숨겨 놓아도 불이 나거나 도둑이 들면 허망하게 날아갈 것인데, 가장 필요한 어려운 이웃에게 주면 그 고마운 마음을 영원히 간직할 것이다.

- 내가 벼슬을 못하여 밭뙈기 하나도 물려주지 못했으니, 오늘은 두 글자를 물려주겠다. 한 글자는 근(勤)이고 또 한 글자는 검(儉)이다. 이는 좋은 밭이나 기름진 땅보다도 나은 것이니 일생 쓰고도 다 쓰지 못할 것이다.

---

1 ── 소산폐대산 원근지하동(小山蔽大山 遠近地不同). 정약용은 어려서부터 뛰어난 학문적 자질을 보여줬다. 이 글은 1768년, 7세 때 지었다는 '산'이라는 시다. 작은 산과 큰 산이 나란히 있으면 어떤 것이 큰 산인지 누구나 금방 알 수 있다. 본래 작은 것은 큰 것을 다 가릴 수 없다. 하지만 작은 산이 앞에 있고 큰 산이 좀 떨어져 뒤에 있으면 앞산

이 비록 작아도 뒷산은 보이지 않는다. 눈에 보이는 산의 크기가 거리의 멀고 가까움에 의한 것이라는 관찰을 절묘하게 표현한 것이다.

2 —— 정약용이 강진에서 귀양살이를 하고 있을 때인 1810년. 그해 초가을에 다산 동암(東菴)에서 아들에게 보낸 글이다. 정약용은 아들에게 부인이 시집올 때 입은 치마폭에 글을 써 물려주었다고 한다. 부인이 입던 낡은 치마폭 하나도 버리지 않고 그 위에 글쓰는 본보기로 보내주었던 것. 다산 동암은 정약용이 머물던 다산초당의 동쪽에 있는 암자. 정약용은 강진 유배 8년이 지나서는 만덕산(萬德山) 아래의 귤동(橘洞)으로 이사를 했다. 만덕산에 있는 윤단이라는 사람의 초가에서 살았다. 만덕산은 차(茶)가 많이 나서 다산(茶山)이라고도 불렸다. 윤단은 여기에 초당(草堂·초가집)을 지어 놓고 집안 아이들의 공부방으로 쓰고 있었는데, 정약용을 그 집안의 선생님으로 초청했다. 초가에는 수천 권의 책이 있었다. 정약용은 이곳에 동암과 서암이라는 집을 더 지었다. 자신은 동암에서 수많은 글과 책을 집필했고, 제자들은 서암에서 생활하면서 그의 가르침을 받았다. 초당은 주로 제자들을 가르치는 교실 역할을 했다. 정약용은 다산에서 머물면서 수백 권의 책을 썼다. 정약용은 그곳이 아주 마음에 들어 자신의 호(號)도 다산이라고 지었다.

이 세상에서 가장 큰 불행은
가난이나 질병이 아니라,
아무도 자신을 필요로 하지 않는다고
느끼는 것이다

테레사 수녀가 '사랑의 선교 수녀회'를 설립했을 때, 설립 목적으로 이야기한 말이다. 테레사 수녀는 '고아의 집', '한센 병의 집'을 설립해 가난과 질병 때문에 사회에서 소외된 사람들을 사랑으로 돌봤다. 가톨릭 신자가 아닌 사람들은 테레사 수녀가 사람들을 개종시키기 위해 자선사업을 벌인다고 의심했다. 하지만 테레사 수녀는 상대방의 종교를 존중하는 자세를 잃지 않았고, 점차 전 세계인의 존경을 받게 됐다. 혼자서 시작한 활동은 테레사 수녀가 세상을 떠날 때쯤 123개국으로 확대되어 있었다.

테레사(Mother Teresa)
수녀(1910~1997) 알바니아

본명은 아그네스 곤자 보야지우. 현재의 마케도니아 스코페에서 알바니아
계 부모 밑에서 태어났다. 18세 때 수녀가 되어 인도에 부임했고, 18년 동안
교직에 몸을 담았다. 수녀원 밖에서 거주할 수 있다는 허가가 떨어지자, 가
장 가난한 사람들이 사는 곳을 찾아가 활동을 시작했다. 그 후, '사랑의 선
교 수녀회'를 설립했다. 테레사 수녀의 활동은 전 세계의 주목을 받아서, 가
난한 사람들을 위한 활동이 세계적으로 확대되었다. 1979년 노벨 평화상을
받았다.

테레사의 인생 격언

- 빈곤을 만드는 것은 신이 아니라 인간이다. 우리가 서로
  나누지 않기 때문이다.
- 집으로 돌아가서 가족을 사랑해주세요.[1]
- 사랑의 반대말은 증오가 아니라 무관심이다.[2]
- 사람의 미소와 사람의 접촉을 잊어버린 사람이 있다. 이것은 매우
  커다란 빈곤이다.

1 ── 1979년 노벨 평화상을 수상했을 때 '세계 평화를 위해 우리는 무엇을 할 수 있을까요?'라는 인터뷰 질문에 그가 답한 말이다. 노벨상 상금 19만 2000달러는 모두 캘커타의 가난한 사람들을 위해 사용했다. 또한 수상 기념 만찬회도 거절했다.

2 ── 가난한 사람들에게 조금이라도 관심을 두기 시작해야 한다는 가르침이다.

소리 내서 읽고, 손으로 쓰고 싶은
내 인생의 격언

산은 산이요, 물은 물이다

성철 스님의 종정 취임 법어에 나오는 말이다. 성철 스님의 대표적인 화두(話頭)로 유명하다. 1981년에 조계종 제7대 종정으로 추대됐으나 추대식에 참석하는 대신 '산은 산이요, 물은 물이다'라는 법어를 발표했다. 마음의 눈을 바로 뜨고 그 실상을 바로 보면 산은 산이요, 물은 물이라는 뜻이다. 무릇 만물은 있는 그대로인데 사람들은 저마다의 눈으로 보고 저마다의 귀로 듣는다는 것이다. 전문은 다음과 같다. "원각(圓覺)이 보조(普照)하니 적(寂)과 멸(滅)이 둘이 아니라 보이는 만물은 관음(觀音)이요, 들리는 소리는 묘음(妙音)이라 보고 듣는 이 밖에 진리가 따로 없으니. 아아, 시회대중(時會大衆)은 알겠는가? 산은 산이요 물은 물이로다."

성철(性徹)
승려(1912~1993) 대한민국

한국 불교의 대표적 선승(禪僧)으로 불린다. 속명은 이영주(李英柱). 호는 퇴옹(退翁). 경남 산청군 묵상마을에서 태어났다. 25세 때 해인사 백련암에서 혜일을 은사로 수계·득도한 뒤 속세와 관계를 끊고 구도에 몰입했다. 파계사에서 행한 장좌불와(長坐不臥) 8년은 유명한 일화다. 1967년에 해인총림 초대 방장이 됐고, 1981년에 대한불교 조계종 제7대 종정에 취임했다. 조계종 종정을 지내며 선불교의 수행 전통으로 여겨온 지눌의 돈오점수(頓惡漸修)에 반대해 돈오돈수(頓惡頓修 : 한 번의 깨달음으로 수행이 완성된다는 말)를 주창해 뜨거운 논쟁을 불러일으켰다. 세속에 거의 모습을 드러내지 않았다. 《한국불교의 법맥》, 《선문정로》, 《자기를 바로 봅시다》, 《영원한 자유》, 《백일법문》, 《선문정로평석》 등의 많은 저술을 남겼다. 다비한 뼛속에서 110여 과(顆)의 사리가 수습됐다.

성철의 인생 격언

• 자기를 바로 보자. 자기는 원래 구원되어 있다. 자기가 본래 부처다.

• 하늘에 넘치는 큰일들은 붉은 화롯불에 한 점 눈송이요. 바다를 덮는 큰 기틀도 밝은 햇볕에 한 방울 이슬일세. 그 누가 잠깐의 꿈속 세상에 꿈을 꾸며 살다 죽어가랴. 만고의 진리를 향해 초연히 홀로

걸어가리라.[1]

• 평생 동안 무수한 사람들을 속였으니 그 죄업이 하늘에 가득차 수
미산보다 더하다. 산 채로 무간지옥에 떨어져 그 한이 만 갈래나 되
는지라. 한 덩이 붉은 해 푸른 산에 걸렸도다.[2]

• 수행이란 안으로는 가난을 배우고 밖으로는 모든 사람들을 공경하
는 것이다.

• 자기 자신을 속이지 마라.

1 ─ 출가하는 심경을 노래한 성철 스님의 출가시(出家詩).

2 ─ 성철 스님이 열반에 들면서 남긴 마지막 가르침.

고맙습니다,
사랑합니다

　김수환 추기경은 한국 가톨릭교계의 최고 지도자이자 우리 시대의
큰 어른이었다. 추기경은 사회적 약자들의 입장을 대신했다. 큰 어른
이었던 추기경이 선종(善終) 직전에 남긴 마지막 어록이다. 추기경이
선종 전에 병실을 지키던 사람들과 방문객에게 한 말이 유언이 됐다.
평생 동안 과분하게 받은 사랑을 고맙다고 했다. 이 한마디는 종교와
이념, 정파와 세대 간의 장벽을 허물어뜨리기에 충분했다. 살아가는
것 못지않게 생애의 가장 거룩한 순간이 죽음이다. 죽음을 어떻게 맞
이해야 하는가를 몸소 보여주었다. 추기경은 사후 각막 기증을 했다.
이 일로 장기 기증에 대한 국민들의 관심이 크게 높아졌다.

김수환(金壽煥)
추기경(1922~2009) 대한민국

대한민국 첫 추기경. 세례명 스테파노(Stephanos). 독실한 가톨릭 집안의 막
내로 대구에서 태어났다. 김수환 추기경은 시대의 양심이자 큰 어른으로
때로는 중용의 침묵으로, 때로는 용기 있는 발언으로 한국 사회와 교회가
나아갈 방향을 제시했다. 우리 사회의 정신적 지도자로 큰 족적을 남겼다.
1951년 사제 서품을 받고 1968년 서울 대교구장으로 임명되면서 대주교가
됐다. 1969년 교황 바오로 6세에 의해 대한민국 최초의 추기경에 올랐다.
1998년에 서울 대교구장을 은퇴하고 현역에서 물러났다. 그 후에도 사회
원로로서 많은 조언과 고언을 아끼지 않았다. 2009년 2월 16일 오후 6시 12
분 강남 성모병원에서 영면했다.

김수환의 인생 격언

• 당신이 태어났을 땐 당신만이 울었고 당신 주위의 모든 사
  람들이 미소를 지었다. 당신이 이 세상을 떠날 때엔 당신
  혼자 미소 짓고 당신 주위의 모든 사람들이 울도록 그런
  인생을 사세요.

• 학생들을 체포하려면 나를 밟고 가시오.[1]

• 교회의 높은 담을 헐고 사회 속에 교회를 심어야 한다.

1 — 김수환 추기경이 1987년 6월 민주항쟁 당시 명동 성당에서 한 말이다. 추기경은 당국의 고위 관계자가 명동성당에 피신해 있던 시위 학생들을 체포하기 위해 다음날 공권력이 투입될 것임을 통보하자 다음과 같은 말을 했다. "수녀들이 나와서 앞에 설 것이고, 그 앞에는 또 신부들이 있을 것이고, 그리고 그 맨 앞에서 나를 보게 될 것이다. 그러니까 나를 밟고 신부들을 밟고 수녀들까지 밟아야 학생들과 만날 수 있다." 추기경의 단호하고 강경한 말에 경찰들은 성당 안으로 들어갈 엄두를 내지 못했다.

소리 내서 읽고, 손으로 쓰고 싶은
내 인생의 격언

버리지 않고는
새것이 들어설 수 없다

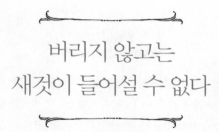

법정 스님은 '무소유(無所有)'의 삶을 살았다. 불가에서 명망이 높음에도 어느 사찰에서도 주지를 지낸 적이 없을 만큼 행자의 모습을 몸소 실천했다. 저서 《산에는 꽃이 피네》에서 "무소유란 아무것도 갖지 않는다는 것이 아니라 불필요한 것을 갖지 않는다는 뜻이다. 우리가 선택한 맑은 가난은 부보다 훨씬 값지고 고귀한 것이다"라고 했다. 이 말은 스님이 설파했던 '무소유'의 정신을 압축한다. 《물소리 바람소리》에서는 "빈 마음, 그것을 무심이라고 한다. 빈 마음이 곧 우리들의 본 마음이다. 무엇인가 채워져 있으면 본 마음이 아니다. 텅 비우고 있어야 거기 울림이 있다. 울림이 있어야 삶이 신선하고 활기 있는 것이다"라고 했다. 또 《버리고 떠나기》에서는 "버리지 않고는 새

법정(法頂)
승려(1932~2010) 대한민국

속명 박재철(朴在喆). 전남 해남에서 태어났다. 대학 재학 중이던 1955년 24세의 나이로 출가해 통영 미래사에서 당대 선승인 효봉 스님을 은사로 수행자의 길을 걷기 시작했다. 1959년에 양산 통도사에서 자운 스님을 계사(戒師)로 비구계를 받았다. 이후 지리산 쌍계사, 가야산 해인사 등 여러 선원을 거쳤다. 1975년 10월부터는 17년 동안 송광사 뒷산의 작은 암자인 불일암에서 홀로 살았다. 1996년에 성북동의 요정 대원각을 김영한 할머니로부터 기부 받아 다음해 12월 길상사를 창건하고 회주를 맡았다. 2003년 12월에 길상사에서 나온 후 강원도 산골에서 무소유의 삶을 살았다. 78세(법랍 55세) 때인 2010년에 자신이 창건한 길상사에서 열반에 들었다. 불교계의 대표적 문장가로 손꼽힌다. 스테디셀러 작가로 문명(文名)이 높았다. 특히《무소유》(1976) 등의 산문집은 대중적 반향을 일으키며 큰 사랑을 받았다. 대표 저서로《오두막 편지》,《새들이 떠나간 숲은 적막하다》,《버리고 떠나기》,《말과 침묵》,《영혼의 모음》,《물소리 바람소리》,《산방한담》,《아름다운 마무리》,《텅빈 충만》,《스승을 찾아서》,《서 있는 사람들》등이 있다.

것이 들어설 수 없다"며 "버리고 비우는 일은 결코 소극적인 삶이 아니라 지혜로운 삶의 선택이다. 버리고 비우지 않고는 새것이 들어설 수 없다. 우리는 세상에 태어날 때 아무것도 가지고 오지 않았고, 죽을 때도 가지고 가지 않는다. 처음부터 내 것이 없었기 때문에 손해나 이익도 있을 수 없다"고 설명했다.

• 삶은 소유물이 아니라 순간순간의 있음이다. 영원한 것이 어디 있는가. 모두가 한때일 뿐, 그러나 그 한때를 최선을 다해 최대한으로 살 수 있어야 한다. 삶은 놀라운 신비요, 아름다움이다.

• 평화란 전쟁이 없는 상태이기보다는 인간의 심성에서 유출되는 자비의 구현이다.

• 아름다운 장미꽃에 하필이면 가시가 돋쳤을까 생각하면 속이 상한다. 하지만 아무짝에도 쓸모없는 가시에서 저토록 아름다운 장미꽃이 피어났다고 생각하면 오히려 감사하고 싶어진다.

• 번거롭고, 부질없으며, 많은 사람들에게 수고만 끼치는 일체의 장례의식을 행하지 말고, 관과 수의를 따로 마련하지도 말며, 편리하고 이웃에 방해되지 않는 곳에서 지체 없이 평소의 승복을 입은 상태로 다비해주고, 사리를 찾으려고 하지 말며, 탑도 세우지 말라.

• 길상사가 가난한 절이 되었으면 한다. 요즘은 어떤 절이나 교회를 물을 것 없이 신앙인의 분수를 망각한 채 호사스럽게 치장하고 흥청거리는 것이 이 시대의 유행처럼 되고 있는 현실이다. 풍요 속에서는 사람이 병들기 쉽지만 맑은 가난은 우리에게 마음의 평화를 이루게 하고 올바른 정신을 지니게 한다. 길상사가 가난한 절이면

서 맑고 향기로운 도량이 되었으면 한다. 불자들만이 아니라 누구나 부담 없이 드나들면서 마음의 평안과 삶의 지혜를 나눌 수 있었으면 한다.

• 세상을 하직할 때 무엇이 남겠나. 집, 재산, 자동차, 명예, 다 헛것이다. 한때 걸쳤던 옷에 지나지 않는다. 이웃과의 나눔, 알게 모르게 쌓은 음덕, 이것만이 내 생애의 잔고로 남는다.

• 사람은 본질적으로 홀로일 수밖에 없는 존재다. 홀로 사는 사람들은 진흙에 더럽혀지지 않는 연꽃처럼 살려고 한다. 홀로 있다는 것은 물들지 않고, 순진무구하고, 자유롭고, 전체적이고, 부서지지 않음이다.

• 우리 곁에서 꽃이 피어난다는 것은 얼마나 놀라운 생명의 신비인가. 곱고 향기로운 우주가 문을 열고 있는 것이다. 잠잠하던 숲에서 새들이 맑은 목청으로 노래하는 것은 우리들 삶에 물기를 보태주는 가락이다.

• 우리는 필요에 의해서 물건을 갖지만, 때로는 그 물건 때문에 마음을 쓰게 된다. 따라서 무엇인가를 갖는다는 것은 다른 한편 무엇인가에 얽매이는 것, 그러므로 많이 갖고 있다는 것은 그만큼 많이 얽혀 있다는 뜻이다.

• 나는 누구인가. 스스로 물으라. 자신의 속 얼굴이 드러나 보일 때까지 묻고 묻고 물어야 한다. 건성으로 묻지 말고 목소리 속의 목소

리로 귀속의 귀에 대고 간절하게 물어야 한다. 해답은 그 물음 속에 있다.

- 내 소망은 단순하게 사는 일이다. 그리고 평범하게 사는 일이다. 느낌과 의지대로 자연스럽게 살고 싶다. 그 누구도, 내 삶을 대신해서 살아줄 수 없다. 나는 나답게 살고 싶다.

- 삶의 순간순간이 아름다운 마무리이며 새로운 시작이어야 한다. 아름다운 마무리는 지나간 모든 순간들과 기꺼이 작별하고 아직 오지 않은 순간들에 대해서는 그대로 열어둔 채 지금 이 순간을 받아들이는 일이다. 아름다운 마무리는 낡은 생각, 낡은 습관을 미련 없이 떨쳐버리고 새로운 존재로 거듭나는 것이다. 그러므로 아름다운 마무리는 끝이 아니라 새로운 시작이다.

- 행복할 때는 행복에 매달리지 말라. 불행할 때는 이를 피하려고 하지 말고 그냥 받아들여라. 그러면서 자신의 삶을 순간순간 지켜보라. 맑은 정신으로 지켜보라.

사제는
양 같은 냄새가 나야 한다

프란치스코 교황이 1990년대 아르헨티나 추기경일 때 강론에서 한 말이다. 성직자인 사제를 양치는 목동에 비유한 것이다. 목동은 항상 양의 곁에 있어야 한다. 그렇게 하면 자연스럽게 양의 냄새가 목동의 몸에 배어 있게 마련이다. 사제 역시 양에게 목동의 존재처럼 늘 서민들의 삶에 다가가 그들의 냄새를 맡으면서 지내야 한다는 뜻이다. 호화로운 주택에 산다든가, 고급 승용차를 타는 것은 사제의 도리가 아니므로 언제나 검소하게 살아야 함을 강조했고, 몸소 실천했다. 교황은 추기경 시절에도 승용차와 운전기사를 거절하고 버스나 지하철 등 대중교통을 이용했다. 빈민촌 등을 찾아다니며 늘 가난하고 소외된 사람들의 벗이 되고자 노력했다.

프란치스코(Papa Francesco)
제266대 교황(1936~) 아르헨티나

본명은 호르헤 마리오 베르고글리오(Jorge Mario Bergoglio). 교황명 '프란치스코'는 13세기 청빈을 실천했던 성인 이름. 시리아 출신 교황인 그레고리오 3세 이후 1282년 만에 선출된 비유럽권 출신 교황이자 2000년 가톨릭 교회 역사상 첫 미주 출신, 첫 예수회 출신 교황이다. 이탈리아에서 아르헨티나 부에노스아이레스 플로레스 지역으로 이민 간 철도 노동자의 가정에서 태어났다. 대학에서 화공학을 전공했고, 1958년에 예수회에 입문했으며, 1964~1966년에 산타페 인마콜라다대학과 부에노스아이레스 엘살바도르대학에서 문학과 심리학을 가르쳤다. 1967~1970년에 성 요셉 신학교에서 신학을 공부하고, 1969년에 사제 서품을 받았다. 2년여의 수련과정을 거쳐 1973년에 종신서원을 하고, 1973~1979년에 예수회 아르헨티나 관구장을 지냈다. 1980~1986년에 산미겔 철학신학대학 학장 겸 산미겔 교구 파트리아르카 산호세 본당 주임 사제로 활동했다. 1992년에 부에노스아이레스 대교구 보좌주교로 임명받고 주교품을 받았으며, 1997년에 부에노스아이레스 대교구 주교, 이듬해에 대교구장이 됐다. 2001년에 추기경에 서임됐고, 2005~2011년에 아르헨티나 주교회의 의장을 지냈다. 2013년 3월 13일에 건강상의 이유로 사임한 베네딕토 16세의 뒤를 이어 제266대 로마가톨릭 교회의 교황으로 선출됐다.

프란치스코의 인생 격언

• 삶을 발코니에서 관망하지 말라.

- 가장 높은 자리에 있는 사람은 누구나 남을 위해 봉사해야 한다.
- 사랑만이 우리를 구원할 수 있다.
- 슬퍼하는 성인(聖人)은 없다. 성인들은 즐거운 표정을 짓는다.
- 인간은 마음속으로 기쁨을 갈망한다. 모든 가족과 사람은 행복을 열망한다.
- 가난한 자는 힘든 일을 하면서 박해를 받는다. 그런데 부자는 정의를 실천하지도 않으면서 갈채를 받는다.
- 사람은 노동을 위해 태어난 것이 아니다. 노동이 사람을 위해 있는 것이다.
- 정치는 고귀한 활동이다. 정치는 공동선을 위해 순교자와 같은 헌신을 요구한다. 이와 같은 소명감으로 정치는 실천돼야 한다.
- 통제 받지 않는 자본주의는 새로운 독재다.
- 진리는 항상 호전적이다. 그래서 진리를 얻기 위해서는 역시 투쟁적이어야 한다.
- 참된 권력은 섬김이다.
- 희망이 없는 젊은이는 청년이 아니라, 이미 노인인 것이다. 희망은 젊음의 일부다.
- 늙고 집 없는 사람이 노숙하다가 죽는 것은 뉴스가 되지 않지만, 주가지수가 2퍼센트 떨어지는 것은 뉴스가 된다.
- 사람을 판단하지 말라. 그 누구도 타인을 판단할 권리는 없다.

- 험담하지 말라. 험담은 진실한 것도 아니며 필요한 것도 아니다. 단 하나 상처만 깊게 남길 뿐이다.
- 종교를 믿지 않는다면 스스로의 양심에 따라 살면 된다.
- 역사의 꼬리가 되지 말고 리더가 돼라.

소리 내서 읽고, 손으로 쓰고 싶은
내 인생의 격언

"모든 집안에는 읽지 못하는 경서가 있다."

읽지 못하는 경서란 '해결하지 못하는 문제'를 비유한 것이다. 아무리 훌륭한 집안이라도 무언가 해결할 수 없는 문제를 안고 있다는 의미다.

"세 살 연상의 아내라면 금으로 담을 쌓을 수 있다."

연상의 아내를 만나면 부자가 된다는 의미다. 중국에는 연상의 여자와 결혼하라는 속담이 많고, 실제로도 중국은 한국이나 일본보다 연상의 여자와 결혼하는 비율이 높다.

"살찐 돼지가 문을 박차고 들어왔다."

노력도 하지 않았는데 귀한 물건을 손에 넣었다는 뜻이다. '살찐 돼지'는 부의 상징이기도 하다.

"작은 돈이 나가지 않으면 큰돈이 들어오지 않는다."

어느 정도 투자를 하고 부담을 져야 무언가를 얻을 수 있다는 뜻이다. 현대 사회에서도 충분히 통하는 속담이다.

"개의 입에서는 상아가 자라지 않는다."

천한 사람은 아무리 노력해도 고상한 말을 절대 할 수 없다는 의미다. '개'는 천한 것을 비유하고, '상아'는 고상한 것을 비유한다.

"요리 솜씨가 좋은 며느리라도 쌀이 없으면 죽을 만들 수 없다."

집안일을 아무리 잘하는 며느리라도 애초에 쌀이 없으면 죽은 절대 만들 수 없다. 처음부터 불가능한 일은 아무리 노력해도 할 수 없다는 뜻이다.

"서툰 구두장이도 세 사람 부르면 제갈공명."

기술이나 능력이 모자라더라도 세 명이 힘을 합치면《삼국지》에 등장
하는 천재 군사 전략가 '제갈공명'처럼 현명해진다는 뜻이다.

"천리마는 늘 있지만 백락은 늘 있지 않다."

백락(伯樂)은 중국 주(周)나라 때 사람으로 말(馬) 감별을 잘했다고 전
해진다. 천 리를 달리는 명마는 찾으려면 찾을 수 있지만, 백락 같은
사람은 쉽게 찾기 힘들다. 재능 있는 사람은 많아도 그 재능을 발굴해
서 키워주는 사람은 많지 않다는 의미다.

"한 입만 먹고는 배가 나올 수 없다."

매일 꾸준히 노력하지 않으면 아무것도 이룰 수 없다는 의미다. 예전 중국에서는 배가 나오는 것이 행복의 상징이었다. 그래서 한 입만 먹어서는 배부를 수 없다는 데서 이런 말이 나왔다.

5장

소리 내서 읽고,
손으로 쓰고 싶은
철학자의 격언

나는 내가
아무것도 모른다는 사실을
알고 있다

소크라테스는 고대 그리스의 가장 위대한 철학자다. 그는 많은 현자를 만나 이야기하는 중에 '알고 있다고 생각하는 사람보다 알지 못한다는 사실을 자각하는 자신이 조금 더 지혜롭다'는 점을 깨달았다. 그 깨달음을 많은 사람에게 알리기 위해 '현자'라고 불리는 사람과 만나면서 그의 무지를 지적하는 데 평생을 바쳤다. 소크라테스는 이런 활동을 하며 아무런 대가도 받지 않았기에 늘 극빈하게 살았다.

소크라테스(Socrates)
철학자(BC 469~BC 399) 그리스

그리스 아테네에서 태어났다. 청년기에는 델리온 전투에서 중장보병으로 활약했다. 그 후에 상대에게 질문을 던져 답변의 모순을 찾아내는 '문답법'을 활용해서 '현자'의 무지를 지적하는 활동에 몰두했다. '현자'로서 소크라테스의 명성이 높아질수록 이를 시기하는 무리에 의해 비방과 중상이 늘어났다. 결국 재판에 회부되어 아테네 시민 500명에 의해 사형 판결을 받았다. 소크라테스는 그 판결을 받아들여 스스로 독약을 마시고 세상과 작별했다.

소크라테스의 인생 격언

• 명예로운 죽음은 복된 삶보다 값지다.

• 그냥 살지 말고 바르게 살아라.[1]

• 결혼은 하든 말든 후회할 것이다.[2]

• 너 자신을 알라.

• 좋은 아내를 만나면 행복해지고, 나쁜 아내를 만나면 철학자가 된다.[3]

• 악법도 법이다.

• 아무것도 바라지 않을 때가 최고의 행복이다. 극히 작은 것밖에 바

라지 않을 때가 그다음 가는 행복이다.

• 나는 아테네 사람도 그리스 사람도 아니며 세계의 시민이다.

• 가르치기를 좋아하는 사람이 잘 배운다.

• 참된 행복이란 외부로부터 받아서 생기는 것이 아니다. 내부의 지
식과 도덕적 습관에서 생기는 것이다.

1 — 소크라테스가 사형 판결을 받았을 때 그의 제자들은 소크라테스에게
도망치거나 망명하라고 권했다. 간수들조차도 감옥 자물쇠를 풀어두
었다. 그러나 소크라테스는 이 말을 남기고 죽음을 받아들였다.

2 — 소크라테스는 대단한 공처가였다. 그의 아내 크산티페는 소크라테스
에게 소리를 지르고 물을 끼얹은 일을 다반사로 했다고 전해진다.

3 — 소크라테스의 아내인 크산티페는 세계 3대 악처로 알려져 있다. 나머
지 두 명은 모차르트의 아내와 톨스토이의 아내. 크산티페가 악처라
고는 해도, 천재 소크라테스에 비해서는 지극히 평범한 사람이었다
는 설도 있다.

시작이
반이다

한자로 '작시성반(作始成半)', 영어로 'Well begun is half done.' 아리스토텔레스의 경구로 널리 인용된다. 일단 결심하고 행동으로까지 옮긴다면 50퍼센트는 성공했다고 볼 수 있다. 나머지 50퍼센트는 노력이다. 많은 사람들이 결심하고 행동으로 옮기는 것을 두려워한다. 무언가를 계획하고 실패하는 이유는 생각만 하고 시작을 안 하기 때문이다. 항상 생각만 하고 실천하지 않는다면 무용지물이나 마찬가지다. 무엇이든지 처음 하기가 어렵지 일을 시작하면 탄력이 생긴다. 그다음부터는 행동하기가 수월하다. 그렇다고 꼭 시작한다고 해서 성공이 보장되는 것은 아니다. 끊임없는 노력이 뒷받침되어야 한다.

그리스 북쪽 트라키아의 스타게이로스에서 태어났다. 17세 때 아테네로 가서 플라톤이 세운 아카데미아라는 학원에 들어가 그의 제자가 됐다. 알렉산더 대왕이 왕세자 시절 그로부터 전담 교육을 받았다. 플라톤 사후 아카데미아에서 나와 여러 곳을 전전하며 학문과 지식을 전파했다. 그의 정치철학은 후대의 철학 사상에 깊은 영향을 끼쳤다. 저서로 《범주론》, 《형이상학》, 《시론》 등이 있다.

아리스토텔레스의 인생 격언

- 아는 자들이여, 실천하라. 이해하는 자들이여, 가르쳐라.

- 인내는 쓰지만 열매는 달다.[1]

- 인간은 사회적인 동물이다.[2]

- 친구는 제2의 자신이다.

- 오늘 내가 죽어도 세상은 바뀌지 않는다. 하지만 내가 살아 있는 한 세상은 바뀐다.

- 제비 한 마리가 왔다고 여름이 온 것은 아니다.

- 가장 잘 통치할 수 있는 자가 통치해야 한다.

- 남을 따르는 법을 알지 못하는 사람은 좋은 지도자가 될 수 없다.

- 처음에는 진실과 조금밖에 빗나가지 않은 것이라도 후에는 천 배나 벌어지게 된다.
- 교육이 가장 훌륭한 노후 대책이다.
- 가장 훌륭한 정치적 공동사회는 중류층 시민으로 이뤄진다.
- 교육은 인간의 성질을 변경시키는 것이 아니다. 다만 이것을 잘 보수하는 것이다.
- 국가는 단 하루도 신의를 잊어서는 안 된다.
- 군주정치거나 민주정치거나, 정치를 도맡은 사람에게 넓은 식견과 인간적 교양, 그리고 도덕적 기백이 없다면 어떤 체제도 유지하기 어렵다.
- 근면한 사람이나 나태한 사람이나 인생의 절반은 차이가 없다. 왜냐하면 인생의 절반은 누구나 잠을 자기 때문이다.
- 모든 사람의 친구는 누구의 친구도 아니다.
- 미는 질서와 위대성 속에 있다.
- 민주주의란 자유인이 통치자가 되는 통치 형태다.
- 법률은 질서다. 따라서 좋은 법률은 좋은 질서다.
- 불행은 진정한 친구가 아닌 자를 가려준다.
- 시는 역사보다도 더 철학적이고 근엄하며 더 중요한 무엇이다. 역사가 말해주는 것은 독특한 것들이지만 시가 말해주는 것은 보편적인 성격을 띠고 있기 때문이다.

- 신도 과거는 고치지 못한다.

- 열등한 자는 동등해지려고 모반하며, 동등한 자들은 우월하게 되기 위하여 반역한다. 이것이 바로 혁명을 일으키는 마음의 상태다.

- 유일하고도 안정된 국가란 모든 국민이 법 앞에서 평등한 국가다.

- 친구들에게 해주기를 기대하는 것을 친구들에게 베풀어야 한다.

- 행복이란 스스로 만족하고 느끼는 사람의 것이다.

- 희망이란 깨어 있는 꿈이다.

1 —— 한자로 고진감래(苦盡甘來). 영어로는 'Patience is bitter, but its fruit is sweet.'

2 —— 영어로 'Man is a social animal.' 사람은 누구나 사회를 떠나서는 살 수 없는 존재라는 의미다. 아리스토텔레스의 그리스어로 된 문구에는 '사회적인' 동물이 아닌 '정치적인(politikos)' 동물로 되어 있다. 영어로 번역되는 과정에서 '정치적인'이 '사회적인'으로 바뀌었다.

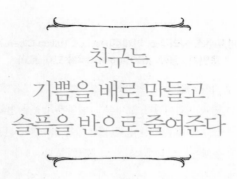

친구는
기쁨을 배로 만들고
슬픔을 반으로 줄여준다

친구는 삶의 동반자다. 누구에게나 기쁠 때 축하해주고 슬플 때 위로해줄 친구가 필요하다. 친구는 기쁨도 슬픔도 함께 나눌 수 있는 존재다. 귀중한 보석과도 같다. 진정한 친구의 가치는 불행하고 힘들 때 빛을 발한다. 자신의 인생에서 가장 큰 영향을 미치는 것 중의 하나가 친구 사이의 우정이다. 키케로는 "인생에서 우정을 없앤다는 것은 이 세상에서 태양을 없애는 것과 같다"고도 했다.

마르쿠스 툴리우스 키케로(Marcus Tullius Cicero)
웅변가, 철학자(BC 106~BC 43) 고대 로마

아르피눔 지방 기사 가문에서 태어났다. 경제적으로는 부유했지만 정치적 영향력은 없는 귀족 집안이었다. 로마와 아테네에서 공부했다. 수사학, 웅변술을 익히면서 31세 때 재무관이 됐다. 40대에 법무관에 선출돼 당시 정계의 실권자인 폼페이우스를 지지하는 변론서를 썼다. 43세에 로마 최고관직인 집정관에 선출됐다. 안토니우스의 사주를 받은 부하에 의해 카이에타에서 암살당했다. 그리스어를 기초로 한 새 라틴어를 만들기도 했다.《국가론》,《법에 관하여》라는 책들이 전해져 내려온다.

키케로의 인생 격언

- 방에 서적이 없는 것은 몸에 영혼이 없는 것과 같다.

- 인간은 누구나 실수를 할 수 있다. 그러나 어리석은 자들만 실수에 빠져 헤어나지 못한다.[1]

- 삶이 있는 한 희망은 있다.

- 욕망을 이성의 지배 하에 두어라.

- 용기 있는 자로 살아라. 운이 따라주지 않으면 용기 있는 가슴으로 불행에 맞서라.

- 같은 돌에 두 번 넘어지면 세상의 웃음거리가 된다.

- 검약은 다른 모든 미덕을 포용한다.
- 그릇된 일은 말하지 말고 진실한 일은 침묵하지 말라.
- 눈썹과 눈, 그리고 안색은 자주 우리를 속인다. 그러나 가장 많이 우리를 속이는 것은 말이다.
- 다른 사람들의 과오는 알아채면서도 자신의 과오는 잊어버리는 것이 어리석은 자의 특징이다.
- 돈이 공략하지 못할 만큼 강한 요새는 없다.
- 명예가 덕을 따르는 것은 그림자가 물체를 따르는 것과 같다.
- 모략과 중상만큼 빠르고 쉽게 발설되는 것도 없고, 빨리 받아들여지는 것도 없으며, 널리 퍼지는 것도 없다.
- 사회의 첫 굴레는 결혼이다.
- 얼굴은 마음의 초상이요, 눈은 마음의 밀고자다.
- 역사는 참으로 시대의 증인이며 진실의 등불이다.
- 음식은 육체에서 빠뜨릴 수 없는 것이다. 이와 마찬가지로 교양도 정신에서 빠뜨릴 수 없는 것이다.
- 이성과 판단이 발견되는 것은 노년기에서다. 노인들이 없었더라면 그 어떤 나라도 존재하지 못했을 것이다.
- 절제는 정열과 그 외의 부당한 마음의 충동에 대한 확고하고 온당한 이성의 지배다.
- 정의는 그 자체의 빛으로 빛난다.

- 지나가버린 때는 돌아오지 않는다.

- 짧은 인생도 아름다운 생활을 하는 데는 충분할 정도로 길다.

- 참다운 우정을 자기의 직장에서 찾는 것은 상식적으로 불가능하다. 그것은 동료의 승진을 자기의 승진처럼 기뻐해줄 우정이 드물기 때문이다.

- 행복한 생활은 마음의 평화에서 이루어진다.

- 현명한 사고보다도 신중한 행동이 중요하다.

- 타인의 고통에서 오는 위안은 보잘 것 없다.

---

1 ─ 키케로는 원로원 의원과 집정관에 올랐지만 정치적 부침이 적지 않았다. 안토니우스와 옥타비아누스가 대결을 벌일 때는 안토니우스를 반대했다. 이 말은 키케로가 행한 필리포스 연설의 한 대목이다.

아는 것이
힘이다

베이컨은 귀납적 경험론을 주장한 철학자로 잘 알려져 있다. 관찰과 실험으로 원리와 법칙을 발견하는 새로운 증명 방법을 연구했다. 자신의 연구 결과를 정리해 《대혁신》이라는 책을 펴냈다. '아는 것이 힘이다'라는 말은 이때 만들어졌다. 《대혁신》 2부 '신기관'에 '인간의 지식과 인간의 힘은 일치한다'라는 문장이 등장한다. 인간이 학문 연구를 통해 자연을 지배할 수 있는 힘을 얻을 수 있다고 주장했다. 원래 일반 지식의 우월함을 표현한 것이 아니라 신의 전지(全知)를 언급한 것이라는 해석도 있다. 세월이 흘러 이 말은 '아는 것이 힘이다'라는 문장으로 줄었고, 그 안에 담긴 관찰과 실험을 강조한 베이컨의 생각은 희미해졌다.

프랜시스 베이컨(Francis Bacon)
철학자(1561~1626) 영국

르네상스 後의 근대철학, 특히 영국 고전경험론의 창시자. 런던 출생으로 엘리자베스 여왕 때 의원을 지냈다. 국왕 제임스 1세 때는 사법장관과 기타 요직을 지내 '벨럼의 남작'에 이어 '오르반즈의 자작'이 됐다. 검찰총장, 대법관 등 날로 권세가 높아갔으나, 수뢰 사건으로 의회의 탄핵을 받아 관직과 지위를 박탈당하고 정계에서 실각됐다. 이후 말년을 연구와 저술에 전념했다. 그는 기억·상상·이성이라는 인간의 정신능력 구분에 따라 학문을 역사·시학·철학으로 구분했고, 철학을 신학과 자연철학으로 나눴다. 최대의 관심과 공헌은 자연철학 분야에 있었고 과학방법론·귀납법 등의 논리 제창에 있었다. 대표 저서에《학문의 권위와 진보》,《숲과 숲》등이 있다.

베이컨의 인생 격언

• 나는 배우기 위해서 살지, 살기 위해서 배우지 않는다.

• 확신을 가지고 시작하는 사람은 회의로 끝나고, 기꺼이 의심하면서 시작하는 사람은 확신을 가지고 끝내게 된다.

• 다른 사람을 설복하려면 대담한 사람을, 뭔가를 권유하려면 말을 잘하는 사람을, 조사와 관찰에는 교묘한 사람을, 간단하게 처리할 수 없는 일에는 고집이 세고 다루기 힘든 사람을 채용하는 것이 좋다.

- 건강한 육체는 영혼의 안식처요, 병든 육체는 영혼의 감옥이다.
- 결혼을 위한 사랑은 인간을 만들고, 우정 어린 사랑은 인간을 완성하며, 음탕한 사랑은 인간을 더럽히고 천하게 만든다.
- 교활한 사람은 학문을 경멸하고, 단순한 사람은 학문을 찬양하며, 슬기로운 사람은 학문을 이용한다.
- 교활한 자가 현명한 사람으로 통하는 것보다 국가에 해로운 일은 없다.
- 기회는 발견했을 때 꼭 붙잡아야 한다.
- 반대하거나 논박하기 위해 독서하지 말라. 믿거나 그대로 받아들이기 위해, 혹은 이야기나 논의의 밑천을 삼기 위해 독서하지 말라. 오직 사색하고 고찰하기 위해 독서하라.
- 독서는 충실한 인간을 만들고, 담화는 재치 있는 인간을 만들며, 필기는 정확한 인간을 만든다.
- 돈은 퇴비와 같다. 뿌리지 않으면 아무 소용이 없다.
- 복수할 때 인간은 그 원수와 같은 수준이 된다. 그러나 용서할 때의 그는 그 원수보다 위에 있다.
- 뽐내기 위해 부당하게 부를 모으지 말라. 정당하게 부를 모아 올바르게 쓸 수 있고, 유쾌하게 사람들에게 베풀 수 있고, 만족한 마음으로 남길 수 있을 정도의 부만 취하라.
- 신의 존재를 부정하는 자들은 인간의 존엄성을 파괴한다. 분명히 인간은 육체적으로 보면 짐승과 동질이기 때문이다. 만일 인간의

영혼이 신의 것과 동질이 아니라면 인간은 비천한 피조물이다.

- 아내란 청년 시설에는 연인이고, 중년 시절에는 친구이며, 노년에는 간호원이다.

- 악인은 언제나 악하지만 성자로 가장할 때가 가장 악하다.

- 어떤 책은 음미해야 하고, 어떤 책은 삼켜야 하며, 어떤 책은 잘 씹어서 소화시켜야 한다.

- 언론의 자유는 자유를 다시 부활시킬 것을 종용하고 일깨운다. 그래서 인간의 지식을 더욱 증가시킨다.

- 인간의 본성은 대개 현명한 요소보다 어리석은 요소가 더 많다.

- 젊은이들은 판단보다는 창안하는 것에 더욱 적합하고, 권고보다는 실행에, 확정된 일보다는 새로운 계획에 더욱 적합하다.

- 질투는 언제나 다른 사람과의 비교에서 생긴다. 비교가 없는 곳에서는 질투가 없다.

- 참다운 친구를 가질 수 없는 것은 비참하리만큼 고독한 것이다. 친구가 없으면 세상은 황야와 다를 바 없다.

- 책이란 넓고 넓은 시간의 바다를 지나는 배이다.

- 침묵은 총명함을 키우는 어머니다.

나는 생각한다,
고로 존재한다

데카르트의 《방법서설》에 나오는 유명한 말이다. 그는 '가장 확실한 것은 무엇인가?'를 고민하면서 눈앞의 모든 것을 '정말 확실히 존재하는 것인가?'라고 의심하기 시작했다. '절대적으로 옳다'고 선언할 수 있는 것은 어디에 있는가 하는 의심이다. 그러나 그런 존재는 어디에서도 발견할 수 없었다. 그는 '세상의 모든 것이 태양의 불꽃처럼 불확실하지만, 그래도 그것을 의심하는 자신이 존재한다는 사실만큼은 절대적으로 진실이다'는 점을 깨달았다. 그리고 그것을 '더 이상 의심할 수 없는 진실'로서 철학의 제1원리라고 이름을 붙였다.

르네 데카르트(René Descartes)
철학자(1596~1650) 프랑스

프랑스 투렌 지방의 라에이에서 태어났다. 푸아티에대학을 졸업한 후 네덜란드와 파리에서 살았다. 베네치아와 독일 등을 방문하면서 20대를 보냈고, 32세 무렵부터 본격적으로 철학을 파고들었다. 1628년에 《세계론》을 집필했다. 1637년에는 대표작 《방법서설》을 발표했고, 1641년에 《성찰》을 간행했다. 여러 철학서를 간행하면서 데카르트의 평판은 높아졌다. 그 후 여왕 크리스티나의 초청을 받아 스웨덴으로 건너갔다. 1650년 스톡홀름에서 폐렴으로 사망했다.

데카르트의 인생 격언

- 분노로 얼굴을 붉히는 사람들은 분노로 얼굴이 파래지는 사람들보다 무섭지 않다.
- 최고의 학문은 세상이라는 거대한 책으로 배우는 것이다.[1]
- 어려운 문제는 잘게 나눠서 생각하라.[2]
- 무릇 세상에 존재하는 것 중에서 가장 공평하게 배분된 것은 양식(良識)이다.
- 자연은 인간을 싫어한다.
- 법은 되도록 적으면서, 있는 법은 엄격하게 지켜질 때 정치가 잘 된다.

1 — 데카르트는 푸아티에대학을 떠난 20세 무렵부터 '서재에서 읽는 책'을 버리고 '세상이라는 이름의 책'에 몸을 던지기로 결심했다. 그리고 네덜란드 군대에 들어가는 등 다양한 경험을 쌓았다.

2 — 데카르트는 가장 단순한 요소부터 시작해서 그 요소를 조합해나가면 복잡한 사상에 이를 수 있다는 수학적 사고를 제창했다.

소리 내서 읽고, 손으로 쓰고 싶은
내 인생의 격언

사람은
생각하는 갈대다

파스칼의 대표작인 《팡세》의 서두에 나오는 말이다. 《팡세》는 파스칼의 사상을 집약적으로 표현한 책으로, 파스칼 사후에 출간되었다. 인간은 자연 중에서도 가장 연약하다. 하나의 갈대에 지나지 않는다. 하지만 자연과 다른 특별한 점이 있다. 바로 생각하는 갈대라는 점이다. 자연적인 존재로서의 인간은 약한 갈대에 불과하다. 갈대처럼 흔들리기 쉽고 또 연약하다. 하지만 생각하는 힘을 가지고 있기 때문에 생각하는 존재로서의 인간은 고귀하고 위대하다.

블레즈 파스칼(Blaise Pascal)
수학자, 철학자(1623~1662) 프랑스

프랑스 오베르뉴 지방의 클레르몽페랑에서 태어났다. 독학으로 수학을 터득해 많은 어려운 문제들을 풀었다. 아버지의 세무 일을 돕는 방법을 착안해 계산기를 발명해낼 만큼 실생활 속에서 학문을 응용하는 두뇌가 뛰어났다. '파스칼의 정리'가 포함된 《원뿔곡선 시론》, '파스칼의 원리'가 들어 있는 《유체의 평형》 등 많은 거작들을 펴냈다. 또한 철학적·종교적 활동도 활발하게 했다. 태풍 일기예보 관련 용어인 '헥토파스칼(Hectopascal)'이라는 압력 단위도 파스칼의 이름에서 차용했다. 그의 철학적, 사상적 사색은 유고집 《팡세》에 남아 있다. 39세의 나이에 병으로 요절했다.

파스칼의 인생 격언

- 고뇌하면서 길을 찾는 사람, 그것이 참된 인간상이다.

- 클레오파트라의 코가 조금만 낮았더라면 세계의 역사는 지금과 달라졌을 것이다.[1]

- 남들로부터 칭찬을 바란다면 자기의 좋은 점을 늘어놓지 말라.

- 무지함을 두려워 말라. 엉터리 지식을 두려워하라.

- 불행의 원인은 늘 나 자신에게 있다. 몸이 굽으니 그림자도 굽었다. 어찌 그림자 굽은 것을 한탄할 것인가! 나 이외에는 아무도 나의

불행을 치료해줄 사람이 없다.

- 기적은 교리의 진위를 분별하고, 교리는 기적의 진위를 분별한다.

- 모든 내기를 하는 자는, 불확실한 것을 얻기 위해 확실하다고 여기는 것에 건다.

- 생활이란 생각하는 것이 그 본질이다. 인간의 존엄성은 오로지 사고에 있다. 인간의 내부에 있는 모순되는 두 요소, 즉 천사의 일면과 금수의 일면 중에 어느 쪽이 나를 지배하는가는 나의 사고에 달려 있다.

- 우주란, 중심은 어디에나 있으나 그 원둘레는 아무 데도 없는 무한한 천체다.

- 자기는 이 세상의 전부다. 왜냐하면 죽고 나면 그에게 있어서 이 세상 모든 것이 무로 돌아가기 때문이다.

- 지나치게 많은 자유를 갖는 것은 좋지 않다. 원하는 것을 모두 가지는 것도 좋지 않다.

- 피레네 산맥 이쪽에서는 정의라고 여겨지고 있는 것이 산 하나 너머 저쪽에서는 악이 된다.

- 힘 없는 정의는 무력하며, 정의 없는 힘은 폭군이다. 우리는 정의로운 것을 강하게 만들 수가 없어서 강한 것을 정의로운 것으로 만들었다.

- 인간의 덕은 그 비상한 노력으로서가 아니라 그 일상적인 행동에 의해서 측정돼야 할 것이다.

1 — 클레오파트라는 천하의 영웅 카이사르와 안토니우스를 사랑의 노예로 만들어 이집트 왕국을 20년 동안 꿋꿋하게 지켜낸 시대의 여걸이었다. 카이사르와 안토니우스는 세계 최강의 군대를 가지고 있었지만, 봄바람 같은 유혹에 쉽게 무너졌다. 클레오파트라는 천하절색으로 알려져 있다. 파스칼도 "클레오파트라의 코가 조금만 낮았더라면 세계의 역사는 바뀌었을 것"이라고 말할 정도였다. 이는 아주 작은 사건 하나가 역사의 큰 줄기를 바꿔 놓을 수 있다는 의미로 쓰인다. 그런데 클레오파트라가 절세미인이었다는 말에 의문의 꼬리표가 따라붙는다. 어느 시대의 기준으로 봐도 대단한 미인은 아니었다. 안토니우스가 클레오파트라를 위해 만들었다는 로마의 동전에서 그 사실을 엿볼 수 있다. 동전을 보면 클레오파트라는 매부리코에 살이 쪄서 도톰한 얼굴을 하고 있다. 코는 이상적인 로마 미인과 비교할 때 더 길었다. 또 당시에는 미인의 기준이 하얀 피부를 가진 여인이었는데, 피부도 약간 검은 편이었다. 미모보다는 '세련된 매너와 현란한 화술'이 영웅들을 녹였다는 게 좀 더 설득력이 있어 보인다.

소리 내서 읽고, 손으로 쓰고 싶은
내 인생의 격언

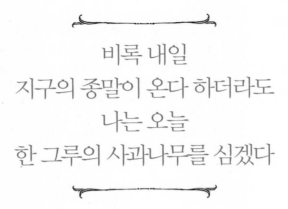

비록 내일
지구의 종말이 온다 하더라도
나는 오늘
한 그루의 사과나무를 심겠다

유대인 출신인 스피노자는 유대인을 비판했다. 그래서 유대인들에게 큰 미움을 샀다. 심지어 생명의 위협까지 받아, 그들을 피해 이리저리 옮겨 다니는 신세가 됐다. 이런 힘든 상황 속에서도 공부만큼은 게을리 하지 않았다. 주변 사람들은 "언제 죽을지도 모르는 사람이 공부가 다 무슨 소용이냐"며 수군댔다. 유대 교회에서는 스피노자를 추방시켰고, 온갖 저주를 퍼붓기까지 했다. 하지만 스피노자는 개의치 않고 뜻을 굽히지 않았다. '내일 지구가 멸망해도 나는 사과나무를 심겠다'는 말은 원래 독일의 종교 개혁가 마르틴 루터가 남겼다고도 한다. 그런데 스피노자의 명언으로 더 유명해졌다. 스피노자는 신이 곧 자연이기 때문에 세상의 모든 것은 자연의 법칙에 따라 일어난다고

바뤼흐 스피노자(Baruch Spinoza)
철학자(1632~1677) 네덜란드

네덜란드 수도 암스테르담에서 유대인 상인의 아들로 태어났다. 성장하면서 당시 유럽의 자유로운 학문을 받아들이고, 유대인들의 생활을 비판했다. 특히 데카르트의 철학에서 많은 영향을 받았다. 수학과 자연과학에 뛰어난 실력을 보였다. 철학적 사상의 기저는 '만물은 곧 신이다'라는 '범신론'이다. 당시 기독교 사상과는 맞지 않아 비난을 받았다. 대학 교수직도 사양하고 후견인의 보호 아래 안경 제작공으로 소박하게 살며 철학을 연구했다. 폐병으로 44세의 짧은 생을 마감했다.

생각했다. 그러므로 인간은 변화에 연연하지 않고 할 일을 하면 된다는 뜻에서 이 말을 사용했다. 어떠한 절망 속에서도 희망을 잃지 않고 미래를 위해 준비하겠다는 다짐의 의미로 많이 쓰인다.

스피노자의 인생 격언

- 과도한 자신감이나 지나친 낙담은 모두 자기 자신을 잘 알지 못해서 온다.
- 평화란 단순히 전쟁이 없는 상태가 아니라 자비와 신뢰와 정의가 있는 마음의 상태다.

- 원인 없는 결과는 존재하지 않는다.

- 이해야말로 모든 미덕의 시초다.

- 완전한 이성의 지배 아래 사는 사람은 늘 행복할 수 있다.

- 거만은 인간이 자기를 다른 사람들보다 뛰어나다고 생각하는 잘못된 생각에서 생기는 기쁨이다.

- 사람들은 무엇보다도 자기 입에 대해서 무력하다.

- 자유로운 사람이란 죽음보다 인생에 대해서 더 많은 것을 생각하는 사람이다.

- 정신은 결코 무력으로 정복되지 않으며 사랑과 아량으로만 정복된다.

- 한 번 분노할 때마다 한 살씩 늙어가고, 한 번 기뻐할 때마다 한 살씩 젊어진다. 이것은 신이 인간에게 내린 최고의 선물이자 최악의 형벌이다.

- 희망 없이 공포도 있을 수 없으며, 공포 없이 희망도 있을 수 없다.

- 할 수 없다고 생각하고 있는 동안은 사실은 그것을 하기 싫다고 다짐하고 있는 것이다. 그래서 실행되지 않는 것이다.

자연으로
돌아가라

　루소는 인간들이 자연으로 돌아가야 한다고 외친다. 인간은 자연으로부터 배워야 한다는 것이다. 자연은 선(善)이다. 자연은 더 보탤 것이 없는 존재인데, 인간의 손이 자연을 더럽힐 뿐이다. 루소는 인간도 원래 하나의 자연으로서 아름다운 존재라고 생각했다. 그러나 물질과 문명의 이기가 인간의 자유와 착한 마음을 파괴했다고 진단했다. 그래서 사람의 인간다움을 지켜낼 힘을 교육에서 찾고자 했다. 루소는 "자연은 결코 우리를 속이지 않는다. 우리 자신을 속이는 것은 언제나 우리들이다"라고 말했다.

장 자크 루소(Jean-Jacques Rousseau)
철학자(1712~1778) 프랑스

스위스 출신의 프랑스 사상가. 스위스 제네바에서 태어났다. 볼테르와 함께
프랑스 계몽주의 철학을 대표한다. 아름다운 문장을 많이 구사해서 '낭만주
의 문학의 아버지'로 불린다. 가난한 시계공의 아들로 태어나 어려서 어머
니를 잃었다. 아버지마저 집을 나가 친척에게 맡겨진 채 외로운 소년 시절
을 보냈다. 잡일을 하다가 파리로 가서 본격적인 공부를 했다. 루소는 많은
책을 썼는데 그의 주장은 '인간성 회복'이었다. 대표작으로 《에밀》, 《고백
록》, 《사회계약론》 등이 있다. 《고백록》은 사후에 출간됐다.

루소의 인생 격언

- 청년기는 지혜를 연마하는 시기요, 노년기는 지혜를 실천
  하는 시기다.

- 인간은 자유롭게 태어났지만 어디서나 사슬에 묶여 있다.[1]

- 교육의 목적은 기계를 만드는 것이 아니라 인간을 만드는 데 있다.

- 국민의 자유는 국력에 비례한다.

- 나는 희망을 가꾸었는데 나날이 시들어간다. 아아! 뿌리가 잘린 나
  무의 잎사귀에 물을 준들, 무슨 소용이 있으랴.

- 남자는 자기가 아는 것을 말하고, 여자는 즐길 수 있는 것을 말한다.

- 농부처럼 일하면서 철학자처럼 생각하지 않으면 안 된다.
- 사람이 살아갈 궁리만 할 때는 고귀한 생각을 하기 어렵다.
- 스스로 배울 생각이 있는 한 천지만물 중 하나도 스승 아닌 것이 없다. 사람에게는 세 가지 스승이 있다. 하나는 대자연이고, 둘째는 인간이며, 셋째는 모든 사물이다.
- 식물은 재배함으로써 자라고, 인간은 교육함으로써 사람이 된다.
- 어떠한 것일지라도 자연이라는 조물주의 손에서 나올 때에는 선하다. 그런데 인간의 손으로 넘어가면 모든 것이 악이 된다.
- 오늘 사랑한다고 내일도 사랑하리라고는 아무도 단언할 수 없다.
- 인간의 지식 가운데 가장 유용하면서도 가장 진보하지 않은 것은 인간에 관한 지식이라고 생각한다.
- 자식이 아버지를 존경하지 않는 것은 혹 경우에 따라 용서될 수 있지만, 어머니에게도 그렇다면 그 자식은 세상에 살아있을 가치가 없는 못된 괴물이라고 말하지 않을 수 없다.
- 자연은 한 권의 책이요, 그 저자는 하느님이다.
- 자유를 포기하는 것은 인간으로서의 자격을 포기하는 것이며, 그것은 인간의 권리와 의무마저 포기하는 것이다. 누구나 모든 것을 포기하는 사람에게는 어떤 보상도 주어지지 않는다.
- 적게 아는 사람은 말을 많이 하고, 많이 아는 사람은 말을 적게 한다.
- 책은 다음 네 가지 목적 가운데 하나를 달성해야 한다. 그것은 지식

이고, 신앙이며, 쾌락이고, 편익이다.

• 함께 우는 것만큼 사람의 마음을 결합시키는 것은 없다.

• 이성 판단력은 천천히 걸어오지만, 편견은 무리를 지어 달려온다.

• 어떤 진실을 가르치는 것보다 항상 진실을 발견하는 방법을 가르치
는 것이 더 큰 문제다.

1 —— 1762년 발표한 저서 《사회계약론》에 나온다. 비슷한 시기에 대표작
인 성장소설이자 교육학 입문서인 《에밀》도 출간됐다.

소리 내서 읽고, 손으로 쓰고 싶은
내 인생의 격언

침묵은
말보다 더 훌륭한 웅변이다

영어로 'Silence is more eloquent than words'이다. 웅변하는 자는 말하는 사람이고 침묵하는 자는 듣는 사람이다. 요즘은 상대방의 말에 경청하는 사람이 더 환영을 받는다. 말을 많이 해야 상대방이 설득되는 것은 아니다. 최강의 설득은 경청에서 출발한다. 침묵하고 생각할 시간을 주는 것이 상대방으로부터 신뢰감을 얻는다. 침묵은 때로는 더 커다란 공감과 이해를 불러온다. 여기서 말하는 침묵은 무조건말을 하지 말라는 뜻이 아니다. 잘 알지도 못하면서 말을 많이 하는것보다는 차라리 침묵하는 편이 낫다는 의미다.

토머스 칼라일(Thomas Carlyle)
철학자, 역사가, 평론가(1795~1881) 영국

영국의 평론 분야를 확립한 인물로 일컬어진다. 스코틀랜드에서 석공의 아들로 태어났다. 에든버러대학을 졸업한 후 독일 문학과 관념론 철학에 심취했다. 이상주의적 범신론(汎神論)을 주창했다. 대자연은 신의 의복이고, 모든 상징·형식·제도는 가공의 존재에 불과하다며 경험론 철학과 공리주의를 비판했다. 간소한 생활을 즐겼다. 말년에 에든버러대학 명예 총장을 지내기도 했다. 괴테와 문학적 소통을 하고 에머슨과 교우했다.《영웅 숭배론》,《프리드리히 대왕》등을 저술했다.

칼라일의 인생 격언

• 변화는 고통이다. 그러나 그것은 항상 필요한 것이다.

• 건강한 사람은 자기의 건강을 모른다.

• 결점 중에서 가장 큰 결점은 그것을 하나도 깨닫지 못하는 것이다.

• 노동은 항상 인류를 괴롭히고 있는 온갖 질병과 비참에 대한 최대의 치료법이다.

• 노동이 있으므로 비로소 안락이 있고 휴식도 있다.

• 명성은 그가 어떤 인물인가를 보여주는 등불에 불과하고, 결코 그를 더욱 더 훌륭한 인물이나 특별한 인물이 되게 하는 것은 아니다.

- 사람은 일을 하기 위해서 세상에 태어난 것이다. 사색에 잠기고 꿈을 꾸고 감상하기 위해서 존재하는 것은 아니다. 모든 사람은 자기의 능력에 따라 하고 싶은 일을 할 때 가장 빛난다. 자기가 하고 있는 일에 사랑과 신념을 가지지 못하는 것은 불행한 사람이다.
- 수치심은 모든 덕의 원천이다.
- 우주의 신비는 바로 생명 현상에서 극치를 이룬다.
- 이상은 우리들 자신 속에 있다. 동시에 이상의 달성을 가로막는 여러 가지 장애 요소도 우리들 자신 속에 있다.
- 자기보다 훌륭한 사람을 칭찬하는 감정은 인간의 가슴에 지닌 가장 고상한 감정이다.
- 자기의 마음을 감추지 못하는 사람은 무슨 일이든 큰일을 이룰 수 없으며 성공할 수 없다.
- 천재란 무엇보다도 고통을 참아내는 뛰어난 능력을 말한다.
- 침묵은 자기 자신을 위대한 일에 적응시키는 요소다.
- 평화를 유지하는 최선책은 전쟁 당사자가 자기를 교수형에 합당한 사람이라고 느끼는 일이다.
- 두려움을 정복해야만 행동을 할 수 있다. 인간의 첫째 의무는 두려움을 정복하는 것이다.
- 목표가 없는 사람은 선장 없이 바다 위에 떠 있는 배와 같다.
- 책 속에는 과거 모든 위인들이 잠들어 있다.

- 먼저 그대의 사상을 풍부하게 하라. 현실이란 사상의 그림자일 뿐이다.
- 약자는 장애물을 걸림돌이라고 하고, 강자는 장애물을 디딤돌이라고 한다.
- 경험은 수업료가 비싸지만 가장 훌륭한 교사다.
- 스스로 옳다고 믿는 자는 왕의 군사 만 명보다 강하고, 스스로 자신의 정당성을 의심하는 자는 미약한 힘조차 갖지 못한다.

소리 내서 읽고, 손으로 쓰고 싶은
내 인생의 격언

쾌활함은
즉효성 있는 직접적인 보수다

위의 말 뒤에 '말하자면 쾌활함은 행복에 지불되는 현금 자체이며, 그저 은행 수표와 같은 것은 아니다'라는 말이 뒤따른다. 이는 '쾌활함'이 우리에게 가장 빠르게 행복을 가져다준다는 의미다. 즉, 쾌활하기만 하면 곧바로 행복이라는 '보수'를 받기 때문에 되도록이면 쾌활하게 지내라는 것이다. 쇼펜하우어는 '쾌활함'에 관해 많은 말을 남겼다. '쾌활함'을 '진정한 화폐', '보물' 등의 말로 표현했다.

아르투어 쇼펜하우어(Arthur Schopenhauer)
철학자(1788~1860) 독일

은행가인 아버지와 소설가인 어머니 사이에서 태어났다. 아버지가 세상을 뜨고 나서 철학자가 되기를 희망했다. 괴팅겐대학과 베를린대학에서 공부한 후 베를린대학 강사로 활동했다. 42세 때 프랑크푸르트에서 칩거 생활을 시작했다. 63세 때 출판한 수필집《여록과 보유》가 호평을 받아 전 세계에 이름을 알렸다. 석가모니 등 동양 사상에 대한 이해가 깊었고, 동서 사상을 융합한 사고방식으로 많은 사람의 마음을 움직였다.

쇼펜하우어의 인생 격언

- 시간은 잘 사용하는 사람에게 친절하다.
- 부(富)는 바닷물 같아서 마시면 마실수록 목이 마르다. 명성도 마찬가지다.[1]
- 사람들은 그다지 열심히 파고들지 않는 사소한 문제 속에서 자신의 성격을 노출한다.[2]
- 명예는 밖으로 나타난 양심이며, 양심은 안에 파고 앉은 명예다.
- 독서란 자신의 머리로 생각하는 것이 아니라 타인의 머리로 생각하는 것이다.
- 종교는 반딧불과 같아서 반짝이기 위해 어둠을 필요로 한다.

1 — 부에 관해서는 다음과 같은 말도 남겼다. '부는 엄밀히 말해 지나친 사치이며, 우리의 행복에 거의 도움이 되지 않는다', '부는 오히려 행복을 방해한다'. 이런 말들을 보면 쇼펜하우어는 부에 대해서 부정적인 견해를 가졌던 것 같다.

2 — 사소한 문제를 다룰 때 사람은 자연스러운 행동을 취하므로, 그 행동을 관찰하면 그 사람의 이기적인 정도를 다소나마 알 수 있다. 사람의 본성을 알고 싶다면 그 사람이 쉬운 일을 하는 모습을 관찰하면 된다.

소리 내서 읽고, 손으로 쓰고 싶은
내 인생의 격언

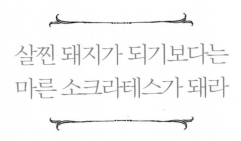

살찐 돼지가 되기보다는
마른 소크라테스가 돼라

　18세기 영국은 경제적으로 매우 풍요로웠다. 하지만 노동자의 생활은 참혹했다. 당시 영국에서는 철학자 제러미 벤담(1748~1832)이 주창한 '공리주의(功利主義)'가 큰 인기를 끌었다. 공리주의는 최대 다수의 최대 행복을 추구했다. 어떤 행위의 결과나 선악의 판단 기준을 인간의 이익과 행복을 늘리는 데 얼마나 기여했는가에 두었다. 많은 사람들에게 즐거움을 주는 행동이 곧 옳은 행동이고, 더 많은 사람들에게 고통을 주는 일이야말로 악한 행동이라는 것이다. 존 스튜어트 밀은 벤담에게서 공리주의 철학을 배웠다. 그런데 밀은 벤담의 공리주의가 가진 한계를 깨닫고 자신만의 공리주의를 정립했다. 해답을 즐거움의 질에 있다고 보았다. 지성을 가진 인간이라면 선뜻 동물의

존 스튜어트 밀(John Stuart Mill)
철학자(1806~1873) 영국

저명한 철학자이자 역사학자인 제임스 밀(James Mill, 1773~1836)의 장남으로 런던에서 태어났다. 밀은 사회복지 개념을 포함한 공리주의를 주창해 공리주의 철학을 완성한 사상가로 평가받는다. 철학뿐 아니라 정치학, 경제학, 논리학, 윤리학 등의 분야에서 방대한 저술을 남겼으며, 후세에 폭넓은 영향을 끼쳤다. 정치가로 활동하며 여성의 참정권을 주장하고 노동자의 입장을 대변하기도 했다. 프랑스 아비뇽에서 숨졌다. 대표작《자유론》을 비롯해《영국과 아일랜드》,《여성의 예속》,《자서전》등이 있다.

쾌락을 선택하지는 않는다. 인간은 질적으로 높은 즐거움을 쫓게 마련이다. 점차 덕을 쌓아 자신과 모두에게 이익이 되는 즐거움을 추구하게 될 것이라고 생각했다. 이런 밀의 생각을 벤담의 공리주의와 구분해 '질적 공리주의'라고 한다. 행복을 단순히 양으로 계산하지 않고 질적 가치를 추구할 때 인용된다. 배부른 돼지보다 배고픈 인간이 낫고, 만족한 바보보다 불만족스러운 소크라테스가 낫다는 것이다. 이 말이 '살찐 돼지가 되기보다는 마른 소크라테스가 돼라'는 말로 축약돼 전해지고 있다. 여기서 '살찐 돼지'란 자신의 이익만을 위해 살아가는 사람을 뜻한다. 사람들은 대부분 이기적인 욕심이 있기 때문에 자신 또는 가족들만 잘살게 되기를 바라는 마음이 있다. '마른 소크라테스'란 자신의 이익에는 상관없이 잘못된 사회를 바로잡으려고 애쓰

는 사람을 뜻한다. 물질적인 풍요보다 한층 차원이 높은 인간의 자유
나 신념의 중요성을 강조할 때 사용한다.

밀의 인생 격언

- 사회의 모든 현상은 인간성의 현상이다.
- 단지 관습이라는 이유로 행동하는 사람은 선택하지 않는다.[1]
- 가장 명석한 사람들, 지혜와 덕을 겸비한 사람들 중에 종교적 회의
  론자들이 얼마나 많은지를 알게 된다면 세상은 경악할 것이다.
- 개혁 정신이 반드시 자유 정신은 아니다. 그것은 할 생각이 없는 민
  중에게는 강제적 개혁을 뜻할 수도 있기 때문이다.
- 관습의 독재는 어느 곳에서나 인류의 진보를 저해하는 상설 장애물
  이다.
- 독창성이란 비독창적인 마음의 소유자가 그 말을 쓰고서도 느낄 수
  없는 바로 그런 것이다.
- 보수주의자는 꼭 어리숙한 사람들은 아니지만 대부분 어리숙한 사
  람들이다.
- 일하지 않는 자는 먹지도 말라.
- 직관으로 터득된 진리야말로 진리의 원천이다.

- 질서 혹은 안정성 있는 정당과 진보적 혹은 개혁적 정당 둘 다 정치적 생명이 있는 것은 건강한 국가의 필수적인 요소다.
- 행복을 얻는 오직 하나의 길은 행복을 인생의 유일한 목적으로 하는 것이 아니라, 행복 이외의 다른 목적을 인생의 목적으로 삼는 데 있다.

1 —— 밀의 명저 《자유론(On Liberty)》(1859)에 나오는 구절이다. 사람은 지위가 올라감에 따라, 또는 나이가 들어감에 따라 자신이 속한 사회와 가정에서 보수적인 성향을 띠게 된다. 관습과 습관에 따라 어떤 일을 처리하면 쉽고 편하다. 반대로 새로운 방법을 시도하려고 하면 생각도 몸도 힘들다. 그래서 대부분의 사람은 쉽고 편한 길을 선택해 습관적으로 작업하는 데 만족해한다. 하지만 이렇게 해서는 조직과 개인 모두 더 이상 성장하지 않는다는 것에 문제가 있다.

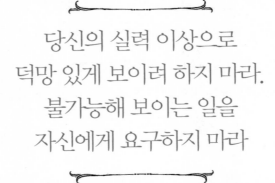

당신의 실력 이상으로
덕망 있게 보이려 하지 마라.
불가능해 보이는 일을
자신에게 요구하지 마라

니체의 대표작 《차라투스트라는 이렇게 말했다》에 나오는 말이다. 이는 신을 부정하고 신 대신에 인류를 지배한다는 '초인 사상'을 전하는 주인공 차라투스트라의 이야기다. 문체는 매우 난해하지만, 작품 안의 표현 중에는 간결하면서도 강력한 삶을 추구하는 격언 같은 말이 의외로 많다. 위의 말도 그중 하나다. 실력 이상도 이하도 아닌 '당신은 있는 그대로가 좋다'는 현대 유행가 가사와 비슷한 말이 이미 125년 전에 니체의 입에서 나온 것이다.

프리드리히 빌헬름 니체(Friedrich Wilhelm Nietzsche)
철학자(1844~1900) 독일

작센 지방의 부유한 가정에서 태어났다. 박사 학위나 교원 자격증을 취득하지 않은 상태에서 바젤대학에 고전문헌학 교수로 초빙됐다. 그 후 바그너에게 마음을 빼앗겨 《비극의 탄생》을 썼지만 혹평을 받았다. 《인간적인, 너무나 인간적인》을 통해 바그너의 낭만주의 음악과는 결별했다. 대학을 퇴직하고 《차라투스트라는 이렇게 말했다》를 집필한 후, 정신병으로 10여 년 동안 요양하다가 숨을 거뒀다.

니체의 인생 격언

- 인간만이 깊이 괴로워한다. 그러므로 인간은 웃음을 발명하지 않을 수 없었다.
- 대부분의 남자들은 다른 남자들이 자신의 아내를 채어가지 않는 것을 한탄한다.[1]
- 여자에게 가려거든 채찍을 잊지 마라.
- 복수와 사랑에서 여자는 남자보다 야만적이다.
- 경멸스러운 적을 고르지 마라. 당신은 적을 자랑스럽게 여겨야 한다.[2]
- 신은 죽었다.

- 인간이 신의 실패작에 불과한가, 아니면 신이 인간의 실패작에 불과한가.
- 모든 신념은 거짓말보다 더 큰 진리의 위험한 적이다.
- 위대한 인간이란 역경을 극복할 줄 아는 동시에 그 역경을 사랑할 줄 아는 사람이다.
- 자유란 자기 책임에 대한 의지를 갖는 것이다.
- 희망은 인간의 고통을 연장하므로 모든 악 중에서 최악이다.

1 — 니체는 아버지가 죽은 후 외할머니, 숙모, 어머니, 여동생 등 여자들에게 둘러싸인 집안에서 자랐다. 그 때문인지 여자들에게 그다지 좋은 감정이 없다는 사실을 엿볼 수 있는 말을 많이 남겼다.

2 — 《비극의 탄생》에 나오는 말이다. 라이벌은 존경할 만한 가치가 있는 사람이어야 한다는 뜻이다.

꿈은 현실의 투영이고,
현실은 꿈의 투영이다

프로이트는 '정신분석학' 분야의 창시자다. 특히 '꿈'에 관한 연구로 유명하다. 저서 《꿈의 해석》에서 사람이 꾸는 꿈의 대부분이 잠재적인 욕망의 표출이라고 말했다. 이전까지의 정신과 의사나 심리학자가 특별히 언급하지 않았던 성적 욕망에 관해서도 적나라하게 언급했다.

프로이트의 인생 격언

• 가는 곳마다 나보다 한 발 먼저 다녀간 시인이 있음을 발견한다.

- 꿈의 해석은 무의식의 활동을 숙지하는 왕도다.[1]

- 행복해지는 방법은 스스로 실험해보지 않으면 알 수 없다. 각자 스스로 행복해지는 방법을 실험해야 한다.[2]

- 장점은 약점에서 탄생한다.

- 인간은 본능적으로 쾌락 욕구를 갖는 존재다.

1 — 《꿈의 해석》에 나오는 말이다. 사악한 희망이나 심적 외상의 원인도 모두 꿈을 해석함으로써 알 수 있다는 프로이트의 주장이 가장 명확히 나타나 있다.

2 — 프로이트는 매우 평온한 삶을 살았다. 개업의로서 환자 진찰과 논문 집필을 계속하면서 가족과의 시간을 소중히 보냈다.

인류의 역사는
도전과 응전의 역사다

　20세기의 석학으로 불린 토인비는 기념비적 역작인《역사의 연구》에서 '자연의 도전'과 '인간의 응전'이 끊임없이 반복되면서 인류의 발전이 이뤄진다고 주장했다.《역사의 연구》는 1921년에 착수해 1961년에 작업을 최종 완성할 정도로 대작이었다. 전체 13부의 내용을 총 9권에 실을 예정으로 1934년에 1~3권을, 1939년에 4~6권을 발표했다. 6권에는 '총론'과 '문명의 발생', '문명의 성장', '문명의 붕괴', '문명의 분해' 등 5부를 다루고 있다. 이어 1954년에 예정보다 1권이 더 늘어난 7~10권이 출간되어 나머지 8부를 실었다. 그 후 1958년에 11권《지도와 지명색인》, 1961년에 12권《재고찰》을 추가로 간행해 대장정을 마쳤다.《역사의 연구》에서 세계 21개 문명의 홍

아놀드 토인비(Arnold Toynbee)
역사가(1889~1975) 영국

런던에서 태어났다. 옥스퍼드대학에서 고전고대사를 공부했다. 왕립 국제 문제연구소 연구부장, 런던대학 연구교수, 외무성 조사부장을 역임하고 런던대학 명예교수로 추대됐다. 1937년에 영국 아카데미 회원으로 선출됐고, 제2차 세계대전 이후 파리 국제평화회의의 영국대표단 일원으로 참석했다. 필생의 역작《역사의 연구》에서 많은 문화유형을 연구해 세계사를 포괄적으로 다룬 독자적인 문명사관을 제시했다. 유기체적인 문명은 주기적으로 흥하고 망하는데, 이것이 역사라고 말했다. 문명의 추진력을 고차 문명의 저차 문명에 대한 '도전'과 '대응'의 상호작용에 있다고 주장했다. 19세기 이후의 전통 사학에 맞서 새로운 역사학을 개척한 것으로 평가받는다. 저서로《그리스의 문명과 성격》,《18세기 영국산업혁명 강의》등이 있다.

망사에 대해 분석했다. 토인비는 강대국들이 오래 가지 못하고 멸망한 원인이 외부의 침략이 아닌 내부의 고착적이고 권위적인 문화에서온 교만과 안이 때문이라고 진단했다. 인간은 살면서 많은 자연의 도전을 받는다. 그때마다 인간은 새로운 방책을 응전으로 내세워 많은사상과 과학을 발전시켰다.

토인비의 인생 격언

- 사랑은 죽음과 악 대신 삶과 선을 선택하게 하는 긍정적인 힘이다.
- 민주정치를 하려면 개인으로서의 투표자가 지적으로 현명해야 할 뿐만 아니라 도덕적으로도 사심이 없어야 한다.
- 어떤 시대의 역사를 다루는 경우에도, 감정을 섞지 않고 편견을 가지지 않는다는 것은 역사가에게는 항상 불가능한 것이라 생각한다.
- 윤리와 도덕의식을 갖지 못한 민족은 멸망한다.
- 현대문명의 위기는 기술문명이 토끼처럼 달려가는 데 비해서 정신문명은 거북이처럼 뒤를 쫓는 데 있다.

언어는
질문하기 위해 발명한 것이다

에릭 호퍼는 '발명'이라는 단어를 사용하면서까지 질문의 중요성을 강조했다. 어린이들은 말을 배우자마자 '왜?'라는 질문을 반복하면서 주변 세상을 이해해 나간다. 이처럼 호기심 어린 질문이 좋은 대답을 낳는다. 이를 깨달은 호퍼는 질문이 인간의 성장을 촉진한다는 사실을 알게 됐다. 호퍼는 그런 인간의 기본적인 존재 방식을 근거로, 언어를 사용해서 질문을 진지하게 고민해야 더 나은 삶을 살 수 있다고 주장했다.

호퍼의 인생 격언

- 행복을 추구하는 것이 불행의 주요 원인 중 하나다.
- 지금 가지고 있는 것만으로 충분히 행복해질 수 있다.
- 열정이라 불리는 감정의 대부분에는 자기 도피의 욕구가 숨어 있다.[1]
- 유의미한 삶이란 학습하는 인생이다.[2]
- 해야 할 일을 하지 않을 때 인간은 고독을 느낀다.[3]
- 사람은 자신에 대한 거짓말을 할 때 가장 큰 소리를 낸다.

1 ― 호퍼는 첫 작품《대중 운동의 실상》이후 열정에 관해 끊임없이 사색했다. 수많은 형태의 열정을 연구한 결과, 열정의 뒤편에는 약점과 열등감이 내재해 있다는 사실을 깊이 이해할 수 있었다.

2 ― 호퍼는 15세 때 시력을 되찾은 이후로 하루에 열 시간 이상 독서에 몰두했다. 학습을 통해 인생을 충실하게 만든 자신의 경험을 토대로 이야기한 것이다.

3 ― 이 말 뒤에 다음과 같은 말이 이어진다. '인간은 자신의 능력을 충분히 발휘하며 성장할 때에만 이 세상에 뿌리를 내리고 안정을 찾을 수 있다.'

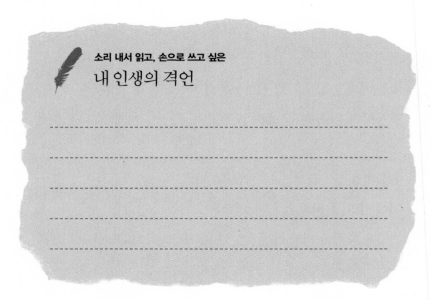

소리 내서 읽고, 손으로 쓰고 싶은
내 인생의 격언

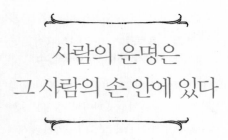

사람의 운명은
그 사람의 손 안에 있다

사르트르는 무신론적 실존주의자였다. 공부도 열심히 하고 용기와 결단력도 뛰어났다. 제2차 세계대전 때 독일군에게 잡혀 포로가 됐지만 감시망을 뚫고 탈출해 파리로 돌아오기도 했다. 이후에도 여러 가지 문제에 휘말려 어려움을 겪지만, 그때마다 자신의 인생을 개척해 나갔다. 운명이란 것은 사람의 생각과 행동에 따라 바뀔 수 있다. 자신의 운명을 스스로 알아서 해야 한다는 것은 모든 행동에 책임을 져야 한다는 의미도 된다.

장 폴 사르트르(Jean-Paul Sartre)
작가, 사상가(1905~1980) 프랑스

파리에서 태어났다. 어려서 아버지를 여의고 어머니와 외할아버지 밑에서 자랐다. 사르트르의 어머니는 유명한 슈바이처 박사와 사촌지간이다. 학창 시절에 뛰어난 친구들을 많이 사귀어 그 교우관계가 평생에 큰 영향을 미쳤다. 이후 독일에서 공부하면서 철학의 기초를 다졌다. 《구토》를 통해 소설가의 길로 들어선 이후 《자유에의 길》, 《존재의 무》 등 훌륭한 저서들을 많이 남겼다. 노벨 문학상을 거절한 것으로도 유명하다.

사르트르의 인생 격언

- 폭력이란 더 이상 잃을 것이 없는 사람이 쓰는 것이다.

- 3시는 하고 싶은 일을 시작하기에는 언제나 너무 이른 때다.

- 나는 존재한다. 그것은 나의 권리다.

- 나는 폭력에 대해서 하나의 무기밖에 갖고 있지 않았다. 그것은 폭력이다.

- 인간은 자유이며, 늘 자기 자신의 선택에 의해서 행동해야만 한다.

- 종교는 모든 운명의 어머니다.

- 청춘이란 참으로 기묘한 것이다. 외부는 붉게 빛나고 있지만 내부에서는 아무 것도 느낄 수 없다.

"사과는 나무에서 먼 곳에 떨어지지 않는다."

프랑스와 독일에서 전해져 내려오는 말이다. 사과가 나무에서 가까운 곳에 떨어지는 것처럼 아이는 부모에게서 멀리 떨어질 수 없다. 즉, 아이는 부모의 영향을 많이 받는다는 뜻이다.

"나무껍질과 나무 사이에 손가락을 집어넣지 마라."

영국과 프랑스의 속담이다. 나무껍질과 나무 사이처럼 딱 달라붙어 있는 좁은 공간에 손가락을 집어넣으면 아프다. 이와 마찬가지로 부부나 가족간의 싸움에 쓸데없이 참견해서는 안 된다는 뜻이다.

"술과 어린아이는 진실을 말한다."

영국의 속담이다. 술에 취하면 평소에 하지 않던 말을 어린아이처럼 이야기하게 된다는 뜻이다.

"통에서 나온 포도주는 마셔야 한다."

프랑스의 속담이다. 뚜껑을 딴 포도주를 마시지 않고 그대로 두면 향이 점점 사라진다. 이처럼 일단 시작한 일은 끝까지 해야 한다는 뜻이다.

"의견을 바꾸지 않는 사람은 어리석은 자들뿐이다."

프랑스 속담이다. 자신의 의견을 너무 고집하는 것은 현명하지 않다는 뜻이다. 남의 의견을 들어야 비로소 알 수 있는 것도 분명히 존재한다.

"커다란 떡갈나무도 처음에는 도토리였다."

영국에서 전해져 내려오는 말이다. 크게 자란 떡갈나무가 원래는 자그마한 도토리였던 것처럼, 어른도 원래는 어린이였다. 나이 많은 사람은 어렸을 적을 생각해야 하고, 나이 어린 사람은 자신에게 커다란 가능성이 있다는 것을 잊어서는 안 된다.

"잡초는 금방 자라고 금방 시든다."

스페인의 속담이다. 여기서 잡초는 사악한 것을 의미한다. 나쁜 일은
금방 퍼지지만 결국 오래가지 못한다는 비유다. 이와 마찬가지로 나
쁜 사람도 오래가지 못한다고 할 수 있다.

"악마는 그림만큼 검지 않다."

영국이나 이탈리아에서 전해져 내려오는 말이다. 악마가 그림에 그려
진 만큼 검지 않은 것처럼 나쁜 사람도 생각만큼 나쁘지 않다는 의미
다. 평판에 혹하지 말고 상대방을 잘 헤아리라는 가르침이다.

노벨

앤드루 카네기

록펠러

포드

샤넬

데일 카네기

디즈니

드러커

마쓰시타 고노스케

혼다 소이치로

이부카 마사루

정주영

스티브 잡스

빌 게이츠

6장

소리 내서 읽고,
손으로 쓰고 싶은
기업가의 격언

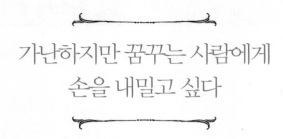

가난하지만 꿈꾸는 사람에게
손을 내밀고 싶다

다이너마이트를 발명해 거부가 된 노벨이 엄청난 유산을 기부하면서 남긴 말이다. 노벨은 자신이 만든 다이너마이트를 팔아 생긴 돈을 세계 평화를 위해 쓰기로 결심했다. 그래서 죽은 뒤에 자신의 모든 재산을 문명의 발달과 평화를 위해 이바지한 사람에게 상금으로 주도록 유언을 했다. 재산의 대부분을 기금으로 남겨 노벨상을 제정했다. 노벨의 유산은 친지에게 물려준 것을 빼고 약 94퍼센트가 노벨재단에 귀속됐다.

노벨재단은 1897년에 공개된 노벨의 유언장에 따라 노벨이 기부한 재산 3100만 크로네(스웨덴의 화폐 단위)를 기반으로 1900년에 설립됐다. 현재 노벨상은 세계에서 가장 권위 있고 영향력이 큰 상으로 자리매김했다. 노벨의 뜻은 지금까지도 이어져 가난하지만 꿈을 가진 사람들에게 희망을 주고 있다.

노벨의 인생 격언

- 나는 무엇으로 기억될 것인가.[1]

- 나에게는 나의 경쟁 상대보다 나은 점이 두 가지 있다. 그것은 돈 버는 일과 남의 칭찬에 무관심하다는 점이다.

- 양측 군대가 1초 안에 서로를 궤멸할 수 있게 되는 날, 그날이 되면 모든 문명국가가 전쟁을 포기하고 군대를 해산할 것이다.

---

1 — 노벨은 자신이 만든 폭약이 세계 평화를 위해 사용되기를 바랐다. 그 런데 세상은 뜻대로 흘러가지 않았다. 심지어 일각에서는 다이너마 이트가 수많은 사람들의 목숨을 앗아갔기 때문에 그를 '죽음의 상인' 이라고 비난하기도 했다. 이 말은 이런 과정에서 나왔다.

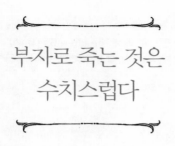

부자로 죽는 것은
수치스럽다

미국의 철강왕 카네기는 '부의 복음(Gospel of Wealth)'이라는 글에서 "부자로 죽는 것은 수치스럽다"며 기업인들의 재산 기부를 권했다. 그는 "재산의 세습은 자식들은 물론 사회에도 해악을 끼친다. 상속세는 가장 현명한 형태의 세금으로 무거울수록 좋다"는 말도 덧붙였다. 그는 사람의 일생을 두 시기로 구분했다. 전기에서는 부(富)를 축적하고, 후기에서는 축적된 부를 사회복지를 위해 투자해야 한다는 것이다. 그는 이를 실천에 옮겼다.

앤드루 카네기(Andrew Carnegie)
산업자본가, 철강왕(1835~1919) 미국

스코틀랜드 출생으로 1848년에 가족과 함께 미국의 펜실베이니아 주 앨러게니(지금의 피츠버그)로 이주했다. 카네기재단을 설립해 학문, 교육, 사회사업에 큰 공헌을 했다. 수직공의 아들로 태어나 어려서부터 방적공·기관 조수·전보배달원·전신 기사 등의 여러 직업에 종사했다. 이후 펜실베이니아 철도회사 투자로 막대한 이윤을 얻었다. 1870년대부터 일기 시작한 기업합동의 붐을 타고 피츠버그의 제강소를 중심으로 하는 석탄·철광석·광석, 운반용 철도·선박 등에 걸치는 대철강 트러스트를 형성했다. 1892년에 카네기철강회사(뒤에 카네기회사로 개칭)를 설립했다. 당시 세계 최대의 철강 트러스트로서 미국 철강 생산의 4분의 1이상을 차지했다. 1901년에 4억 4000만 파운드에 모건계(系)의 제강회사와 합병해 미국 철강시장의 65퍼센트를 지배하는 US스틸사를 탄생시켰다. 이 합병을 계기로 그는 실업계에서 은퇴하고, 교육과 문화사업에 몰두했다. 저서에《승리의 민주주의》,《사업의 왕국》,《오늘의 문제》등이 있다.

카네기의 인생 격언

- 좋은 기회를 만나지 못한 사람은 한 명도 없다. 다만 그것을 잡지 못했을 뿐이다.

- 더욱 더 많이 구하면 많이 얻을 것이며, 더욱 더 많이 노력하면 많은 결과를 얻을 것이다.

- 자기는 유용한 재목이라는 자신감만큼 사람에게 있어서 유익한 것은 없다.
- 자기의 담당 분야에 대해서는 회사의 손해라고 생각되면 기회를 포착해서 용감하게 발언하라. 이런 행동이야말로 회사도 발전시키고 자신도 발전한다.
- 진실한 한마디의 말은 백만 마디의 헛된 찬사보다 낫다.
- 최상의 자리란 가장 많이 노력하는 자에게 주어지는 것이다.
- 웃음이 적은 곳에는 매우 적은 성공밖에는 있을 수가 없다.

성공의 비결은
당연한 일을 특별히 잘하는 데 있다

스탠더드 오일의 창립자인 록펠러는, 공격적인 경영으로 스탠더드 오일을 세계 최대의 석유 회사로 성장시키면서 거액의 부를 쌓아 '석유왕'으로 불렸다. 이 말은 '성공의 마법은 무엇이냐'는 질문에 대한 답변이다. 그런데 경쟁사를 공격적으로 매수해서 시장의 95퍼센트를 독점한 그를 두고 '무자비하다'는 평가가 끊이지 않았다. 그에게 '당연한 일'이란 공생이 아니라 '성공에 대한 도박'이었다. 그리고 성공에 도박을 거는 집념을 '특별히 잘했다'고 표현했는지도 모른다.

록펠러의 인생 격언

- 나는 수많은 실패를 기회로 바꾸려고 항상 노력했다.

- 좋아. 이제 돈의 노예에서 벗어났다. 이제부터는 돈을 노예로 삼아야겠다.[1]

- 쾌락에 빠진 인생만큼 재미없는 인생도 없다.[2]

- 모든 종류의 성공에 끈기만큼 중요한 것은 없다.

- 성공하려면 귀는 열고 입은 닫아라.

- 나는 그저 나보다 머리가 좋은 사람들을 채용했을 뿐이다.

- 나는 절약이야말로 계획적인 삶의 필수 요소라고 믿는다.

1 — 록펠러가 스트레스로 큰 병을 얻었을 때 한 말이다. 병에 걸린 것을 계기로 록펠러는 개인적인 재산 축적을 그만두고 자선 사업에 힘을 쏟기 시작했다.

2 — 그는 이 말과 함께 '돈을 손에 쥐고 의기양양해하는 사람은 어리석은 자들뿐이다'라고 말했다.

소리 내서 읽고, 손으로 쓰고 싶은
내 인생의 격언

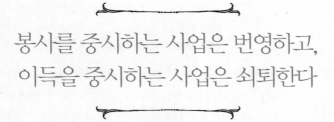

봉사를 중시하는 사업은 번영하고,
이득을 중시하는 사업은 쇠퇴한다

포드는 자동차 대량 생산법을 개발함으로써, 부유층의 전용으로 여겨졌던 자동차 가격을 낮추어 일반 대중들도 자동차를 싸게 구입할 수 있게 했다. 포드는 1900년대 전반기의 인물로는 드물게 기술자를 소중히 여기는 경영자였다. 하루 임금 5달러로 기술자를 후하게 대우했다. 우수한 기술자의 유출을 방지하려는 목적도 있었지만, '임금이 높아지면 사회의 소비가 늘어나고, 다른 업종도 윤택해지며, 그 이득은 또 나 자신에게 돌아온다'는 생각을 갖고 있었다. 눈앞의 자기 이익만을 고집하지 않은 포드의 생각은 오늘날의 경영자에게도 좋은 모범이 된다.

포드의 인생 격언

- 실패가 두려울 때는 목표에서 눈을 돌렸을 때다.
- 정리 정돈이 되지 않은 공장에 실력 있는 기술자는 없다.[1]
- 노력이 효과를 보일 때까지는 시간이 걸리는 법이다. 많은 사람이 그때까지 지치고, 헤매고, 좌절한다.
- 할 수 있다고 믿든, 할 수 없다고 믿든, 믿는 대로 될 것이다.
- 일하는 것만 알고 휴식을 모르는 사람은 브레이크가 없는 자동차와 같아 매우 위험하다. 반면에 일할 줄 모르는 사람은 모터 없는 자동차와 같이 아무 소용이 없는 존재다.
- 이 세상에서 성공의 비결이 있다면 그것은 타인의 입장을 이해하고

자기의 입장과 동시에 타인의 입장에서 사물을 볼 수 있는 능력을 말한다.

•무슨 일이든 조금씩 차근차근 해나가면 그리 어렵지 않다.

1 — 포드는 기술자의 임금 수준을 올리고 공장 내 환경을 개선하려고 했다. 당시로서는 드물게 온도와 채광을 조절하는 데 신경을 썼다.

소리 내서 읽고, 손으로 쓰고 싶은
내 인생의 격언

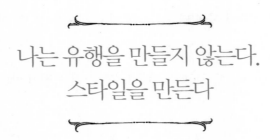

나는 유행을 만들지 않는다.
스타일을 만든다

코코 샤넬은 패션 브랜드 '샤넬'의 창시자다. 코르셋으로 꽉 조여 답답해 보이던 당시의 여성 복장에 의문을 품은 샤넬은 자유롭게 해방된 여성의 복장을 제안했다. 그는 '유행을 만든다'는 말을 싫어해서 초지일관 '스타일을 만든다'고 말했다. 그가 제안한 샤넬 슈트는 심플하고 활동적이면서도 여성스러웠다. 발표한 지 100년이 지난 지금도 전 세계 여성들에게 사랑을 받고 있다. 시간이 흐르면서 샤넬 슈트라는 말의 의미는 무게를 더해가고 있다.

코코 샤넬(Coco chanel)
패션 디자이너(1883~1971) 프랑스

프랑스 오벨뉴 지방에서 태어나 고아원과 수도원에서 자랐고, 재봉 기술을 익힌 후 고아원에서 나왔다. 예능계를 지망해 카바레에서 노래를 불렀다 (코코라는 애칭은 이때 생김). 그 후 애인의 목장에서 따분한 시간을 보내다가 모자를 만들었는데, 이 모자가 큰 인기를 끌면서 모자 전문점을 개업했다. 1915년에는 '메종 드 쿠튀르'를 개점해서 컬렉션을 발표했다. 그 후에도 향수 'No.5', '샤넬 슈트' 등을 히트시켰다.

샤넬의 인생 격언

- 호화로움은 가난의 반대말이라고 생각하는 사람도 있지만, 틀린 생각이다. 호화로움의 반대말은 천박함이다.
- 향수를 뿌리지 않는 여자에게 미래는 없다.[1]
- 다들 내가 입고 있는 옷을 보고 웃었지. 하지만 그게 내 성공의 비결이야. 남들과 같은 옷차림이 아니거든.[2]
- 역경을 겪어야 인생을 알 수 있다.
- 가장 용감한 행동은 자신만을 생각하는 것이다.

1 —— 예전에 향수는 꽃향기 하나로 단순히 체취만 덮으려는 아이템이었
다. 하지만 향수를 뿌리는 것을 '자기표현의 일종'으로 생각한 샤넬
은 복합적인 향기로 향수를 만들었다. 이 향수가 바로 지금까지도 사
랑받고 있는 'No.5'다. 이 말은 샤넬이 즐겨 사용했지만, 원래는 프랑
스 시인 폴 발레리의 시 구절 중 일부다.

2 —— 첫 컬렉션으로 발표한 저지(jersey) 소재의 드레스도 사람들의 눈에는
기묘하게 비쳤다. 그래도 샤넬은 자신의 신념을 밀어붙였기 때문에
성공을 거둘 수 있었다.

소리 내서 읽고, 손으로 쓰고 싶은
내 인생의 격언

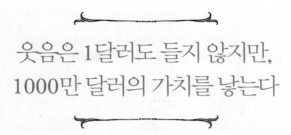

웃음은 1달러도 들지 않지만,
1000만 달러의 가치를 낳는다

웃는 데에는 돈이 들지 않는다. 직원의 환한 웃음을 보면 또 그 가게에 가고 싶어지고, 심지어 함께 일하고 싶어진다. 웃음은 1000만 달러로도 살 수 없는 따스한 마음을 상대방에게 전해줘 커다란 사업 기회를 잡을 수 있게 도와주기도 한다. 데일 카네기는 미국의 베스트셀러 작가이자 자기계발서 저자의 원조라고 할 수 있는 인물이다. 영업 사원이나 배우로 일한 경험 덕분에 웃음의 가치를 깨닫게 된 것은 아닐까.

데일 브레켄리지 카네기(Dale Breckenridge Carnegie)
사업가, 비즈니스 강사, 작가(1888~1955) 미국

미국 미주리 주에서 태어났다. 신문기자, 배우, 영업 사원 등을 경험했다. YMCA에서 개최된 사회인을 위한 단체 훈련의 강사로 임명된 것을 계기로 '대화술 교실'을 열었다. 이어서 커뮤니케이션 기술 훈련에 중점을 두고 자기계발서의 원조인 《인간관계론(How to Win Friends and Influence People)》과 자매서인 《자기관리론(How to Stop Worrying and Start Living)》을 출판했다. 저서는 2000만 부 이상 팔려나갔다.

데일 카네기의 인생 격언

• 불가능하다고 생각하기 전에는 사람에게 한계란 없다.

• 매일 감사의 말을 퍼뜨리며 지내라. 그것이 친구를 만들고 사람을 움직이는 묘책이다.[1]

• 고민은 산책하며 잊어버리는 것이 가장 좋다. 일단 밖으로 나가라. 그러면 고민 따위는 날개를 달고 날아가 버릴 것이다.[2]

1 — 저서 《인간관계론》에 등장하는 말이다. 카네기의 기본적인 사상이 오롯이 표현되어 있다.

2 — 카네기는 '몸과 마음이 지쳤을 때에는 무언가 집중할 일을 찾은 후 머리와 손발을 끊임없이 움직여야 한다'라고 말했다. '고민이 있으면 일단 움직여라!'는 주장이다.

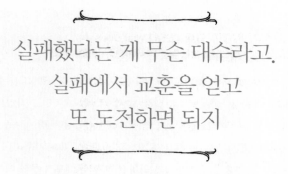

실패했다는 게 무슨 대수라고,
실패에서 교훈을 얻고
또 도전하면 되지

애니메이터로 활약한 월트 디즈니는 캐릭터를 고안하고 대형 배급
회사를 통해 애니메이션을 제작해서 대히트를 쳤다. 회사는 급성장했
지만 주변의 따가운 시샘도 받아야 했다. 자사의 캐릭터와 우수한 인
재를 다른 회사에 빼앗겨서 부도 직전까지 몰리기도 했다. 그래도 포
기하지 않고 회사를 재건하고자 했다. 그 노력 끝에 만들어낸 캐릭터
가 '미키 마우스'였다. 실패에 이어지는 도전이 없었다면 디즈니랜드
도 탄생하지 못했을 것이다.

디즈니의 인생 격언

- 모든 꿈은 이뤄진다. 꿈을 좇을 용기만 있다면.

- 아주 세련된 어른 안에도, 밖에서 놀고 싶어 안달 난 어린아이가 있다.[1]

- 성장하지 않으면 죽음에 이른다.

- 항상 깨끗이 유지하면 손님은 더럽히지 않는다. 하지만 더러운 상태로 있으면 손님은 쓰레기를 버리기 시작한다.[2]

1 — 디즈니는 매주 두 딸을 데리고 유원지에 놀러 갔다고 한다. 그러나 아이들이 놀 때 자신은 벤치에 앉아 있을 뿐이었다. 그래서 그는 어른도 어린이와 함께 놀 수 있는 유원지가 필요하다고 생각했다. 그

생각이 디즈니랜드를 구상하게 된 계기가 됐다.

2 — 디즈니랜드의 호스피탤리티(hospitality, 접객 마인드)를 극단적으로 보여주는 말이다.

소리 내서 읽고, 손으로 쓰고 싶은
내 인생의 격언

강점 위에
세워라

피터 드러커의 저서 《CEO의 조건》에 나오는 말이다. '성과를 올리려면 이용할 수 있는 모든 강점, 즉 동료의 강점, 상사의 강점, 자신의 강점을 모두 사용해야 한다'는 의미다. 이 '강점'이라는 말은 드러커의 저서나 어휘에 자주 등장한다. 개별적인 '약점'을 강화하기는 매우 어렵다. 따라서 각자의 강점(장점이나 특기 분야)을 발달시켜 서로 효과적으로 연결 짓는 것이 중요하다.

드러커의 인생 격언

- 교만하지 마라. 기업은 사회가 있어야 비로소 존재하는 것이다.
- 지식은 책 속에 없다. 책 속에 있는 것은 정보뿐이다.[1]
- 한국이 이룩한 경제성장에 필적할 만할 것은 아무것도 없다. 교육에 대한 투자로부터 그렇게 풍성한 수확을 거둔 나라는 한국밖에 없다.[2]
- 인간에게 가장 중요한 능력은 자기 표현력이며, 현대의 경영이나 관리는 커뮤니케이션으로 좌우된다.

- 어제의 성공요인이 오늘의 실패요인으로 작용한다.

- 나는 스스로를 사회생태학자라고 생각한다. 자연생태학자가 생물의 환경을 연구하는 것처럼, 나는 인간에 의해 만들어진 인간의 환경에 관심을 갖는다.

1 — 드러커는 지식이 인간의 두뇌와 기능 안에 존재한다고 주장했다. 그리고 지식은 곧 사업이며, 상품과 서비스는 기업의 지식을 고객의 구매력과 교환하는 매개체라고 말했다.

2 — 드러커는 1954년 아이젠하워 미국 대통령의 교육담당 고문으로 방한해 한국과 첫 인연을 맺었으며 한국에 대한 각별한 관심을 극찬으로 표현했다. 두 번째 한국을 방문한 1977년에는 정주영 현대그룹 회장을 만나기도 했다.

소리 내서 읽고, 손으로 쓰고 싶은
내 인생의 격언

쓰러지면
일어서라

마쓰시타 고노스케는 '경영의 신'으로 불리는 일본의 경영자다. 처음 창업했을 당시에는 험난한 길을 걸었다. 몇 번이고 역경에 직면한 그를 지탱해주었던 것은 '결코 포기하지 않는다'는 정신이었다. 마쓰시타는 수많은 명언을 남겼다. 그중에서도 불굴의 도전 정신을 표출한 어록이 많다. '쓰러지면 일어서라'라는 말도 그중 하나다. 오사카 상인의 끈기와, 간사이 지방 특유의 유머가 버무려진 울림을 느낄 수 있다. 그의 이념과 성품을 멋지게 표현한 말이다.

마쓰시타 고노스케(松下幸之助)
경영인(1894~1989) 일본

일본 와카야마 현에서 태어났다. 16세 때 오사카전등(현 간사이전력)에 입사해서 근무하던 중에 신형 소켓을 고안했다. 1917년에 마쓰시타전기구제작소(현 파나소닉)를, 1918년에 마쓰시타전기를 설립해 1973년 은퇴하기까지 독특한 경영 이념과 통찰력 및 국제 감각으로 마쓰시타전기를 세계적인 기업으로 성장시켰다. 세계적으로 유명한 상표인 나쇼날과 파나소닉 등이 대표적이다. 1920년 대공황 때 마쓰시타는 한 명의 직원도 해고하지 않았다. 일본에서는 '경영의 신'으로 불린다. 1989년에 94세의 나이로 타계했다. 그의 경영 이념과 윤리는 지금도 많은 사람의 가슴속에 남아 있다.

마쓰시타 고노스케의 인생 격언

- 실패했다고 해서 포기하니까 실패하는 것이다. 성공할 때까지 계속해야 성공한다.
- 더 이상 방법이 없다고 생각하지 마라! 스스로 벼랑 끝에 서라! 그래야만 비로소 새로운 바람이 불 것이다.[1]
- 사람은 불타오르는 것이 중요하다. 불타오르기 위해서는 장작이 필요하다. 사람에게 장작은 바로 고민이다. 고민이 인간을 성장시킨다.

- 바람이 강하게 불 때야말로 연을 날리기에 가장 좋은 시기다.

- 사람들은 맑은 날이 조금만 계속되면 비 오는 날을 잊어버리기 일 쑤다.

1 — 가능한 타개책을 모두 사용했다고 해도 아직 포기해서는 안 된다는 의미다. 마쓰시타 고노스케조차도 벼랑 끝에 섰던 적이 여러 번 있었 다. 처음의 굳은 각오를 끝까지 관철하는 것이 위대한 경영자의 자질 이라고 할 수 있다.

소리 내서 읽고, 손으로 쓰고 싶은
내 인생의 격언

졸업장 따위는
영화표만큼의 가치도 없다

혼다 소이치로는 '제조업의 신'으로 불린다. 그는 피스톤 링을 잘 제조하지 못하자 지식 부족을 통감하고 하마마쓰 고등공업학교의 청강생이 됐다. 2년 동안 주물의 기초 지식을 습득했지만 기술자로서 필요한 과목만 공부했기 때문에 졸업장을 받지 못한다는 말을 들었다. 그러나 혼다는 개의치 않은 채 "졸업장 있다고 먹고 살 수 있나?"라고 술회했다고 한다. 제조를 위한 공부만 할 수 있다면 졸업장이라는 권위는 아무래도 상관없었다.

혼다 소이치로(本田宗一郎)
경영인(1906~1991) 일본

초등학교 때 처음으로 자동차를 본 혼다는 그때 맡은 기름 냄새를 잊지 못하고 자동차를 제조하겠다는 꿈을 품었다. 제2차 세계대전 후 본격적으로 오토바이 개발을 시작했고, '슈퍼커브' 외에 수많은 명차(名車)를 세상에 내놓았다. 사륜 자동차의 개발·제조에도 착수해서 일개 시골 공장으로 시작한 혼다기연공업을 '세계 속의 HONDA'로 성장시켰다. 1989년에는 일본인 최초로 미국 자동차 전당에 이름을 올렸다.

혼다 소이치로의 인생 격언

- 120퍼센트의 양질을 목표로 삼아라.
- 물건을 만들 때에는 그 물건을 가장 오래 접하게 될 사람을 생각하라. 가장 오래 접하게 될 사람은 다름 아닌 고객이다. 그 물건을 사용하는 고객의 입장에서 생각하면 결코 불친절한 설계를 할 수 없을 것이다.[1]
- 세계 최고가 될 수 없다면 일본 최고도 될 수 없다.[2]
- 나는 내게 주어진 시간의 99퍼센트를 실패하는 일에 쓴다.
- 도전해서 실패하는 것을 겁먹지 말아라. 아무것도 안 하는 것을 무서워해라.

1 — 혼다는 옛 장인 정신의 수호자이면서 경영자로서의 근대적인 감각을 갖고 있었다. 고객 만족도에 힘을 쏟는 자세는 현재 HONDA의 사풍(社風)과도 맥을 같이한다.

2 — 혼다는 일찌감치 세계적인 관점의 중요성을 사원들에게 역설했다. 세계적인 관점을 갖지 않으면 일본에서도 통용되지 않는다고 말하고 싶었던 것이다.

소리 내서 읽고, 손으로 쓰고 싶은
내 인생의 격언

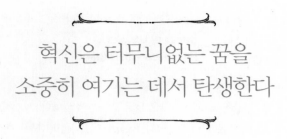

혁신은 터무니없는 꿈을
소중히 여기는 데서 탄생한다

이부카 마사루는 모리타 아키오와 함께 소니를 창립했다. 당시 이부카는 기술 부문을 담당했다. 이 말 뒤에 '기업에 소중한 것은 발명보다 혁신이다'라는 말이 이어진다. 이 말은 1955년에 이부카가 트랜지스터라디오를 발매한 당시의 기억을 회상하면서 한 말이다. 젊은 기술자들이 서로 이야기하던 기상천외한 아이디어나 독특한 발상처럼 '터무니없는 꿈'을 생각하면 이부카는 가슴이 뜨거워졌다고 한다. 그 열정이 소니를 성장시키는 원동력이 된 트랜지스터라디오라는 대히트 상품으로 이어졌다는 사실은 매우 드라마틱하다.

현재의 도치기 현 닛코 시에서 태어났다. 일본 패전 후인 1945년에 도쿄 통신 연구소(현 소니)를 설립하고 기술 담당 전무에 취임했다. 트랜지스터를 도입한 라디오와 텔레비전을 발매해서 대히트를 쳤다. 1964년에 가정용 비디오테이프 레코더를 발매하는 등 많은 '일본 최초', '세계 최초'의 상품을 판매해서 소니를 세계적인 기업으로 성장시켰다. 교육 부문에도 관심을 가져 소니교육진흥재단을 설립했다.

이부카 마사루의 인생 격언

- 아이디어는 중요하지 않다. 하나의 아이디어를 어떻게 구체화할 것인지가 중요하다.
- 사람의 능력을 한정하면 그 사람의 능력을 끌어낼 수 없다.[1]
- 반성해야 할 일이 있으면 가차 없이 원인을 조사하고, 개선해야 할 점이 생기면 꾸준히 개선해나간다.

1 — 교육에 관한 이부카의 기본적인 철학이다. 그는 경영자로서 인재 육성에도 동일한 생각을 가졌다.

시련은 있어도
실패는 없다

정주영은 맨손으로 대한민국 굴지의 대기업을 창업한 큰손이었다. 한때는 대학교 교과에 '정주영학'이 생길 정도로 신드롬을 일으키기도 했다. '시련은 있어도 실패는 없다'는 말은 1991년에 출간된 회고록 제목이다. 가난한 농부의 아들로 태어나, 세계적 대기업인 '현대'를 만들기까지 저자의 삶과 이상을 기록하고 있다. 진취적인 기상과 불굴의 개척정신을 바탕으로, 황무지나 다름없던 한국의 공업사회에서 새로운 분야를 하나하나 개척해 나가면서 오늘날의 현대그룹을 이루기까지의 과정이 담겨 있다. 정주영의 도전과 성취는 '시련은 있어도 실패는 없다'는 제목 하나로 설명된다. 2014년 12월에는 정주영 탄생 100주년을 기념해 전기집인 《이봐, 해봤어》가 출간되기도 했다.

정주영(鄭周永)
경영인(1915~2001) 대한민국

아호는 아산(峨山). 강원도 통천군 송전리 아산마을에서 아버지 정봉식과 어머니 한성실의 6남 2녀 중 장남으로 태어났다. 1930년에 송전소학교를 졸업했으나 가난 때문에 상급학교에 진학하지 못했다. 1937년에 경일상회라는 미곡상을 시작으로 사업 전선에 뛰어들었다. 1971년에 현대그룹 회장에 취임해 현대를 일약 대한민국의 대표기업으로 성장시켰다. 1992년 초에 통일국민당을 창당해 같은 해 12월 대통령선거에 통일국민당 대통령 후보로 출마했다. 1998년 6월에는 판문점을 통해 '통일소'라고 불린 소 1001마리와 함께 '분단의 벽' 판문점을 넘어가는 이벤트를 연출해 국제적인 주목을 받았다. 이후 여러 차례 더 방북하며 남북 민간교류의 획기적 사건인 '금강산 관광'을 성사시켰다. 현대 금강호가 1998년 11월 18일에 첫 출항하기도 했다. 전국경제인연합회 회장, 대한체육회 회장 겸 한국올림픽위원회(KOC) 위원장 등을 지냈다. 사후에는 만해상 평화상을 받았다. 현대그룹은 2003년에 정주영의 뜻을 기려 평양에 류경정주영 체육관을 지었다.

정주영의 인생 격언

• 열심히 절약하고 모으면 큰 부자는 못 되어도 작은 부자는 될 수 있다.

• 사업은 망해도 다시 일어설 수 있지만, 인간은 한번 신용을 잃으면

그것으로 끝이다.

- 위대한 사회는 평등의식 위에 세워진다. 노동자들을 무시하면 안 된다.

- 지식은 쟁탈해서 분배할 수 없지만, 재물은 쟁탈할 수 있다.

- 여유가 없으면 창의가 죽는다. 나는 경험으로 그걸 체득한 사람 이다.

- 길을 모르면 길을 찾고, 길이 없으면 길을 닦아야 한다.

소리 내서 읽고, 손으로 쓰고 싶은
내 인생의 격언

계속 갈망하라, 계속 우직하게

'Stay Hungry. Stay Foolish.' 스티브 잡스가 스탠포드대학 졸업식장에서 세상으로 나아가는 청춘들에게 던진 말이다. 그는 프레젠테이션과 연설을 통해 가슴에 남을 명언들을 여럿 남겼다. 그중에서도 2005년 6월 12일, 미국 아이비리그의 명문 스탠포드대학 졸업식에서 들려준 말은 최고의 명연설로 꼽힌다. 그는 졸업생들에게 자신이 겪은 인생굴곡을 고백하면서 그런 경험들을 통해 얻은 깨달음을 전달했다. 삶의 도전들과 2003년에 발생한 췌장암으로 인해 얻은 교훈들에 대한 진솔한 연설은 사람들의 심금을 울렸다. 그는 연설에서 "나는 잘 알려진 실패자였다. 실리콘밸리에서 도망칠 생각까지 했다. 하지만 내 생각은 분명해졌다. 나는 내가 하는 일을 아직 좋아하고 있었기 때

스티브 잡스(Steve Jobs)
경영인(1955~2011) 미국

IT업계의 전설, 혁신의 아이콘으로 불린다. 캘리포니아 주 샌프란시스코에서 태어나 농부였던 양부모 폴과 클라라에게 입양됐다. 성인이 된 뒤에야 대화 치료사였던 어머니와 정치학 교수였던 아버지의 존재를 알았지만 언제나 양부모를 친부모처럼 여겼다. 대학교를 중퇴하고 스티브 워즈니악, 로널드 웨인과 함께 애플(Apple)을 공동 창업했다. 회로기판만 있는 퍼스널컴퓨터 '애플Ⅰ'을 발표하며 주목을 받았다. 뒤이어 새로운 컴퓨터 플랫폼인 '애플Ⅱ'를 만들며 개인용 컴퓨터를 대중화했다. 아이튠즈 개발에 이어 아이팟이라는 MP3 플레이어를 개발해 세계적인 히트상품 반열에 올려놓았다. 검은색 셔츠와 물 빠진 청바지 차림으로 연설하는 모습은 신세계의 서막을 알리는 행사로 각인되기도 했다. 사람들은 그가 만든 제품에 열광했다. 2007년에 아이폰이 발표되고 전 세계적으로 선풍적인 인기를 끌었다. 아이폰은 통신업계 전반을 뒤흔들어 놓았고 문화적인 파급 효과도 지대했다. 2010년에 아이패드라는 태블릿 컴퓨터를 발표하면서 그가 주도하는 변화는 가속화됐다. 한편 희귀암 발병 등 건강 문제에 시달리기도 했다. 2004년에 췌장암 수술을 받고, 2009년에 간 이식 치료를 받았다. 2011년에는 병세 악화로 애플 CEO직을 사임했다. 사임 후 두 달이 채 지나지 않아 향년 56세로 세상과 작별했다.

문이다. … 아무도 죽기를 원하지 않는다. 하지만 죽음은 우리 모두가 도착할 종착지다. 그 누구도 이를 피한 적이 없다. 그리고 당연히 그래야 한다. 죽음은 삶이 만든 최고의 발명품이기 때문이다. 죽음은 삶을 변화시킨다"고 말했다. 그는 연설의 말미에 "예전에 '지구백과'라는 사전이 있었다. 그 책의 뒤편에는 '계속 갈망하라. 계속 우직하게 (Stay Hungry. Stay Foolish)'는 문구가 적혀 있었다"며 학생들에게 자신의 길을 굳건히 걸어갈 것을 당부했다.

잡스의 인생 격언

- 직관을 따르는 일이야말로 가장 중요하다. 당신의 가슴, 그리고 직관이야말로 당신이 진정으로 원하는 것을 잘 알고 있다. 다른 것은 부차적이다.
- 죽음은 삶이 만든 최고의 발명품이다. 죽음은 삶을 변화시킨다.[1]
- 여정은 목적지로 향하는 과정이지만, 그 자체로 보상이다.
- 내가 계속할 수 있었던 유일한 이유는 내가 하는 일을 사랑했기 때문이라 확신한다.
- 우리가 이룬 것만큼, 이루지 못한 것도 자랑스럽다.
- 혁신은 리더와 추종자를 구분하는 잣대다.
- 디자인은 어떻게 보이고 느껴지느냐의 문제만은 아니다. 디자인은 어떻게 기능하느냐의 문제다.
- 다른 사람의 인생을 살면서 삶을 허비하지 마라. '도그마'에 갇히지

마라. 그건 다른 사람들이 만들어놓은 것이다. 다른 사람의 의견이 당신 내부의 목소리를 가라앉히게 하지 마라. 가장 중요한 건, 당신 마음과 직감을 따를 용기를 가져야 한다는 것이다.

- 사람들은 대개 자신이 원하는 것을 보여주기 전까지는 무엇을 원하는지 알지 못한다.

- '오늘이 인생 마지막 날일지라도 지금 하고 있는 일을 할 것인가?' 이에 대한 답이 '아니오'이고 그런 날이 연달아 계속되면, 변화의 시점이 찾아왔다는 걸 깨달아야 한다.

- 혼자 할 수 있는 일은 없다. 우리 사업에서 더 이상 혼자서 할 수 있는 일은 없다.

1 — 스티브 잡스가 2005년에 스탠포드 대학교 졸업식 연설에서 죽음에 관해 얘기한 말이다. 당시는 췌장암 진단을 받은 지 1년이 지난 심각한 상황이었다.

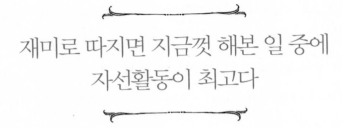

재미로 따지면 지금껏 해본 일 중에
자선활동이 최고다

빌 게이츠는 2006년부터 워런 버핏 버크셔해서웨이 회장과 함께 '부자가 재산 절반을 기부하자'는 '기부 서약(The Giving Pledge) 운동'을 펼치고 있다. 그는 2008년에 경영 일선에서 물러난 뒤 자신과 부인 멜린다 게이츠, 워런 버핏 등 3인을 공동회장으로 한 자선재단 '빌 앤 드 멜린다 게이츠 재단'을 설립했다. 그는 지구촌 곳곳을 누비며 결핵 퇴치 사업, 소아마비 퇴치 사업, 말라리아 퇴치 사업, 빈민지역 교육환경 개선 사업 등 각종 국제 구호사업에 천문학적인 돈을 내놓고 있다. 2013년에는 총 26억 5000만 달러를 기부해 미국 기부왕 1위에 오르기도 했다. 그의 선행은 '노블레스 오블리주(Nobless Oblige·사회 지도층의 도덕적 책무)'가 무엇인지를 보여주는 대표적 모범 사례로 꼽힌다.

빌 게이츠(Bill Gates)
경영인(1955~) 미국

마이크로소프트의 창업자다. 본명은 윌리엄 헨리 게이츠 3세(William Henry Gates III). 미국 워싱턴 주 시애틀에서 변호사의 아들로 태어났다. 13세 때 명문 사립학교 레이크사이드 스쿨(Lakeside School)에서 처음 컴퓨터와 인연을 맺었다. 1973년에 하버드대학 법학과에 입학했다가 수학과로 전과해 최초의 소형 컴퓨터용 프로그램 언어인 베이직(BASIC) 프로그램에 심취했다. 1975년에 대학을 자퇴하고, 이후 뉴멕시코 주 앨버커키에서 폴 앨런과 함께 마이크로소프트(MS)사를 설립했다. 퍼스널 컴퓨터의 운영체제 프로그램인 '윈도즈(Windows)' 시리즈는 세계 컴퓨터 시장의 주도권을 일시에 장악하며, 그를 일약 세계의 부호로 올라서게 했다. '윈도 95'를 출시하고 4일 만에 전 세계적으로 100만 개 이상의 판매 실적을 올리는 대기록을 세웠다. 그는 미국의 경제지 〈포브스〉가 선정한 세계 억만장자 순위에서 1995~2007년 13년 연속 1위를, '2015 세계 부자리스트'에서 2년 연속 세계 최고 부자에 올랐다.

어린 시절부터 자선사업을 하는 어머니를 보고 언젠가 자신도 그렇게 살아야겠다고 다짐했다고 한다. 그의 왕성한 자선 활동은 단지 돈이 많아서 하는 것이라기보다는 부모님이 물려준 '위대한 유산'인 셈이다.

게이츠의 인생 격언

- 가난하게 태어난 것은 당신의 실수가 아니지만, 죽을 때도 가난한 것은 당신의 실수다.

- 인생이란 결코 공평하지 않다. 이 사실에 익숙해져라.

- 주어진 삶에 적응하라.

- 성공은 저절로 찾아오지 않는다.

- 나태는 성공의 적이다.

- 좋은 기회는 한 번뿐일 수 있다.

- 시간 낭비는 인생 최대의 실수다.

- 성공은 자만심을 버릴 때 이뤄진다.

- 좋게 만들 수 없다면 적어도 좋아 보이게 만들어라.

- 가장 불만에 가득 찬 고객은 가장 위대한 배움의 원천이다.

- 앉아서 생각하라고 월급 준다.

- 개인용 PC는 640K 메모리면 충분하다.

- 괴짜들에게 잘해 주어라. 나중에 그들 밑에서 일할 날이 올지도 모른다.

- 어릴 때 나에게는 정말 많은 꿈이 있었고, 그 꿈의 대부분은 많은 책을 읽을 기회가 많았기에 가능했다.

- 공부밖에 할 줄 모르는 '바보'한테 잘 보여라. 사회에선 그 바보 밑

에서 일하게 될지 모른다.

• 목표를 세분하고 순차적으로 도전하라.

• 학교 선생님이 까다롭다고 생각되거든 사회 나와서 직장 상사의 진
  짜 까다로운 맛을 한번 느껴봐라.

소리 내서 읽고, 손으로 쓰고 싶은
내 인생의 격언

"말의 상처는 칼의 상처보다 위험하다."

칼로 베인 상처는 언젠가 낫지만 말로 상처 입은 마음은 좀처럼 낫지 않는다. 남에게 무슨 말을 하기 전에는 충분히 심사숙고해야 한다는 뜻이다.

"남을 믿지 마라. 자신도 믿지 마라."

남을 믿으려면 충분히 의심한 후에 믿으라는 뜻이다. '믿음의 중요성'을 역설적으로 표현한 아랍풍의 속담이다.

"진실을 말하는 자는 목이 잘린다."

양보할 때에는 양보해서 거짓말을 해야 편하게 살 수 있다는 뜻이다. '목이 잘린다'는 말이 끔찍하다. 목이 잘릴 바에야 차라리 거짓말을 하는 편이 현명할 듯하다.

"형제처럼 사귀고 생판 남처럼 장사하라."

여기에서 '형제'는 같은 어머니에게서 태어난 친형제를 말하며, 사이 좋고 친밀한 관계를 뜻한다. 그러나 아무리 친밀한 관계라 하더라도 장사를 할 때에는 생판 남처럼 대하는 것이 아랍인의 금전 철학이다.

"다섯 손가락은 형제지만 각각 다르다."

다섯 손가락은 형제처럼 닮았지만 각각 개성이 다르다. 개개인을 잘 살펴보는 것이 중요하다는 뜻이다.

"노인이 없는 집은 우물이 없는 과수원과 같다."

우물이 없는 과수원에서는 과일이 자라지 못한다. 마찬가지로 가정에는 노인이 필요하다는 의미다. 손윗 사람을 공경하자는 강한 가족 의식을 느낄 수 있다.

"사랑을 하려면 달을 사랑하고, 도둑질을 하려면 낙타를 훔쳐라."

'달'은 가장 아름다운 여성을 의미하며, '낙타'는 사막에서 가장 귀중한 재산을 의미한다. 무엇에 도전하든 가장 큰 목표를 세우고 실행에 옮기라는 뜻이다.

"시간은 검과 같다. 자르지 않으면 잘린다."

스스로 시간을 잘 관리하지 않으면, 점점 시간을 낭비하게 되어 돌이킬 수 없다는 뜻이다.

"같은 가게에서 사지 마라. 같은 길을 걷지 마라."

계속 같은 가게에서만 물건을 사면 가게 주인은 꼭 필요한 물건이라고 생각해서 값을 깎아주지 않는다. 따라서 다른 가게도 이용하라는 뜻이다. 가격 흥정을 일상적으로 하는 중동 지역의 속담답다.

7장

소리 내서 읽고,
손으로 쓰고 싶은
정치가의 격언
(세계편)

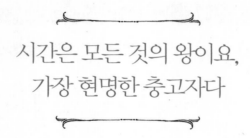

시간은 모든 것의 왕이요,
가장 현명한 충고자다

시간의 지배를 받지 않는 것은 없다. 시간이야말로 모든 오해를 벗기고 진실을 밝혀주는 심판자다. 시간은 가장 현명한 법률고문이다. 시간이 약이라는 말도 있지 않은가. 시간 앞에 절대적인 것은 없다. 사람들은 미지의 세계를 앞두고는 혼란에 휩싸이거나 곧잘 신념을 잃어버린다. 한 시대를 풍미했던 위인들의 삶을 받아들이고 실천하느냐 마느냐는 전적으로 우리들의 몫이다. 늘 희망을 간직하고 최선을 다해 노력한다면 시간이 답을 주고 나아갈 길을 알려줄 것이다. 페리클레스는 "누구보다 현명한 조언자인 시간의 말을 기다리는 것은 어떻습니까"라고 했다.

페리클레스(Perikles)
정치인, 명장, 연설가(BC 495? ~ BC 429?) 고대 아테네

아테네의 황금시대를 열고 민주정치의 초석을 다졌다. 1인 지배라 할 만큼
페리클레스의 시대를 구가했다. 유소년기의 일은 거의 알려져 있지 않다.
소피스트적인 교육을 받았으며, 웅변을 잘해 당대 최고의 연설가로 이름
을 날렸다. 최고의 명문가 출신이었으나 평의회·민중재판소·민회에 실권
을 가지도록 하는 법안을 제출해 민주정치의 전성기를 이끌었다. 특히 스승
아낙사고라스(Anaxagoras)에게 지혜와 덕성을 배워 시민들의 사랑과 존경을
받았으며, 뛰어난 지도력과 전술을 구사해 수많은 전쟁을 승리로 이끈 영웅
이었다. 외교상으로는 페르시아, 스파르타와 화약(和約)을 맺는 등 강국과
는 평화를 유지했고 델로스동맹(Delian League)의 지배를 강화했다. 아테네
를 그리스 전역의 교육과 문화 중심지로 만들고 파르테논, 니케 신전 등 위
대한 건축물을 남겼다. 질병으로 사망했다.

페리클레스의 인생 격언

· 모든 위대한 것은 작은 것들에 기초를 두고 있다.

· 지식을 알고 있지만 그것을 실천하지 않는 사람은 전혀 지식을 갖
 고 있지 못한 사람보다 어리석다.

· 내가 두려워하는 것은 적들의 전략이 아니라 나 자신의 실수다.

· 행복은 자유에서 오고 자유는 용기에서 온다.

- 자유란 그것을 지킬 용기가 있는 자에게 주어지는 선물이다.
- 남을 추종하지 말고 스스로 바람직한 모범이 되도록 하라.
- 설령 그대가 정치학에 관심이 없을지라도, 정치학은 반드시 그대에게 관심을 가진다.
- 나무는 잘리고도 다시 자라나지만, 사람의 목숨은 끊어지면 다시 되돌릴 수 없다.

소리 내서 읽고, 손으로 쓰고 싶은
내 인생의 격언

나는 승리를
훔치지 않는다

알렉산더 대왕은 페르시아를 정복하기 위해 메소포타미아 평원으로 말머리를 돌렸다. 페르시아의 왕인 다리우스(Darius)는 절치부심하고 만반의 준비를 갖추고 있었다. 페르시아 군대는 군사가 백만 명이나 됐다. 식량과 물도 충분히 마련해 두었다. 알렉산더 군대의 염탐꾼이 돌아와 페르시아 군의 숫자가 엄청나고 사기가 하늘을 찌른다고 보고했다. 알렉산더 휘하의 장군들은 동요했다. 이기려면 밤을 틈타 몰래 쳐들어가는 수밖에 없다고 했다. 그러자 알렉산더 대왕은 "난 승리를 훔치지 않겠다. 몰래 적의 뒤통수를 쳐서 이기고 싶지는 않다"며 단호하게 정면 승부의 의지를 밝혔다. 알렉산더 군대는 대낮에 공격했고, 결과는 대승이었다.

알렉산더 대왕(Alexandros the Great)
왕(BC 356~BC 323) 고대 마케도니아

아버지 필립포스 2세와 어머니 올림피아스 사이에서 태어났다. 알렉산드로스 3세라고도 한다. 20세의 젊은 나이에 왕이 됐다. 알렉산더 대왕은 13년 동안 그리스를 정복하고 페르시아 대제국을 멸망시킨 후, 동방의 인도까지 원정해 거대 왕국을 건설했다. 계속되는 해외 원정 중 33세의 젊은 나이로 세상을 떠났다. 아리스토텔레스를 초청해 윤리학·철학·문학·정치학 등의 가르침을 받았으며, 호메로스의 시를 좋아해 항상 그의 책을 가지고 다녔다. 그리스 문화와 오리엔트 문화를 융합시킨 새로운 헬레니즘 문화를 이룩했다.

알렉산더의 인생 격언

- 하늘에 두 개의 태양이 있을 수 없듯이 지구에 두 명의 주인이 있을 수 없다.
- 디오게네스, 한 가지 소원을 말해보라. 내가 들어주겠노라.[1]
- "폐하, 도대체 무엇을 가지고 출발하시려는 겁니까?" "단 하나, '희망'이라는 이름의 보물만 있으면 되네."[2]
- 가장 강한 자에게![3]
- 모든 사람의 운명은 각자의 행동에 달려 있다는 것을 기억하라.

- 나의 최대 요리는 아침에 일찍 일어나서 조반을 조금만 먹고 점심을 맛있게 먹는 것이다.

- 사람은 누구나 희망 속에 산다.

- 두려움을 정복한 자는 세상도 정복할 수 있다.

1 ── 알렉산더와 디오게네스. 두 사람의 극단적인 다른 삶을 극명하게 드러낸 일화가 있다. 마케도니아의 왕 알렉산더가 그리스 북쪽의 도시 코린트에 사는 금욕파 철학자 디오게네스(Diogenes, B.C. 412~323)를 만나보고 싶어 그를 찾았다. 자신과 너무 달라 보이는 성품과 사상에 끌려 평소 마음속 깊이 존경하고 있었던 차였다. 디오게네스는 견유학파(犬儒學派)의 상징으로 무욕을 통해 자급자족을 실천하는 괴짜 인물이었다. 알렉산더가 도착했을 때 70세의 노인 디오게네스는 자신의 집 양철통 앞에 누워 햇살을 맞으며 졸고 있었다. 알렉산더는 듣던 대로 아무 욕심도 거리낌도 없는 그의 태도를 보고 큰 감명을 받았다. 천하를 다 가진 알렉산더는 우쭐하며 "나는 마케도니아의 왕 알렉산더다"라고 일성(一聲)했다. 그리고는 "소원을 하나 말해 보라"고 우쭐댔다. 제왕다운 자신의 큰 아량을 스스로 뿌듯해하며. 그러나 반응은 그의 기대와는 달랐다. 디오게네스는 일어서지 않고 여전히 처음과 같은 자세를 취하고 있었다. 그때 알렉산더의 그림자가 디오게네스의 얼굴에 드리워졌다. 디오게네스는 알렉산더를 올려다보며 "그렇다면 햇빛을 가리지 말고 옆으로 좀 비켜 주시오"라고 선답(禪答)했다. 알렉산더의 권력욕과 성취욕을 재치 있는 말솜씨로 단칼에 부정했던 것. 두 사람의 만남은 수백 년 뒤 키케로의 저서《투스쿨룸의 대화》(BC 1세기)와 디오게네스 라에르티우스의《유명한 철학가들의 생애와 사상에 관하여》(2세기)를 통해 전해졌다. 시대의 영웅 알렉산더와 디오게네스는 우연히도 BC 323년 같은 해에 세상을 떠났다.

2 ── 알렉산더는 강국 페르시아를 원정하기에 앞서 모든 재산을 병사들에게 배분했다. 그 모습을 본 한 측근이 의아해 던진 질문이다. 알렉산더는 페르시아 정벌에 나서기 위해서는 각종 군수품과 많은 양식을 사들일 거액의 자금이 필요했다. 그럼에도 불구하고 자신이 가지고

있던 재물과 토지 대부분을 부하들에게 나눠주었던 것이다. 알렉산
더가 표현한 '희망'이란 단어에는 전쟁에서 승리하리라는 자신감을
담고 있다.

3 ── 장군들이 알렉산더 대왕에게 누굴 후계자로 삼을 것이냐고 질문하자
답변한 말.

소리 내서 읽고, 손으로 쓰고 싶은
내 인생의 격언

주사위는
던져졌다

폼페이우스 및 원로원파와 심하게 대립하던 율리우스 카이사르가 군사를 이끌고 루비콘(Rubicon) 강을 건널 때 한 말이다. 당시 공화정이었던 로마에서는 군사를 이끌고 루비콘 강을 건너는 것이 금지되어 있었기 때문에, 카이사르의 행위는 로마에 대한 반역행위와 마찬가지였다. 즉, 이 말은 '운명의 톱니바퀴는 굴러가기 시작했다. 목표를 향해 나아갈 수밖에 없다'는 의미다. 루비콘 강을 건넌 후 카이사르는 전투에서 승리해 로마의 지배권을 확고히 했다.

카이사르의 인생 격언

- 인간은 의식적으로 자기가 원하는 것을 믿는다.

- 왔노라! 보았노라! 이겼노라![1]

- 인간은 소문의 노예이며, 그 소문을 제멋대로 분칠해서 자기네 편한 대로 믿어버린다.

- 브루투스, 너마저.[2]

- 인내를 갖고 고통을 이겨내는 남자를 찾아내는 것보다, 기꺼이 죽음을 맞이하는 남자를 찾아내는 것이 더 쉽다.

1 — 기원전 47년 젤라의 전투에서 승리했다는 소식을 로마에 있던 가이
      우스 마리우스에게 알렸을 때 한 말이다. 문필가로서도 이름이 높았
      던 카이사르의 말 중에서도 특히 명료하면서 간략한 것으로 유명하
      다. 세계 최대의 담배 제조사 필립 모리스에서 판매하는 말보로 담뱃
      갑에도 이 말이 쓰여 있다.

2 — 셰익스피어의 희곡《율리우스 카이사르》에 나오는 말이다. 카이사르
      가 암살당하기 직전, 암살자 중에 절친한 친구 브루투스(Brutus)가 포
      함되어 있다는 사실을 깨닫고 내뱉은 말로 유명하다. 믿고 있던 친구
      로부터 배신당했을 때 자주 인용된다.

소리 내서 읽고, 손으로 쓰고 싶은
내 인생의 격언

조화는
귀하다

쇼토쿠 태자가 성립시킨 '17조 헌법' 제1조의 첫머리에 나오는 말이다. 일반적으로는 '조화롭게 지내는 것이 가장 좋다'는 뜻으로 이해되지만, 사실 좀 더 깊은 뜻이 담겨 있다. 이 말에 이어지는 구절을 보면 '사람은 파벌을 만들려고 하는 법이다. 그러나 파벌이나 상하 관계로 구별하지 말고, 많은 사람이 서로 상대방을 인정하고 합의한다면 자연스레 갈등이 사라질 것이다'라고 되어 있다. 즉, 파벌을 따르지 말고 서로 이야기를 통해 문제를 해결하라는 뜻이다.

쇼토쿠(聖德)
황족, 정치가(574~622) 일본

요메이 천황의 둘째 황자(皇子). 쇼토쿠 태자로 불린다. 어렸을 때부터 총명했다. 열 명의 목소리를 한 번만 듣고 구별했다는 전설이 있다. 아버지 밑에서 소가노 우마코와 함께 섭정으로 정국을 이끌었다. 우수한 인재를 등용하기 위한 '관위(冠位) 12계'를 정하고, '17조 헌법'을 제정했다. 견수사(遣隋使, 수나라에 파견했던 조공사절)를 파견해 중국의 선진 문화와 정치를 받아들임으로써 천황 중심의 중앙집권 체제를 확립한 것으로도 유명하다. 불교 신앙도 깊어서 호류지(法隆寺) 등 세계유산으로 등록된 건축물을 남겼다.

쇼토쿠의 인생 격언

- 아첨하는 사람은 윗사람에게는 아랫사람의 잘못을 일러바치고, 아랫사람에게는 윗사람의 허물을 비방한다.
- 해 뜨는 곳의 천자(天子)가 해 지는 곳의 천자에게 글을 보내노라.[1]
- 혼자서 판단해서는 안 된다. 반드시 모두와 논의해서 판단해야 한다.

1 — 쇼토쿠 태자가 견수사를 보낼 때 오노노 이모코에게 가져가게 했던 국서(國書). 일본을 '해 뜨는 곳'으로, 수나라를 '해 지는 곳'으로 표현한데다가 당시 중국 황제만 사용했던 '천자(天子)'라는 말을 썼기 때문에 수양제를 격노케 했다고 한다.

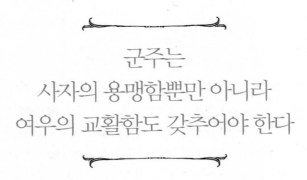

군주는
사자의 용맹함뿐만 아니라
여우의 교활함도 갖추어야 한다

마키아벨리는 《군주론》의 저자로 유명하다. 마키아벨리는 권력의 부침을 맛보았다. 이것이 《군주론》을 쓰게 된 배경이다. 《군주론》은 군주의 이상론일 수도 있고, 마키아벨리가 하지 못한 것을 대신해달라는 의미도 담고 있다. 《군주론》에는 군주가 되기 위한 여러 가지 이야기가 나온다. 그중 하나다. 군주는 포커 페이스(Poker face)를 갖고 있어야 한다. 용맹함과 교활함 즉, 사자와 여우의 장점을 겸비해야 한다는 것이다. 사자는 스스로 함정을 막을 수 없고, 여우는 이리떼를 막을 수 없다. 따라서 함정의 단서를 알기 위해서는 여우가 되고, 이리떼를 물리치기 위해서는 사자가 되어야 한다는 뜻이다.

니콜로 마키아벨리(Niccolo Machiavelli)
르네상스기 정치이론가(1469~1527) 이탈리아

피렌체의 가난한 귀족 출신 법학자의 아들로 태어났다. 가정 형편이 좋지 않아 대학을 다니지 못했다. 재능을 인정받아 일찍이 공직에 들어가 군사와 외교 방면에서 활약했다. 1498년부터 피렌체의 제2서기관장직으로 내정과 군사를 담당했다. 1512년에 메디치가(家)가 피렌체로 복귀하자, 한때 음모의 죄명으로 체포된 후 관직에서 물러났다. 메디치가의 통치자에게 《군주론》을 바쳤지만 등용되지는 못했다. 《군주론》은 마키아벨리가 죽은 지 5년 만인 1532년에 출간됐다. 후대에 큰 영향을 끼친 《군주론》은 교황청으로부터 금서 목록에 오를 정도로 반향을 일으켰다. 그 외 대표작으로 《로마사론》, 《전술론》, 《피렌체사》 등이 있다. 마키아벨리의 책들은 생전에 빛을 보지 못했다.

마키아벨리의 인생 격언

• 군주의 총명함은 곁을 보좌하는 측근들의 유능함과 성실함을 보면 알 수 있다.

• 내 심장에 곰팡이가 피지 않으려면 그런 타락이 필요했네.[1]

• 생각이 얕은 사람은 처음의 단맛에 취해 그 뒤에 숨어 있는 해독은 보지 못한다.

• 군주는 민중으로부터 사랑받지 않아도 좋지만 원망받지 말아야 한

다. 이것은 시민들이 생명과 재산에 대한 위협 없이 안심하고 살 수 있게만 해준다면 얼마든지 가능하다.

- 현명한 군주란 눈앞에 보이는 일뿐만 아니라 먼 장래에 일어날 일들까지 고려해 모든 위협에 능동적으로 대처하는 사람이다.

- 시간은 인간이 쓰고 있는 모든 가면을 벗겨준다.

- 군사에 능통하지 못한 군주는 부하의 존경을 받지 못하고, 부하를 믿지도 못한다.

- 통치자의 최대 악덕은 증오와 경멸의 대상이 되는 것이다. 증오는 국민의 소유물에 손을 댈 때 생기고, 경멸은 통치자가 변덕스럽고 경박하고 결단력이 부족할 때 생긴다. 민중이 가장 소중히 여기고 있는 것을 빼앗을 때 민중의 미움을 산다.

- 현명한 자들을 뽑아 그들에게만 직언의 자유를 주라.

- 시대와 상황이 바뀌었는데도 기존의 방침만을 고수하면 멸망을 면치 못한다.

- 남을 해쳐야 할 경우에는 그의 보복을 두려워할 필요가 없을 만큼 통렬한 타격을 가해야 한다.

- 민중이란 무지하기는 하지만 언제나 진실을 꿰뚫는 능력을 가지고 있다.

- 싸우는 데는 두 가지 방법이 있다. 첫째는 법이요, 둘째는 힘이다.

- 오래된 국가는 물론 신생국가 혹은 복합국가까지 모든 국가의 가

장 중요한 기초는 좋은 법률과 충분한 무력이다. 그리고 충분히 무력을 갖추지 않은 곳에 좋은 법률이 있을 수 없듯이, 충분한 무력이 갖추어진 곳에는 좋은 법률을 갖게 되기 마련이다.

- 나는 신중하기보다 과격한 편이 낫다고 단언한다. 왜냐하면 운명의 신은 여신이라 그녀에 대해 주도권을 쥐려면 난폭하게 다룰 필요가 있다. 운명은 차갑도록 냉정하게 다가오는 자보다 정복의 욕망을 노골적으로 드러내고 덤비는 자에게 기운다.

- 세상에서 가장 무서운 것은 빈곤도, 걱정도, 질병도, 슬픔도 아니다. 그것은 삶에 대한 권태다.

- 올바른 모범을 보여주는 것은 무한한 자선보다 낫다.

- 운명이 우리 행위의 절반을 좌우하는지도 모른다. 그러나 운명도 나머지 절반의 동향은 우리 인간에게 맡겨놓은 것이 아닌가 하는 생각이 든다. 운명은 그 역량으로 준비되지 않은 곳에서 그 강대한 힘을 무자비하게 마음대로 휘두른다.

- 인간은 남을 비난하는 데는 매우 열심이지만, 남을 칭찬하는 데는 매우 인색한 동물이다.

- 인간에게 덕과 부귀가 공존하는 경우는 드물다.

- 인간은 대체로 내용보다는 외모를 통해서 사람을 평가한다. 누구나 다 눈을 가지고 있지만 통찰력을 가진 사람은 드물다.

- 인간은 운명에 몸을 맡길 수는 있지만 이에 항거할 수는 없다. 또

한 인간은 운명이라는 실을 짤 수는 있지만, 이것을 찢어 끊을 수는 없다.

- 인간은 태어나면서부터 허영심이 강하고, 타인의 성공을 질투하기 쉬우며, 자신의 이익 추구에 대해서는 무한정한 탐욕을 지닌다.
- 인간이란 자기가 필요하다고 여길 때만 성실한 인간이 되는 것이며, 그럴 필요가 없을 때에는 당장 악(惡) 쪽으로 기울어지기 쉽다.
- 직함이 인간을 높이는 것이 아니라, 인간이 직함을 빛나게 한다.
- 통치자는 존경을 받기 어렵거든 차라리 공포의 대상이 돼라.

1 —— 당시 44세로 은퇴 생활에 들어간 마키아벨리는 와신상담하면서도 방탕한 생활을 했다. 새 권력자에 대한 반란 공모 혐의로 수감, 고문, 추방되며 강요된 시골생활을 하면서 힘든 시기를 견뎌야 했기 때문이다.

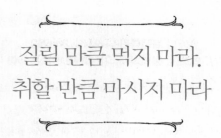

질릴 만큼 먹지 마라,
취할 만큼 마시지 마라

벤저민 프랭클린은 미국의 100달러짜리 지폐에 실려 있는 인물이다. 폭풍우 속에서 연을 띄워 '번개=전기'라는 사실을 발견했기 때문에 과학자로서의 이미지가 강하지만, 그는 정치가로서 미국 독립선언서 초안을 작성하기도 했다. 25세에 쓴《13가지 덕목》은 도덕적으로 완벽한 인간을 지향하는 근면하고 성실한 격언으로 널리 알려졌다. 이 말은《13가지 덕목》의 첫 덕목이다. 초상화의 체형과는 어울리지 않지만, 그는 '육식은 무의식적인 살인'이라고 말하며 채식주의를 실천하기도 했다.

벤저민 프랭클린(Benjamin Franklin)
정치가, 외교관, 물리학자, 기상학자(1706~1790) 미국

보스턴에서 태어났다. 1729년에 자신의 인쇄 회사에서 '펜실베이니아 가제트'지를 사들였다. 2년 후 미국의 첫 공공 도서관을 설립했다. 1777년에 미국 독립선언서를 작성해서 서명한 다섯 명 중 한 명이 됐다. 독립전쟁 중에는 파리의 사교계에서 활약하며 유럽 각국과의 외교 교섭을 위해 바쁘게 뛰어다녔다. 과학적인 업적도 많아 피뢰침, 흔들의자, 원근 양용 안경을 발명했다. 시간 관리에 철저했던 프랭클린을 본받아 프랭클린의 시간 관리 프로그램인 '프랭클린 플래너'라는 수첩이 개발돼 널리 쓰이고 있다. 장례는 국장으로 치러졌다.

프랭클린의 인생 격언

• 돈의 가치를 알고 싶으면 돈을 꾸러 가보라.

• 시간은 돈이다.[1]

• 핑계를 잘 대는 사람은 달리 잘하는 것이 거의 없다.

• 내일 할 일을 오늘 하라.

• 주의력 결핍은 무지(無知)보다 더 큰 해를 끼친다.

• 친구를 고르는 데는 천천히, 친구를 바꾸는 데는 더 천천히.

• 사람에 대한 순가치는 대개 그 사람의 좋은 습관에서 나쁜 습관을

뺐을 때 남는 것으로 결정된다.

- 내가 게으름 피우는 동안에도 시간은 뚜벅뚜벅 제 갈 길을 걸어
간다.

- 이른 아침은 입에 황금을 물고 있다.

- 당신은 지체할 수도 있지만, 시간은 그렇지 않을 것이다.

- 일찍 자고 일찍 일어나면 건강해질 수 있고, 부유해질 수 있으며,
지혜로워질 수 있다.

1 ── 'Time is money.' 1748년 '젊은 상인에게 보내는 조언'이라는 짧은
글에서 언급한 내용이다. 첫 번째 조건으로 '시간이 돈이라는 사실을
명심하세요'라고 했다. 돈을 벌 수 있는데도 헛되이 버려지는 시간은
돈을 잃어버리는 것이나 마찬가지라고 설명했다.

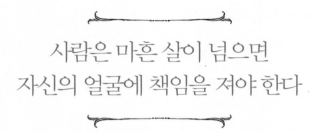

사람은 마흔 살이 넘으면
자신의 얼굴에 책임을 져야 한다

링컨은 '국민의, 국민에 의한, 국민을 위한 정부'라는 말로 유명한데, 그의 연설집 중에는 이 말도 포함되어 있다. 젊을 때는 이목구비의 생김새가 얼굴을 만들지만, 마흔 살이 지나면 그 사람의 교양과 인생 경험이 표정에 나타난다는 의미다. 그가 트레이드마크(Trademark)인 턱수염을 기르기 시작한 이유는 1860년 대통령 선거 직전에 열한 살 소녀가 "턱수염을 기르는 편이 어울려요"라고 조언한 것이 계기가 되었다고 한다.

링컨의 인생 격언

- 만일 당신이 정말로 해내고 싶다면 이미 성공한 것과 마찬가지다.
- 자신의 향상에 신경 쓰는 사람은 싸움 따위를 할 겨를이 없다.[1]
- 국민의, 국민에 의한, 국민을 위한 정치.[2]
- 투표는 총알보다 강하다.
- 힘은 모든 것을 정복하지만 그 승리는 짧다.
- 다른 사람을 그들의 동의 없이 다스려도 될 만큼 선한 사람은 아무도 없다.

1 — 링컨은 이와 동시에 '아무리 개를 죽였다고 해도 개에 물린 상처는 낫지 않는다'라고도 말했다.

2 — 1863년에 게티즈버그 연설에서 한 말이며, 단 2분간의 짧은 연설이었지만 역사적으로 매우 유명하다.

소리 내서 읽고, 손으로 쓰고 싶은
내 인생의 격언

일본을
이번에 한번 세탁해야겠다

　보잘것없는 탈번 낭인(제후를 배반하고 떠돌아다니는 무사)에 불과했던 사카모토 료마가 어떻게 메이지(明治) 유신(維新)의 주역이 되었을까? 여러 가지 이유가 있겠지만, 적어도 그 동기는 이 한마디에 집약되어 있다고 할 수 있다. 이 명언은 세 살 터울의 누나 오토메에게 보낸 편지에 쓰여 있다. 그 당시에는 서양 세력을 배척하는 조슈 번(長州藩)이 영국과 프랑스를 비롯한 4개국과 전투를 벌여 큰 타격을 입는 등 국내 정세가 혼란에 빠져 있었다. 이에 위기감을 느낀 사카모토는 일본을 재생시키기 위해 '세탁'이 필요하다고 생각했던 것이다.

사카모토 료마의 인생 격언

• 세상에는 길이 하나가 아니다. 수백, 수천, 수만 가지 길이 뻗어 있다.

• 수치(羞恥)를 버리면 세상이 이뤄진다.[1]

• 세상 사람이 나에 관해 어떻게 말하든, 내가 이루려는 것은 나밖에 모른다.

• 세계의 가이엔타이라도 할까요?[2]

1 —— '수치를 버려야만 꿈을 실현할 수 있다'는 의미다.

2 —— 가이엔타이(海援隊)는 에도시대 후기 사카모토 료마를 중심으로 결
성한 무역 결사다. 바쿠후를 대체할 새로운 정부의 인사 안에 사카모
토 료마의 이름이 없다는 사실을 알게 된 사이고 다카모리가 사카모
토에게 무엇을 하고 싶으냐고 물어봤을 때 사카모토가 대답한 말이
다. 메이지 유신을 위해 대활약한 사카모토는 정작 새로운 정부의 요
직에 앉을 생각은 없었다. 사카모토는 '십중팔구(十中八九)는 자신이
직접 하고, 나머지 일이(一二)는 남에게 양보해야 일을 성공시킬 수
있다'라고도 말했다.

소리 내서 읽고, 손으로 쓰고 싶은
내 인생의 격언

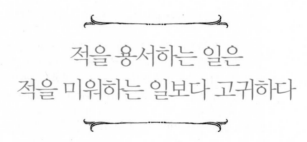

적을 용서하는 일은
적을 미워하는 일보다 고귀하다

간디는 '인도 독립의 아버지'라고 불리며, '비폭력, 불복종'으로 잘 알려진 인도의 지도자다. 이 말은 영국의 소금세에 항의한 운동인 '소금행진'을 벌일 때 간디가 민중에게 한 말이다. 당시 소금은 영국의 전매품이어서 인도에서는 비싼 가격에 팔렸다. 간디는 380킬로미터를 행진하며 소금을 스스로 생산하고 소비하자고 호소했다. 이 소금행진은 인도 독립운동의 커다란 전환점이 됐다. 간디는 자신의 협력자들에게 '절대 반격하지 말고, 그렇다고 도망치지도 말라'고 요청했다.

간디의 인생 격언

- 방향이 잘못되면 속도는 의미가 없다.
- 폭력은 짐승의 법칙이고, 비폭력은 인간의 법칙이다.
- 여러분이 세상에서 보고 싶어 하는 변화, 여러분이 그 변화가 되십시오.[1]
- 좋은 사상이었던 것 같습니다.[2]
- 좋은 일은 달팽이의 속도로 움직인다.
- 겁쟁이는 사랑을 드러낼 능력이 없다. 사랑은 용기 있는 자의 특권이다.
- 비폭력은 내 신앙의 제1조이며, 내 강령의 마지막 조항이다.

• 민주주의에 대한 나의 개념은, 그 체제 하에서는 가장 약한 자가 가장 강한 자와 똑같은 기회를 가질 수 있다는 것이다.

• 행복은 생각하고 말하고 행동하는 것이 일치할 때 찾아온다.

1 —— 사회가 바뀌기를 기다리지 말고, 자신이 먼저 행동하라는 뜻이다.

2 —— "서양 문명을 어떻게 생각하십니까?"라는 질문에 대한 답변이다.

알기는 어렵고
행하기는 쉽다

쑨원은 '중국 혁명의 아버지'라고 불린다. 이 말은 원래 명나라의 유학자 왕양명의 말이지만, 쑨원이 글을 기고할 때 즐겨 사용한 표현이라고 한다. 그는 실제 '아는 것이 어렵다'는 '지난행이(知難行易)'설을 주장했다. 중국의 문제가 너무 복잡하고 많아 그 문제를 알기만 하면 상대적으로 행하기가 쉽다는 의미다. 그런데 보통은 '지이행난(知易行難)' 즉 "알기는 쉬워도 행하기가 어렵다"고 말한다. 실제 둘 다 쓰임새는 비슷하다. 알기도 어렵지만 행하기는 더욱 어려운 것이 세상사다.

쑨원(孫文)
정치가, 혁명가(1866~1925) 중국

중국 광둥 성에서 태어났다. 하와이 유학 중에 서양 사상에 눈을 떴다. 1895년에 광저우 봉기에 실패한 후 《런던 피난기》를 써서 전 세계에 혁명가로서의 이름을 알렸다. 1911년에 신해혁명이 일어나, 쑨원을 임시 대총통으로 하는 중화민국이 난징에 성립됐다. 혁명 정부 유지를 위해 위안스카이(袁世凱)에게 총통 자리를 넘겼지만, 위안스카이의 독재에 반대해서 일본으로 망명했다. 위안스카이 사후에는 중국으로 돌아가 통일을 꾀했지만(호법운동), 장제스(蔣介石)의 반발을 불러일으켰다. 1925년에 베이징에서 사망했다.

쑨원의 인생 격언

• 세상에서 흔히 말하는 성공은 한때의 번영에 불과하다. 참된 뜻과 신의를 지닌 자야말로 영원한 공적을 남긴다.

• 혁명은 아직 끝나지 않았다.[1]

• 국가는 사람의 집합이다. 사람은 마음의 그릇이다.

• 나는 국민 스스로가 자신을 다스리는 것을 정치의 지극한 법칙으로 믿는다. 따라서 나는 정치의 정신으로 공화주의를 택한다.

1 ─── 쑨원의 유언으로 유명하다. 호법운동에 실패한 쑨원의 한이 서려 있는 말이다.

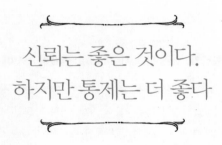

신뢰는 좋은 것이다. 하지만 통제는 더 좋다

사유재산을 부정하고 국가가 재산을 관리해서 인민과 공유함으로써 평등한 사회를 이루려는 것이 공산주의다. 마르크스의 저서를 읽고 공산주의에 빠진 레닌은 빈곤으로 허덕이는 러시아 국민을 구제하기 위해 투쟁을 시작했다. '2월 혁명', '10월 혁명'을 연거푸 성공시키면서 노동자와 농민의 국가를 세운다는 국시 아래 1917년 세계 최초의 공산주의 국가 소련을 건국했다. 그러나 그로부터 74년 후인 1991년 12월 8일, 보리스 옐친 러시아 대통령을 주축으로 하여, 크라프추크 우크라이나 대통령과 슈시케비치 벨로루시 최고회의 의장 등 세 명이 '독립 국가 공동체'의 창립을 선언하면서 공산주의의 맹주였던 소비에트 연방이 해체되었다.

본명은 블라디미르 일리치 울랴노프다. 레닌은 '레나 강의 사람'이라는 뜻의 필명이다. 러시아제국이 노동자를 탄압한 '피의 일요일' 사건을 계기로 공산주의와 혁명운동을 추진했다. 로마노프 왕조의 재정을 무너뜨리고 소련을 건국함과 동시에 인민위원회의 의장에 뽑혀 지도자가 됐다. 사후에 그의 존재는 반쯤 신격화됐다. 레닌의 유해는 영구 보존되어 공산주의 국가 건설의 상징으로 남아 있다.

레닌의 인생 격언

- 백 명의 힘이 천 명의 힘보다 클 수 있을까. 물론 그럴 수 있다. 백 명이 조직화되면 실제로 그럴 수 있다.
- 선(善)으로 유용한 모든 것은 극단적으로 변모하면 악(惡)으로 유해한 것이 될 수 있고, 가끔씩 실제로 악으로 유해하다.
- 일보 후퇴, 이보 전진.[1]
- 국가가 있는 한 자유는 없다. 자유가 있을 때 국가는 있지 않을 것이다.
- 개혁의 시기에는 언제나 관료와 맞서 싸워야 한다.
- 거짓말도 충분히 자주 하면 진실이 된다.

• 청년들에게 가장 중요한 과제는 배움이다. 배워라, 배워라, 또 배워라.

1 ── 소련 국민의 불만을 완화하기 위해 '신경제정책'을 실시했을 때 레닌이 내건 슬로건이다. 일시적으로 자본주의를 도입해서 정책이 일보 후퇴하지만, 빈곤 문제가 해결되면 또다시 공산주의를 진전시키겠다는 의미다. 지금은 단순히 '일이 잘 풀리지 않을 때에는 한 걸음 물러서서 생각하라'는 격언으로 알려져 있다.

소리 내서 읽고, 손으로 쓰고 싶은
내 인생의 격언

돈을 잃는 것은 작은 것을 잃는 것이고,
명예를 잃는 것은 큰 것을 잃는 것이다.
하지만 용기를 잃는 것은 전부를 잃는 것이다

윈스턴 처칠은 제2차 세계대전 중인 1940년에 총리로 임명됐다. 영국의 국방부 장관과 육해공군의 참모총장을 겸임하고 전쟁을 직접 지휘했다. 나폴레옹을 동경한 그는 군사 지식이 탁월했고 전략가로서의 평가가 매우 높았다. 반면, 지나치게 대담해서 현장을 혼란에 빠뜨린다는 비판도 받았다. 작전을 수행할 때에는 아무리 처칠이라도 갖고 있는 모든 용기를 쥐어 짜냈을 것이다. 강력한 재상이었던 처칠의 사상이 녹아 있는 한마디라고 할 수 있다.

처칠의 인생 격언

- 참다운 정치가는 국민에게 희망을 안겨줄 수 있어야 한다.

- 절대로, 절대로, 절대로 포기하면 안 된다.[1]

- 책임은 위대함의 대가다.

- 한 나라의 노인을 보면 그 나라의 문화 상황을 알 수 있다.

- 성공은 열정을 상실하지 않고도 거듭된 실패에 대처할 수 있는 능력이다.

- 정치는 거의 전쟁과 같이 흥분시키며 그만큼 위험하다. 전쟁에서는 한 번 죽을 뿐이지만 정치에서는 여러 번 죽을 수 있다.

- 성공이 끝은 아니다.

• 인류의 역사는 전쟁이다. 불안정하고 전쟁이 없었던 짧은 시간을 제외하고는 세계에 평화가 있었던 적이 없다.

1 —— 영어로는 'Never, never, never give up!' 1941년에 해로스쿨을 방문했을 때 학생들 앞에서 한 연설이다.

소리 내서 읽고, 손으로 쓰고 싶은
내 인생의 격언

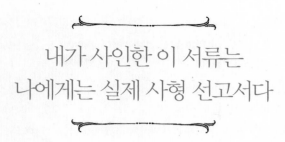

내가 사인한 이 서류는
나에게는 실제 사형 선고서다

아일랜드가 영국으로부터 독립할 때 영국 측 대표인 버컨헤드는 아일랜드를 잃게 된 책임자로 조약에 사인한 자신이 영국민들에게 비난을 받을 것으로 예견하고 "이 증서는 내 정치 생명에 사형 선고서나 다름없다"라고 자조했다. 이를 들은 아일랜드 측의 마이클 콜린스는 더 나아가 "내가 사인한 이 서류는 나에게는 실제 사형 선고서다"라고 대답했다. 단순한 비유가 아니라, 아일랜드에게 불리한 조약 증서로 인해 비난보다 더 큰 고난이 있으리라고 생각한 것이다. 머지않아 목숨을 잃을 것이라는 사실을 예견했는지도 모른다.

마이클 콜린스(Michael Collins)
혁명가, 정치가(1890~1922) 아일랜드

아일랜드는 12세기부터 영국의 지배를 받았지만, 20세기 들어 무장봉기를
일으켜 독립을 선언했다. 이때 선두에 서서 독립을 주도한 사람이 마이클
콜린스였다. 그 후 조약 체결로 독립이 승인됐지만 이를 둘러싸고 아일랜드
는 남북으로 분열돼 내전이 발생했다. 콜린스도 총격을 받아 31세의 젊은
나이에 유명을 달리했다. 현재 아일랜드의 영웅으로 추앙받고 있다. 그의
삶은 1996년 리암 니슨 주연의 영화로 만들어지기도 했다.

콜린스의 인생 격언

- 7분 정도는 기다릴 수 있지 않습니까. 우리 아일랜드인들은
  700년이나 기다렸습니다.[1]

- 도대체 나는 아일랜드를 위해 무엇을 손에 넣었는가. 하지만 그것
  이야말로 700년 가까이나 아일랜드가 원했던 것 아닌가. 그러나 이
  교섭의 결과에 만족하는 사람은 아무도 없는 듯하다.[2]

1 —— 콜린스는 아일랜드 총독과 면담해서 아일랜드 임시정부 총리로 임
   명됐다. 콜린스는 임명식에 7분 늦었다고 질책을 받았다. 콜린스
   는 재치 있는 이 말로 상황을 모면하고 아무렇지도 않게 말을 이어
   갔다.

2 ── 아일랜드는 독립을 쟁취하기는 했지만, '북부 여섯 개 주를 제외한 나머지 지역만 영국 내 자치국으로 인정한다'는 조약을 맺어야 했다. 이 조약 내용은 많은 아일랜드 국민에게는 받아들이기 힘든 것이었다. 그때의 화근이 지금도 꼬리를 물고 이어져 가끔씩 유혈 참사를 일으키고 있다.

소리 내서 읽고, 손으로 쓰고 싶은

내 인생의 격언

나를 이끈 것은
공산주의가 아니라
애국심이었다

호치민은 베트남의 통일과 독립의 영웅이다. 호치민이 항전한 베트남 전쟁은 두 가지가 있다. 하나는 프랑스에 대한 독립 전쟁이고, 또 하나는 남북 베트남 전쟁이다. 베트남은 80여 년 동안 프랑스 식민 지배를 겪은 후, 1940년부터는 일본군의 침략으로 이중고에 시달렸다. 1945년에 일본이 제2차 세계대전에서 항복하자, 프랑스는 베트남 재정복을 시도했다. 그렇지만 베트남은 호락호락하지 않았다. 호치민이 주도한 베트남 항전은 무려 8년 동안이나 계속됐다. 결국 1954년 7월에 제네바 휴전 협정 체결로 전쟁은 사실상 끝이 나고, 북위 17도 선을 경계로 남북이 분단됐다. 북쪽에는 호치민 정권(월맹)이, 남쪽에는 고딘 디엠 정권(월남)이 수립됐다. 1960년에 남베트남의 공산주의자

호치민(胡志明, Ho Chi Minh)
초대 주석(1890~1969) 베트남

베트남의 국부로 추앙받는다. 일생을 독신으로 살았다. 본명은 응웬 닷 탕 (Nguyen Tat Thanh). 어릴 적 이름은 응웬 싱 콘. 중부지방 응혜안 주에 있는 호앙투루라는 작은 마을에서 태어났다. 당시는 프랑스 군대를 몰아내기 위한 민중봉기가 끊이지 않던 시기였다. 1911년에 프랑스로 건너가 여객선 선원으로 일했고, 영국으로 거처를 옮겨 하인, 청소부 등으로 밑바닥 생활을 전전하다 다시 프랑스로 돌아왔다. 이때 세계를 바라보는 민족주의적 가치관이 급속하게 성장했다. 국제식민지연합의 〈르 파리아〉를 창간하기도 했다. 1919년에 제1차 세계대전 처리문제를 다룬 베르사유회의가 열렸을 때 '조국 해방을 위한 8개 조항'의 탄원서를 제출하면서 일약 유명해졌다. 인도차이나 공산당 창립, 베트남 혁명청년동지회 결성 등 베트남의 주변국에서 혁명운동을 계속했다. 1945년에 일본이 패망하자 베트남민주공화국의 독립을 선포하고 초대 주석으로 취임했다. 1946년에 퐁텐블로회의가 결렬되자 프랑스에 대한 항전을 직접 지휘해 1954년에 디엔비엔푸 전투를 승리로 이끌었다. 프랑스군을 몰아냈지만 구소련과 중국의 간섭으로 완전한 독립을 이루지는 못했다. 제네바 회담에서 베트남은 17도 선을 경계로 남과 북으로 분할됐다. 호치민은 북위 17도 이북의 북베트남 대통령이 됐다. 베트남은 극도의 정치 불안에 휩싸여 남과 북의 전쟁이 시작됐다. 미국의 개입으로 전쟁은 확전됐다. 호치민은 1969년 9월 주석 재임 중 심장병으로 급사했다. 그가 사망한 이후에도 베트남 전쟁은 6년 동안 지속됐다. 베트남의 모든 지폐 앞면에 호치민의 인물 초상이 새겨져 있다.

들은 남베트남 민족해방전선(베트콩)을 결성했고, 호치민은 베트콩을 적극 지원했다. 베트콩은 월남에 대한 반정부 게릴라전을 펼쳤다. 그러나 월남을 지원하는 미국이 개입하면서 전쟁이 확대됐다. 끝을 알 수 없는 전쟁은 계속됐다. 그러다가 1973년에 미국, 월맹, 월남, 베트콩 4자가 파리 협정을 체결하면서 미군이 철수했고, 1975년에 월맹과 베트콩이 월남의 수도 사이공을 점령함으로써 베트남이 통일됐다. 호치민의 베트남이 외세를 물리치고 완전한 독립을 쟁취하게 된 것이다. 통일 베트남 정부는 남베트남의 수도였던 사이공을 평생 조국의 독립과 통일운동에 바친 호치민으로 이름을 바꿨다.

호치민의 인생 격언

- 내 안의 변하지 않는 한 가지로 세상의 만 가지 변화에 대처한다.
- 구두에 발을 맞추어야 한다. 발을 잘라 구두에 맞출 수는 없다.[1]
- 모든 사람은 평등하게 태어났다. 창조주는 우리에게 불가침의 권리와 생명, 자유, 행복을 주었다.
- 베트남 국민들에게 독립과 해방만큼 소중한 것은 없다.

---

1 —— 호치민의 저서 《작업 방법의 변형》에 나오는 구절이다. 이 책은 베트남에서 가장 많이 읽히는 책 중 하나다.

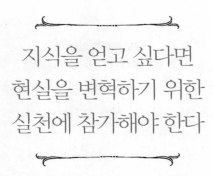

지식을 얻고 싶다면
현실을 변혁하기 위한
실천에 참가해야 한다

마오쩌둥은 독재적인 정치 수법과 문화대혁명에서의 대량 학살 등
으로 비난받을 만한 부분도 많지만, 사상가로서는 매우 높은 평가를
받는다. 위의 말은 그의 저서 《실천론》에 등장한다. "세상에서 가장
부끄러운 일은 '아는 척하는 것'이고, 지식은 과학의 문제이기 때문에
'허위나 방만함이 아닌 성실함과 겸허한 태도'로 접해야 한다"라는
말이 이어진다. 지식은 경험을 통해 진지하게 배울 필요가 있다는 뜻
이다.

중국 후난 성의 부유한 농가에서 태어나 엄격한 아버지 밑에서 자랐다. 일찍이 중국 근대화 사상에 자극을 받았고, 사범학교를 졸업한 후 베이징으로 상경했다. 초등중학교에서 역사를 가르치고, 1921년에 중국 공산당 창립에 참가했다. 1946~1948년 장제스와의 내전에서 승리하고, 1949년 10월 1일 중화인민공화국 정부를 세웠다. 이후 국가 주석 및 군사위원회 주석으로 활약했다. 그 시기에 중·소 대립, 문화대혁명, 중·일 국교 정상화 등의 격변이 있었다. 1976년 9월 9일, 자택에서 83세의 나이로 세상을 떠났다.

마오쩌둥의 인생 격언

- 정치는 피를 흘리지 않는 전쟁이고, 전쟁은 피를 흘리는 정치다.

- 젊다는 것, 가난하다는 것, 무명이라는 것은 창조적인 일을 하는 데 필요한 세 가지 조건이다.[1]

- 자신과 의견이 다른 동지들과 단결하고, 함께 일을 해나갈 수 있도록 노력한다.[2]

- 권력은 총구에서 나온다.

- 전쟁은 전쟁을 통해서만 종식될 수 있다. 총을 제거하기 위해서는 총을 드는 수밖에 없다.
- 인민, 오직 인민만이 세계 역사를 만드는 원동력이다.

1 ── 애니메이션 작가 미야자키 하야오가 성공할 수 있는 조건으로 이 말을 인용했는데, 원래는 마오쩌둥의 말이다. 젊은 세대에 대한 기대가 넘치는 말이다.

2 ── 독재자로 불렸던 마오쩌둥이 남긴 말이다. 실제로 그에게는 저우언라이(周恩來) 같은 맹우(盟友)가 있었다.

소리 내서 읽고, 손으로 쓰고 싶은
내 인생의 격언

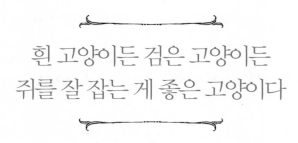

흰 고양이든 검은 고양이든
쥐를 잘 잡는 게 좋은 고양이다

흑묘백묘 주노서 취시호묘(黑猫白猫 住老鼠 就是好猫). 흑묘백묘란 '검은 고양이'와 '흰 고양이'를 뜻한다. '검든 하얗든 고양이는 쥐만 잘 잡으면 좋은 고양이'라는 표현에서 등장한 말이다. 중국 개혁개방의 총설계사인 덩샤오핑이 '사상해방'과 '실사구시'를 전면에 앞세우고 개혁개방을 추진하면서 발전시킨 이론이다. 공산주의 국가였던 중국에서 개혁개방은 받아들이기 힘든 사상이었다. 사유 재산 인정이나 외국 기업에 경제를 개방하는 것은 자본주의 국가의 방식이었기 때문이다. 덩샤오핑은 중국경제를 살리는 것이 최우선이라고 생각했고, 그래서 경제 정책에서는 자본주의 체제를 빌려 왔던 것이다. 사실 이 표현은 덩샤오핑이 처음 쓴 말은 아니다. 청나라 때 작가 포송령(蒲松

덩샤오핑(鄧小平)
공산당 중앙군사위 주석(1904~1997) 중국

작은 키에 호방한 성격이어서 '작은 거인'의 별칭이 항상 따라 붙는다. 쓰촨 성(四川省)에서 태어났다. 1920년 프랑스로 유학, 1921~1924년 파리에서 공산주의 운동에 참여했다. 그 후 모스크바의 중산(中山)대학에서 수학하고 귀국했다. 1933년에 반주류였던 마오쩌둥(毛澤東)을 지지하고, 장정(長征)에 참여했다. 1949년에 장강(長江) 도하작전과 난징(南京) 점령을 지도해 중화인민공화국(중국) 수립에 공을 세웠다. 1952년에 정무원 부총리, 1954년에 당중앙위원회 비서장, 1955년에 정치국 위원이 됐다. 마오쩌둥과 노선갈등을 빚어 1966년 문화대혁명 때 홍위병(紅衛兵)으로부터 반모주자파(反毛走資派)의 수괴라는 비판을 받고 실각했다. 1973년에 총리 저우언라이(周恩來)의 추천으로 복권돼 국무원 부총리가 됐으나, 1976년에 저우언라이가 죽자 마오쩌둥의 추종자인 4인방(四人幇)에 의해 다시 권좌에서 밀려났다. 그해 9월 마오쩌둥이 죽고 1977년 7월에 복직됐다. 그 후 화궈펑(華國鋒)과 5년 동안의 권력투쟁 끝에 1981년에 실질적인 권력을 장악했다. 집권 후 엘리트 양성, 외국인 투자 허용 등 실용주의 노선에 입각한 과감한 개혁 조치를 단행해 중국경제를 크게 성장시켰다. 1989년 6월 발생한 톈안먼(天安門)사건으로 정치적 거취가 불안해 보였으나 위기를 수습하고, 중국 정계의 최고 실권자로서 개혁과 개방정책을 추진했다. 1997년 2월 19일에 사망했다.

齡, 1640~1715)이 쓴 중국 괴담문학의 대표작《요재지이(聊齋志異)》에 나온다. '흑묘백묘(黑猫白猫)론'은 실제 '황묘흑묘(黃猫黑猫)론'이다. 덩샤오핑은 1962년 7월 두 차례 '고양이론'을 언급했다. 당시 그는 중국공산주의청년단 3차 7중대회 강연과 중앙서기처 회의에서 "노란 고양이든 검은 고양이든 어느 것이 생산성 회복에 유리하면 그것을 써야 한다"고 말했다. 이 이론은 1960년대 후반~1970년대 중반 문화대혁명 기간에 마오쩌둥에 의해 크게 비판받았다. 하지만 표현이 워낙 생동감이 있었기 때문에 빠르게 퍼져나갔다. 이 와중에 '황묘흑묘'가 '흑묘백묘'로 자연스레 바뀌었다고 한다.

덩샤오핑의 인생 격언

- 개혁 없이는 죽음에 이르는 길밖에 없다.
- 창문을 열면 시원한 바람도 들어오지만 파리, 모기도 들어오는 법이다.
- 분열은 민족의 뜻을 저버리는 일이다.
- 적(敵)의 친구는 적(敵)이며, 친구의 친구는 동지(同志)다.
- 너무 많은 부자가 있어서도 안 되고, 가난한 사람이 너무 많이 있어서도 안 된다. 잘 사는 나라가 되려면 모두가 잘 살아야 한다.

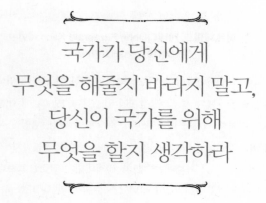

국가가 당신에게
무엇을 해줄지 바라지 말고,
당신이 국가를 위해
무엇을 할지 생각하라

제35대 미국 대통령인 케네디가 대통령 취임 연설을 마무리하면서 말한 명문이다. 동서 냉전으로 세계적인 긴장감이 높아지던 시기에 미국 대통령이 된 케네디는 전 국민에게 '국가를 위해 스스로 움직이라'고 호소했다. 당시 나이 43세. 젊은 대통령의 연설은 미국 국민의 열광적인 지지를 이끌어냈고, 지금까지도 '명연설'로 회자되고 있다. 아쉬운 점은 이후의 정치인들이 국민에게 세금 인상을 설득할 때 이 문구를 자주 인용한다는 사실이다.

케네디의 인생 격언

- 성공은 천 명의 아버지가 있다. 하지만 실패는 고아다.
- 노력과 용기만으로는 불충분하다.[1]
- 나는 대통령을 하기에는 너무 젊다는 말을 들었다. 당신은 야구를
  하기에는 너무 늙었다는 말을 들었다. 그러나 지금은 그 말들이 완
  전히 틀렸다는 사실을 알았다.[2]
- 국가는 시민의 하인이지 주인이 아니다.
- 효과적인 정부의 기초는 대중의 신뢰다.
- 인류는 아직까지도 모든 컴퓨터 중에서 가장 훌륭한 컴퓨터다.

- 교육의 목표는 지식의 증진과 진리의 씨뿌리기다.
- 우리에게는 지금까지 존재하지 않았던 것을 꿈꾸는 사람들이 필요하다.

1 —— 전문은 '목적과 방침이 없다면 노력과 용기만으로는 불충분하다'이다. 정치가다운 냉정함을 엿볼 수 있는 말이다.

2 —— 미국의 메이저리그 야구 선수 스탠 뮤지얼이 42세의 나이로 3할 3푼 3리의 타율을 기록했을 때 케네디가 그의 성적을 칭찬하면서 한 말이다.

소리 내서 읽고, 손으로 쓰고 싶은
내 인생의 격언

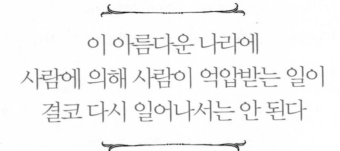

이 아름다운 나라에
사람에 의해 사람이 억압받는 일이
결코 다시 일어나서는 안 된다

넬슨 만델라는 남아프리카공화국 최초의 흑인 대통령이자 흑인 인권운동가다. 그는 남아공의 흑백 차별 철폐를 넘어 지구촌 화합의 상징으로 남아 있다. 그가 1994년 5월 10일에 대통령으로 취임하면서 남긴 명연설이다. 만델라는 취임사에서 "오늘 이 자리에 함께한 우리 모두는 … 새로 태어난 자유에 영광과 희망을 돌린다 …. 얼마 전까지만 해도 범법자 신세였던 우리는 오늘 우리의 땅에 세계 각국을 초청하는 귀중한 특권을 누리고 있다 …. 우리는 결국 정치적 해방을 이뤄 냈다. 우리는 아직도 빈곤과 박탈, 성차별 등 여러 차별에 묶여 있는 우리 국민을 해방시킬 것임을 맹세한다. 이 아름다운 나라에 사람에 의해 사람이 억압받는 일이 결코, 결코, 결코 다시 일어나서는 안 된

넬슨 만델라(Nelson Mandela)
정치가(1918~2013) 남아프리카공화국

트란스케이 움타타에서 템부족 족장의 아들로 태어났다. 1940년에 포트헤어대학 재학 중 시위를 주도하다가 퇴학당했다. 1942년에 변호사 자격증을 취득하고 2년 뒤 아프리카민족회의(ANC) 청년연맹을 창설했다. 1952년에 남아공 역사상 유색인종으로는 처음으로 요하네스버그에 법률상담소를 열고 아파르트헤이트(Apartheid, 흑인차별정책) 반대운동에 나섰다. 1956년에 내란죄로 구속됐으나 1961년에 무죄판결을 받았다. 1962년에 다시 구속돼 5년형을 선고받고 복역 중 다른 ANC 지도자들과 함께 국가전복기도 혐의로 1964년에 종신형을 선고받았다. 이후 에스퀴티니섬 '로벤 아일랜드' 형무소에서 27년의 수감기간 대부분을 복역했다. 수감 중에 1979년에 자와할랄 네루상, 1981년에 브루노 크라이스키 인권상, 1983년에 유네스코의 시몬 볼리바르 국제상을 받아 세계인권운동의 상징적인 존재로 떠올랐다. 1990년 2월에 석방된 뒤 1993년에 백인 정치인 데 클레르크 대통령과 함께 노벨평화상을 받았다. 1994년 4월에 남아공 최초의 흑인 참여 민주 선거에서 최초의 흑인 대통령으로 당선돼 1999년까지 재임했다. 1995년 7월과 2001년 3월, 두 차례에 걸쳐 한국을 방문한 바 있다. 저서로 자서전《자유를 향한 머나먼 여정》,《투쟁은 나의 인생》등이 있다.

다. 자유가 흘러넘치도록 하자. 아프리카에 신의 축복이 있기를!" 만델라의 취임식 방송은 전 세계에서 10억 명가량이 시청한 것으로 추정됐다. 참석 내외빈도 4000명에 달할 정도로 취임식은 지구촌 화합의 축제였다.

만델라의 인생 격언

- 인생의 가장 큰 영광은 넘어지지 않는 데 있는 게 아니라 넘어질 때마다 일어서는 데 있다.

- 저는 모든 사람이 조화를 이루면서 평등한 기회를 누리는 민주적이고 자유로운 사회라는 이상을 소중히 여겨왔습니다. 제 삶의 목적이자 성취하고픈 이상입니다. 필요하다면 이 이상을 위해 목숨 바칠 각오도 되어 있습니다.[1]

- 적이 절대로 격퇴할 수 없는 우리의 가장 강력한 무기는 평화다.

- 나는 대단한 인간이 아니다. 노력하는 노인일 뿐이다.

- 지도자는 자기의 텃밭을 가꿔야 한다. 씨 뿌리고, 살피고, 일궈야만 하며 그 결과를 거둬들여야 한다. 지도자는 정원사와 마찬가지로 자기가 경작하는 것에 대해 책임을 져야 한다.

- 난 말을 결코 가볍게 하지 않는다. 27년 동안의 옥살이가 내게 준 것이 있다면 그것은 고독의 침묵을 통해 말이 얼마나 귀중한 것이고 말이 얼마나 사람에게 큰 영향을 끼치는지 알게 됐다는 것이다.

- 죽음은 피할 수 없는 것이다. 한 사람이 태어나서 자신이 속한 국민과 국가를 위해 해야 할 의무라고 생각하는 것을 다 마쳤다면, 그는 평안하게 안식을 취할 수 있다. 난 그런 노력을 했다고 믿고 있고 그래서 영원히 잠들 수 있을 것이다.

• 진정한 지도자는 긴장을 완화하기 위해 열심히 노력해야 한다. 특히 민감하고 복잡한 문제를 대할 때는 더욱 그렇다. 긴장된 상황이 되면 일반적으로 극단주의자들이 세를 불리고, 감정이 이성적인 생각을 밀어내는 경향이 있다.

1 — 재판에 회부된 피고 만델라는 1964년 4월 20일에 자신과 공범으로 기소된 동료들을 위해 변론을 맡았다. 변호사였던 그는 남아프리카 공화국 인종 분리 정책의 부당함을 사력을 다해 변론했다. 가장 인상적인 변론으로 말미에 한 말이다. 만델라의 변론은 당시 삼엄한 검열에도 널리 보도됐고 국제 사회의 뜨거운 관심을 이끌어냈다. 국제적인 인사로 주목을 받게 된 결정적 계기가 됐다. 만델라 석방 운동과 지지 성명이 세계 곳곳에서 이어졌다. 재판부는 같은 해 6월에 만델라와 공범 일곱 명에 대해 종신형을 선고했다.

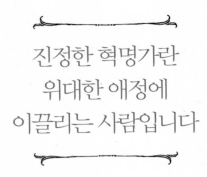

진정한 혁명가란
위대한 애정에
이끌리는 사람입니다

체 게바라는 "바보같이 들릴지도 모르지만, 한마디 하겠습니다" 하고 전제를 한 후 이 말을 했다. 또한 다음과 같은 말도 덧붙였다. "만약 우리가 공상가가 아니냐고, 못 말리는 이상주의자가 아니냐고, 불가능한 일에만 몰두하는 게 아니냐고 묻는다면, 저는 몇 천 번이든 거듭 대답할 수 있습니다. '맞는 말씀'이라고요." 그를 혁명가로 탈바꿈시키고 20세기의 영웅으로 만든 것은 '애정'이었다.

에르네스토 체 게바라(Ernesto Che Guevara)
혁명가(1928~1967) 쿠바

아르헨티나에서 태어났다. '체'는 애칭이며, '어이!' 하는 인사말이다. 쿠바에서 카스트로와 함께 바티스타 대통령의 독재 정권을 무너뜨리고 공산주의 정권을 세웠다. 그 후, 세계 각지의 분쟁 지역에서 혁명을 지도했다. 볼리비아에서 잠복 활동 중에 체포되어 처형됐다. 많은 명언을 남겼는데, 그중에서도 인간에 대한 애정을 표현한 말이 많다. 그의 생애와 사상은 많은 사람에게 감명을 주었고, 지금도 그는 국경과 언어를 초월해 전 세계 사람들의 가슴속에 남아 있다.

게바라의 인생 격언

• 내가 하는 일은 중요한 일은 아니지만, 필요한 일이다.

• 전 세계의 어딘가에서 누군가가 당하고 있는 부정을 마음속으로 슬퍼할 수 있는 사람이 돼라. 그것이야말로 혁명가의 가장 아름다운 자질이다.[1]

• 모든 아버지들은 장차 자식이 더 나은 세상에서 살 수 있도록 만들고자 하는 의지를 가져야 한다.

• 여기 있는 사람은 영웅 따위가 아니다. 단지 한 명의 남자일 뿐이다. 쏴라, 겁쟁이들![2]

• 혁명은 다 익어 저절로 떨어지는 사과가 아니다. 떨어뜨려야 하는 것이다.

1 —— 위대한 애정에 이끌려 혁명가가 된 체 게바라는 자신의 아이들에게도 깊은 애정을 쏟았다. 이 말은 사지(死地)의 나라 볼리비아로 향하기 전 다섯 아이들에게 보낸 편지의 일부다.

2 —— 체 게바라가 남긴 마지막 말이다. 처형되기 직전에 그는 망설이는 병사들을 향해 이렇게 외쳤다고 한다. 그의 유골은 사후 30년이 지나서야 쿠바로 보내졌다.

소리 내서 읽고, 손으로 쓰고 싶은
내 인생의 격언

킹 목사는
백인에게 영합하는
엉클 톰이다

맬컴은 당초 '백인은 악마다'라고 주장하는 급진적 이슬람 교단의 교리 아래서 활동했다. 그는 '흑인은 자신을 방어하기 위해 온갖 수단을 사용할 권리가 있다'라고 말하며, 비폭력으로 인종차별 철폐를 호소하는 공민권 운동의 지도자 마틴 루서 킹 목사를 정면으로 부정했다. 그리고 그는 이 같은 말을 하면서 킹 목사를 과격하게 비난했다. 그러나 이슬람 교단의 교리에 의문을 품게 되면서 킹 목사와 연대해서 공민권 운동을 함께 추진했다.

맬컴 엑스(Malcolm X)
종교가, 공민권 운동가(1925~1965) 미국

소년 시절부터 여러 가지 범죄를 일으켜 투옥됐고, 감옥에서 급진적 이슬람 교단인 '네이션 오브 이슬람'의 교리에 빠졌다. 출소 후에는 흑인 지상주의를 내세우고 과격한 활동을 전개했다. 원래의 성(姓)이었던 '리틀'은 백인이 붙여놓은 것이라면서, 그 성을 버리고 교단이 정해준 'X'라는 성을 달았다. 그러나 교주에게 숨겨진 자식이 있다는 사실을 알고 실망해서 교단을 탈퇴했다. 교주는 맬컴을 암살하라는 지령을 내렸고, 맬컴은 연설 도중 '네이션 오브 이슬람' 회원이 쏜 총탄을 맞고 숨졌다.

맬컴 엑스의 인생 격언

- 권력은 결코 뒷걸음질 치지 않는다. 오직 더 큰 권력으로 향할 뿐이다.

- 백인이 칼을 뽑아준 것만으로 흑인은 그저 감사해야만 할까요. 백인이 칼을 뽑아줬더라도 상처는 아직 등에 남아 있지 않습니까.[1]

- 니체, 칸트, 쇼펜하우어를 모두 읽었지만 그들을 존경할 수 없다. 그들은 그다지 중요하지 않은 것에 관해 토론하는 데 많은 시간을 허비했다.

- 아무도 당신에게 자유를 줄 수 없다. 아무도 당신에게 평등이나, 정

의나 혹은 어떤 것도 줄 수 없다. 만일 당신이 인간이라면 당신 스스로 쟁취하라.

1 — 맬컴은 '공민권 운동은 발전하고 있다'고 주장하면서도, '백인이 흑인의 등에 30센티미터의 칼을 꽂았고, 백인은 그 칼을 이리저리 흔들면서 15센티미터 정도 뽑아낸 것이 현재 상태'라는 의견도 표출했다.

소리 내서 읽고, 손으로 쓰고 싶은
내 인생의 격언

나에게는
꿈이
있습니다

'I have a dream.' 킹 목사는 연설가, 설교가로 명성이 높았다. 1963년 8월 28일, 워싱턴의 링컨 기념관 광장에 25만여 명의 군중이 '일자리와 자유를 위한 워싱턴 행진'을 위해 운집했다. 군중의 눈과 귀는 모두 연단으로 집중됐다. 킹 목사의 연설을 듣기 위해서였다. 이때 대행진을 함께한 가스펠 가수 마해리아 잭슨이 "저들에게 꿈에 대해 말해주세요!"라고 소리쳤다. 이에 답이라도 하듯 킹 목사는 미국의 인권 운동사는 물론 미국 역사에 길이 남을 연설을 시작했다. 킹 목사는 "나에게는 꿈이 있습니다. 조지아 주 붉은 언덕에서 옛 노예의 후손들과, 옛 주인의 후손들이 형제처럼 손을 맞잡고 식탁에 함께 둘러앉는 꿈입니다. 나에게는 꿈이 있습니다. 나의 네 자녀들이 피부색이 아니

마틴 루서 킹(Martin Luther King)
흑인 민권 운동가, 목사(1929~1968) 미국

조지아 주 애틀랜타에서 침례교회 목사의 장남으로 태어났다. 1948년에 펜실베이니아 주 체스터의 크로저신학교를 졸업하고 보스턴대학 대학원에서 철학박사 학위를 받았다. 1954년에 앨라배마 주 몽고메리의 침례교회 목사로 취임했다. 1955년 12월에 시내버스의 흑인 차별대우에 반대해 오만 명의 흑인 시민이 벌인 '몽고메리 버스 보이콧 투쟁'을 지도했다. 1년 뒤 법원은 버스 안에서 흑인과 백인 자리를 차별하는 것은 위헌이라고 판결했다. 이후 비폭력주의에 입각해 흑인의 인권을 보호하고 인종 차별에 반대하는 운동에 앞장섰다. 비폭력 저항에 대한 신념은 인도의 마하트마 간디와 헨리 데이비드 소로의 영향을 받았다. 1963년 워싱턴에서 흑인이 백인과 동등한 시민권을 얻어내기 위한 평화 대행진의 지도자로 활약했다. 1964년에 노벨 평화상을 받았다. 주요 저서로 《자유를 향한 위대한 행진》, 《우리 흑인은 왜 기다릴 수 없는가》, 《흑인이 가는 길》 등이 있다. 1968년에 흑인 환경미화원들의 파업을 지원하기 위해 테네시 주 멤피스를 방문했다가 제임스 얼레이에 의해 저격당했다. 당시 나이 39세. 매년 1월 셋째 주 월요일이 '마틴 루서 킹의 날'이다.

라 인격에 따라 평가받는 그런 나라에 살게 되는 꿈입니다"라는 연설로 세계인을 감동시켰다. 킹 목사의 대행진 연설 이듬해인 1964년에 인권법이 통과됐고, 1965년에 흑인의 투표권 행사를 방해하던 선거법 개정이 이뤄졌다.

마틴 루서 킹의 인생 격언

- 어느 곳의 불의는 모든 곳의 정의에 대한 위협이다.

- 자유가 울려퍼지게 하라.[1]

- 내가 죽거든 나를 위해 긴 장례를 할 생각을 하지 마십시오. 긴 조사(弔辭)도 하지 말아 주십시오.[2]

- 잠자코 복종하는 것은 때로는 안이한 길이기는 하지만, 결코 도덕적인 길은 아니다. 그것은 비겁자의 길이다.

- 비폭력의 철학이 아니었다면 미국 남부의 여러 거리에 피의 물결이 출렁거렸을 것이다.

- 백인이 당신의 집을 부순다 해도 그들을 사랑하자.

- 사람은 품성으로 판단해야지 피부색으로 판단해서는 안 된다.

1 — 1963년 8월 28일 오후 3시, 워싱턴의 링컨기념관 계단에서 이뤄진 킹 목사의 연설은 미국 흑인 민권운동의 상징으로 꼽힌다. 킹 목사는 연설 말미에 '자유가 울려퍼지게 하라'는 말을 했다.

2 — 킹 목사는 1968년 2월 4일에 고향 조지아 주 애틀랜타의 에버니저 교회에서 설교했다. 자신의 죽음을 예견하기라도 한 듯한 이 설교는 그의 마지막 설교가 됐다. 그로부터 두 달 뒤 암살당했다.

소리 내서 읽고, 손으로 쓰고 싶은
내 인생의 격언

"우리가 이겼노라."

기원전 490년 무렵 마라톤 평원에서 치러진 그리스 군과 페르시아 군의 전투는 가장 유명한 전투 중 하나다. 도시국가였던 그리스에게는 엄청난 전투였다. 소국인 그리스가 자신들보다 몇 배가 넘는 인구를 보유한 맹주 페르시아와의 전쟁에서 승리한 것은 기적과 다름없었다. 그리스 군은 약 1만 명, 페르시아 군은 1만 5000~2만 5000명이었다. 그리스와 페르시아의 군대가 대치한 곳은 마라톤 평야 남쪽, 산과 평야와 바다가 만나는 협로였다. 마라톤에서 아테네로 가는 길은 두 군데였는데, 해안을 따라 남하하는 길과 북서쪽으로 전진하다 서쪽으로 좌회전해서 계곡을 넘어가는 길이었다. 그리스 군은 이 길이 나뉘는 근처에 자리잡았다. 어느 길로 진행하든 페르시아 군은 그리스 군을 격파해야 아테네로 들어갈 수 있었다. 그리스는 마라톤 전투에서 승리한 직후 아테네 시민에게 한시 바삐 기적 같은 기쁜 소식을 알려야 했다. 전령은 필리피데스(Phillipides)라는 병사가 맡았다. 필리피데스는 너무 열심히 달린 나머지 아테네에 도착하자마자 "우리가 이겼노라"는 말을 남기고 쓰러져 죽었다. 이 사건을 기념해 마라톤 평야에서 아테네까지의 거리인 약 42킬로미터를 달리는 경주가 탄생했다. 바로 그를 기리기 위해 마라톤이 시작됐다는 마라톤의 기원설이다. 필리피데스는 실존 인물이지만, 그가 달린 거리도, 목적도, 전해지는 이야기와는 다르다는 얘기가 있다. 아테네 최고의 달리기 선수였던 그는 마라톤 전투가 벌어지기 전 스파르타에 원병을 청하는 임무를 수행하기 위해 스파르타로 달렸다. 그 거리는 무려 225킬로미터에 달한다. 그는 이 거리를 단 이틀에 주파했고, 쓰러지지도 죽지도 않았다는 이야기가 있다.

"자유가 아니면 죽음을 달라."

미국 독립투쟁 시기의 전설적인 웅변가 페트릭 헨리(Patrick Henry, 1736~1799)가 1775년 3월 23일 버지니아 의회가 해산되자, 리치먼드에서 개최된 비합법 민중대회에서 행한 연설에서 마지막으로 한 말이다. 헨리는 연설을 통해 영국 본국과의 개전을 주장했다. 온건파 세력이 무장 충돌을 피하려 할 때, 민병대를 모집하고 전쟁 준비를 갖추어야 한다는 결의안을 제출했다. 그 결의안을 통과시키기 위해 그는 자신의 빛나는 연설 경력 사상 가장 유명한 열변을 토했다. 헨리는 버지니아의 해노버 군에서 태어났다. 교육을 많이 받지 않았지만 매우 영민했다. 특히 언변이 뛰어나 많은 사람들을 감동시키는 특별한 재주가 있었다. 독학으로 법률 공부를 해 변호사가 됐고, '목사사건'에서 승소하며 명성을 떨쳤다. 1765년 버지니아 식민지 의회에 하원의원으로 진출했고, 버지니아의 초대 주지사를 지냈으며, 초창기 미국의 자유와 권리를 위해 힘썼다.

"펜은 칼보다 강하다."

'The pen is mightier than the sword.' 무력 또는 권력 같은 물리적인 힘보다 글이나 문장의 힘이 더 위력적이라는 뜻이다. 영국의 작가이자 정치가였던 에드워드 조지 불워 리턴(Edward George Bulwer-Lytton, 1803~1873)이 1839년에 쓴 희곡《리슐리에(Richelieu)》에서 처음 사용한 말이다. 19세기 영국 군수산업의 비리를 폭로한 영국 〈더 타임즈〉를 군부가 마녀사냥한 것에 대해 이를 비난한 것이다. 리턴의 이 말은 군수산업 체계 혁신에 기여했다고 한다. 리턴은 케임브리지대학을 졸업하고 언론인으로 활약했다. 식민지 관청의 비서관 등을 지내고 말년에는 글래스고대학 총장을 역임했으며, 남작 작위를 받았다. 하원의원도 지낸 그는 교묘한 표현 기법으로 많은 통속 소설을 썼다. 1834년에 발표한《폼페이 최후의 날》이 유명하다.

"과학에는 국경이 없지만 과학자에게는 조국이 있다."

루이 파스퇴르(Louis Pasteur, 1822~1895)는 미생물학의 기초를 다지는 데 큰 역할을 했다. 프랑스 릴 대학의 화학 교수였던 파스퇴르는 포도주들이 다 상해서 못 먹게 되는 것을 목격하고는 섭씨 60~65도에서 끓여서 세균들을 죽이는 법을 개발했다. 이 연구 덕분에 농부들은 맛있는 포도주를 만들어 팔 수 있었다. 1879년 프랑스에 큰 위기가 닥쳤다. 프랑스는 이웃나라 프로이센과 벌인 전쟁에서 크게 패했다. 조국을 위해 뭐든 돕고 싶었던 파스퇴르는 프로이센의 대학에서 받은 의학박사 학위를 되돌려 주기로 결심했다. 파스퇴르는 과학 법칙은 나라나 민족을 가릴 것 없이 어디서나 보편적인 진리지만, 과학자에게는 그것을 조국과 국민을 위해 활용해야 할 의무가 있다고 보았다.

"노병은 죽지 않는다. 다만 사라질 뿐이다."

한국전쟁에서 유엔군 사령관이었던 더글러스 맥아더(Douglas Mac-Arthur, 1880~1964) 원수는 6·25전쟁 중에 사령관직에서 전격 해임되고 미국으로 돌아왔다. 귀환할 때의 인기는 오히려 하늘을 찔렀다. 해임에 대한 반대 여론이 얼마나 드셌던지 트루먼 대통령의 정치생명이 위태로울 지경이었다. 맥아더는 인천상륙작전으로 불리한 전세를 단숨에 뒤집은 전쟁의 영웅이었다. 트루먼은 그를 신뢰했고 그는 본국으로부터 어떠한 지시나 간섭도 받지 않았다. 그런데 미처 예상치 못했던 중국 참전과 1·4후퇴를 고비로 전황이 급변했다. 이때부터 두 사람은 부딪치기 시작했다. 미국은 '명예로운 휴전'을 모색했다. 반면 맥아더는 이참에 전쟁을 끝내야 한다며 줄기차게 확전을 요구했다. 맥아더는 끝내 자신의 뜻이 받아들여지지 않자 트루먼에게 반기를 들었다. 트루먼이 중국에 휴전을 제의하기 직전 '북진(北進)명령'을 내렸다. 대통령에 대한 도전이었다. 결국 1951년 4월 11일 해임됐다. 맥아더는 1951년 상·하원 합동 퇴임 연설에서 "Old soldiers never die, they just fade away"라는 명언을 남겼다.

"우물쭈물하다 내 이럴 줄 알았지."

94세로 세상을 떠난 영국 극작가 조지 버나드 쇼(George Bernard Shaw, 1856~1950)의 묘비에 새겨진 말이다. 이를 '오래 살다 보면 이런 일(죽음)이 생길 줄 알았지', 즉 죽음은 아무도 피할 수 없다는 의미로 해석하기도 한다. 생전에 쇼가 간곡하게 부탁했다고 전해지는 묘비명은 유머와 재치가 넘쳤던 그의 평소 성격을 잘 드러낸다. 쇼는 《인간과 초인》,《성녀 조앤》등 여러 희곡 작품을 썼으며 1925년에 노벨 문학상을 받았다. 처음에는 소설을 썼고 극작가로서 성공을 거두었다. 19

세기 후반에서 20세기 초반에 이르는 반세기 동안 영국 연극계에서 가장 위대한 존재였다.

"경기는 계속되어야 한다."

1972년 뮌헨 하계 올림픽 폐막을 엿새 남겨둔 9월 5일(한국시간 9월 6일). 팔레스타인의 테러 조직인 '검은 구월단' 조직원 여덟 명이 이스라엘 올림픽 대표단 숙소로 잠입해 들어갔다. 이들은 선수단 두 명(선수과 코치)을 살해하고 남은 아홉 명을 인질로 붙잡았다. 이들이 내세운 요구 조건은 이스라엘에서 복역하고 있는 팔레스타인 232명과 서독 출신의 적군파 요원 안드레아스 바더, 울리케 마인호프의 석방이었다. 안타깝게도 경찰의 미숙한 대응으로 구출과정에서 인질 아홉 명이 모두 숨졌다. 올림픽은 유혈 참극으로 사상 처음으로 중단 위기에 처했다. 당시 에이버리 브런디지(Avery Brundage, 1887~1975) 국제올림픽위원회(IOC) 위원장은 추도식에서 대회의 속행과 관련해 "경기는 계속되어야 한다"고 호소했다. 이어 "소수의 테러분자들이 올림픽 정신인 국제우호와 협력의 틀을 파괴하도록 방치할 수는 없다"고 강조했다. 올림픽은 중단 하루 만에 재개됐다.

8장

소리 내서 읽고,
손으로 쓰고 싶은
정치가의 격언
(국내편)

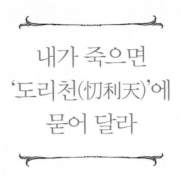

내가 죽으면
'도리천(忉利天)'에
묻어 달라

선덕여왕은 우리나라 최초의 여왕이다. 예지력은 추종을 불허했다. 선덕여왕은 병이 없을 때 자신이 죽을 날을 예고했다. 일연(一然)이 지은 《삼국유사》에 '선덕왕 지기삼사(宣德王 知幾三事)'의 얘기가 나온다. '지기삼사'란 기미를 알아차린 세 가지 일(죽음 예언, 모란꽃 이야기, 옥문지(玉門池) 사건)이라는 뜻. 선덕여왕은 "죽으면 도리천에 묻어 달라"고 말했다. 그러자 신하들은 도리천이 어딘지 모른다며 그곳이 어디냐고 물었다. 그러자 선덕여왕은 낭산(狼山·현재 경주 보문동 일대) 남쪽이라고 답했다. 한 신하가 "도리천은 불교에서 말하는 곳으로 수미산 꼭대기에 있다며 어찌 낭산 남쪽을 도리천이라고 하냐"고 되물었다. 이에 선덕여왕은 "세월이 흐르면 내 말의 뜻을 알게 될 것이다"

선덕여왕(善德女王)
신라왕(?~647) 대한민국

이름은 덕만(德曼)이고, 시호는 선덕(善德)이다. 성은 김씨로 진평왕의 딸로 태어났다. 632년 진평왕이 후사를 이을 아들 없이 세상을 떠났다. 그 뒤를 선덕여왕이 신라 제27대 왕이자, 우리나라 역사상 최초의 여왕으로 즉위했다. 《삼국사기》에는 이때 백성들이 '성조황고(聖祖皇姑, 성스러운 조상의 후손, 여자 황제라는 뜻)'라는 칭호로 불렀다고 기록돼 있다. 재위 당시 나이는 52세. 16년 동안 나라를 다스렸다. 당태종 이세민은 선덕여왕이 즉위한 지 4년 만에 신라 왕으로 책봉했다. 선덕여왕이 즉위할 무렵 일본, 중국도 모두 여왕의 통치를 받았다. 일본에는 추고 여왕(593~628)의 등장을 시작으로 여섯 명의 여왕이 왕위에 올랐다. 당나라에서는 고종의 왕비였던 측천무후가 아들인 중종과 예종을 폐하고 690년에 황제의 자리에 올랐다. 선덕여왕은 훗날 삼국통일의 주역이 된 김유신과 김춘추를 발탁해 삼국을 통일할 수 있는 기틀을 다졌다. 선덕여왕은 나라 안팎의 위기를 지혜로 극복했다. 안으로는 세금을 면제해주는 등 선정을 베풀어 민생을 향상시켰고, 구휼사업에 힘썼다. 밖으로는 당나라와의 외교술로 고구려·백제의 위협에서 벗어났고, 당나라에 유학생을 파견하고, 자장법사를 보내 불법을 들여오는 등 실용성에 중점을 두는 외교정책을 폈다. 동양에서 가장 오래된 천문 관측대로 꼽히는 첨성대를 건립하고, 백제의 아비지를 데려와 황룡사 9층탑을 완공하는 등의 업적을 남겼다.

라고만 했다. 실제 선덕여왕은 예언한 날에 세상을 떠났다. 신하들은 선덕여왕의 유언을 따랐다. 그로부터 10년 뒤 문무왕(김춘추 태종무열왕의 아들)이 선덕여왕의 무덤 아래에 사천왕사(四天王寺)라는 절을 지었다. 불교에서는 사천왕천 위에 도리천이 있다고 한다. 사천왕의 하늘 위에는 도리라는 하늘이 있다. 따라서 선덕여왕의 능은 사천왕사의 위에 있는 터로 도리천이 되는 것이다. 사람들은 그제야 도리천의 의미를 알고 여왕의 지혜와 능력에 탄복했다.

선덕여왕의 인생 격언

- 진심을 다하면 내가 변하고, 내가 변하면 모든 게 변한다.
- 이 꽃은 향기가 없다.[1]
- 죽고자 한다면, 그 마음으로 살아라. 살아서 오욕과 자괴감, 절망, 모두 견뎌라. 죽고자 하는 그 마음으로 버텨 내거라.
- 여성의 카리스마는 부드러움을 기반으로 빛을 발한다.

1 — 선덕여왕은 어릴 때부터 유달리 총명했다. 공주였을 때 당나라 태종이 모란꽃이 그려진 그림 한 폭과 모란 씨를 보내왔다. 그림을 찬찬히 들여다본 공주는 "이 꽃은 향기가 없겠구나" 하고 예견했다. 모란 씨를 심고 얼마 뒤 모란꽃이 흐드러지게 피었다. 그런데 황당하게도 꽃에서는 향기가 나지 않았다. 신하들이 깜짝 놀라 공주에게 달려가 향기가 나지 않는다는 걸 어떻게 알았는지 물었다. 공주는 태연스럽게 그 이유를 설명해주었다. 그림 속에는 너무나 아름다운 모란꽃이 그려져 있었지만 나비가 한 마리도 날아다니지 않았다. 그러니 꽃에 향기가 없다는 뜻이 아니겠냐고 했다. 일명 '향기 없는 모란꽃 이야기'다.

이 몸이 죽고 죽어 일백 번 고쳐 죽어
백골이 진토 되어 넋이라도 있고 없고
님 향한 일편단심이야 가실 줄이 있으랴

고려 '충절의 상징' 정몽주가 이성계의 다섯 번째 아들인 이방원(훗날 조선 태종)과 수담을 나누면서 지은 '단심가'의 내용. 정몽주는 조선 왕조를 세우려는 신흥 세력으로부터 정권 참여 권유를 숱하게 받았으나 이를 완강히 거절했다. 그러자 이방원이 정몽주를 불러 술상을 차려놓고 그의 마음을 떠보려고 '하여가'와 '단심가'를 주고받았다. 이방원이 먼저 "이런들 어떠하리 저런들 어떠하리. 만수산 드렁칡이 얽혀진들 어떠하리. 우리도 이같이 얽혀서 백 년까지 누리리라"라는 '하여가'를 읊으며 자신들과 뜻을 함께하자고 운을 띄웠다. 이에 정몽주가 마지막까지 고려를 지키겠다며, 단호한 자신의 마음을 담은 '단심가'로 화답했다. 결국 이방원은 심복인 조영규 등을 보내 집으로 돌아

정몽주(鄭夢周)
고려 말 충신(1337~1392) 대한민국

우리나라 성리학의 창시자. 자는 달가(達可), 호는 포은(圃隱). 경상북도 영천에서 태어났다. 고려 말기 새로운 이념인 주자학을 확립한 삼은(三隱) 중 한 사람이다. 삼은은 목은(牧隱) 이색, 포은(圃隱) 정몽주, 야은(冶隱) 길재를 일컫는다. 당대 최고의 학자 이색의 문하에서 정도전 등과 수학했다. 정몽주는 다섯 살 아래의 후배였던 정도전에게 많은 영향을 주며 애틋한 우정을 나눴다. 그러나 역사의 선택은 그들을 갈랐다. 종국에는 칼끝을 겨누는 적이 됐다. 친명(親明)파로 이성계와 뜻을 함께했으나, 마지막 순간 서로 다른 길을 택했다. 고려를 개혁해야 한다는 생각에는 이성계, 정도전과 같았다. 그러나 쓰러져가는 고려왕조라고 해도 이를 지켜야 한다는 게 그의 확고한 신념이었다. 결국 역성혁명을 꿈꾸는 이성계와 정도전에게는 눈엣가시였다. 결국 이성계 아들 이방원의 부하에게 피살당하고 만다.

가는 정몽주를 선지교(후일의 선죽교)에서 철퇴로 처참하게 살해했다. 정몽주의 뿌려진 혈흔이 아직도 선죽교에 전설로 남아 있다.

정몽주의 인생 격언

• 민심의 의혹이 온갖 일의 화근이 된다.

• 임금이 있어야 나라가 있고, 나라가 있어야 백성이 있다.

• 군자가 종일토록 굳세고 굳세어 저녁까지 여전히 두려운 듯 행동하
  면, 비록 위태로우나 허물은 없을 것이다.

소리 내서 읽고, 손으로 쓰고 싶은
내 인생의 격언

백성이 가장 귀하고 사직이 그 다음,
군주는 가장 가벼운 것이라 했다.
해서 백성의 고통이 가장 중요한 것이다

정도전은 시대를 앞서간 개혁가였다. 유교 봉건시대인 조선사회에
서 백성이 주인이 되는 민본주의를 주창하고 실천하고자 했다. 민본
(民本)이란 말 그대로 백성을 근본으로 한다는 뜻이다. 정도전은 권신
들의 모략으로 전라도 나주목에 속해 있는 회진현에서 유배 생활을
했다. 그곳에서 정도전은 백성들의 삶을 직접 목격하고 백성을 위하
는 위민의식(爲民意識)을 키웠다. 그가 제시했던 민본사상은 허울 좋
은 이름이 아니었다. 실제 백성의 삶을 목격한 경험에서 우러나온 것
으로 진정성이 담긴 것이었다.

정도전(鄭道傳)
고려·조선 정치인(1342~1398) 대한민국

자는 종지(宗之), 호는 삼봉(三峰), 시호는 문헌(文憲). 충청도 단양 삼봉에서 태어났다. 이색의 문하에서 수학하며 정몽주, 박상충, 이숭인, 윤소종 등과 교유했다. 성균관 박사로 있으면서 정몽주 등과 명륜당에서 성리학을 공부하고 강론했다. 고려 말 우왕 때 친원배명 정책에 반대해 이인임 등 권신 세력과 맞서다가 전라도 나주목에 유배됐다. 1383년, 9년 만에 유배·유랑 생활을 청산하고, 당시 동북면도지휘사로 있던 이성계의 함주 막사로 찾아가 그와 역사적인 만남을 하게 된다. 1388년, 위화도 회군으로 이성계 일파가 실권을 장악하자 조준 등과 함께 전제개혁안을 적극 건의하고, 조민수 등 구세력을 제거해 조선 건국의 기초를 닦았다. 1389년, 이성계, 정몽주, 조준 등과 모의해 폐가입진(廢假立眞)의 명분을 내걸어 창왕을 폐위하고 공양왕을 옹립했다. 1391년, 삼군도총제부 우군총제사가 돼 병권을 장악했다. 그러나 구세력의 탄핵으로 봉화에 유배됐다가 이듬해 봄 이성계가 해주에서 사냥 중에 낙마한 사건을 계기로 고려 왕조를 옹호하던 정몽주 등의 탄핵을 받아 감옥에 투옥됐다. 정몽주가 이방원 일파에 의해 살해되자 유배에서 풀려 조준, 남은 등과 함께 역성혁명을 반대하던 이들을 제거하고 이성계를 왕으로 추대해 1392년 조선을 건국했다. 이후 조선의 기틀을 다지는 작업에 매진했다. 《조선경국전》을 편찬해 법제도의 틀을 만들었고, 《불씨잡변》을 저술해 숭유억불 정책의 이론적 틀을 제시했다. 또 수도를 개경에서 한양으로 옮기고 경복궁 및 도성 자리를 정하는 등 수도 건설 공사의 총 책임을 맡았다. 경복궁을 비롯한 성문의 이름과 한성부의 5부 52방 이름을 손수 지었다. 명나라에서 내정 간섭을 하자 요동(遼東)수복 운동에 박차를 가해 군량미 확보, 진법 훈련, 사병 혁파를 적극 추진했다. 이 과정에서 사병 집단을 거느리고 있는 이성계의 아들들과 큰 마찰을 빚었다. 결국 이방원이 주도한 '제1차 왕자의 난' 때 희생됐다.

- 두려움을 다 떨쳐라. 각자 가슴에 불가능한 꿈 하나씩을 가져라. 그것이 너희의 진정한 대업이다.
- 힘없는 백성들이 기댈 곳은 미우나 고우나 정치뿐이다.
- 정치의 소임은 세상의 정의를 바로잡는 것이다.
- 덕(德)이란 얻음이니 마음에 얻는 것이요, 정(政)이란 바름이니 그 몸을 바르게 하는 것이다.

소리 내서 읽고, 손으로 쓰고 싶은
내 인생의 격언

나라 말이 중국과 달라 문자가 서로 통하지 아니하니… 내가 이를 불쌍히 여겨 새로 스물여덟 글자를 만드니

세종대왕이 직접 작성했다는《훈민정음》서문이다. 훈민정음 창제는 세종의 수많은 업적 중에서도 가장 위대한 발명으로 꼽힌다. '훈민정음'은 '백성을 가르치는 바른 소리'라는 뜻. 훈민정음 서문엔 백성의 고단함과 어려움을 헤아리는 세종의 애민정신이 잘 드러나 있다. 훈민정음에는 훈민정음을 만든 이유를 밝힌 '예의' 부분과 글자가 어떻게 만들어졌는지 그 원리와 사용법 등을 풀이한 '해례' 부분으로 이뤄져 있다. 훈민정음 창제는 조선 최고의 비밀 프로젝트로 진행됐다. 세종은 가장 믿을 수 있는 왕자들을 비롯해 신임 두터운 학문 연구기관인 집현전의 학자들과 함께 훈민정음을 완성했다. 1443년(세종 25년) 훈민정음을 창제하고도 3년 뒤인 1446년(세종 28년) 음력 9월

세종(世宗)
조선 제4대 왕(1397~1450) 대한민국

조부는 조선을 개국한 태조 이성계. 부친은 형제들과의 피 묻은 싸움 끝에 용상의 자리에 오른 태종 이방원. 태종과 원경왕후 사이에 셋째 아들로 태어났다. 22세(1418)에 조선 제4대 왕에 올라 32년 동안 나라를 다스린 뒤 1450년 2월 17일, 54세의 나이로 막내아들인 영응대군 집에서 승하했다. 세종은 태종이 세상을 떠난 뒤에 붙여진 이름이다. 원래 이름은 이도(李裪). 태종 13년에 충녕대군으로 불렸고, 태종 사후 불린 이름이 세종장헌영문예무인성명효대왕(世宗莊憲英文睿武仁聖明孝大王)이었다. 이 이름을 줄여 '세종'이라고 부른 것이다. 세종은 유달리 책을 좋아했다. 왕비와 다섯 명의 후궁이 있었고, 이들로부터 18남 4녀를 뒀다. 소헌왕후와의 사이에 8남 2녀를 두었으며 훗날 첫째 아들이 문종이 되고 둘째 아들 수양대군이 세조가 됐다. 1442년부터 세자인 문종에게 대리청정을 맡기기도 했다. 1420년 집현전을 설치해 활자를 새로 만들고 인쇄술을 발전시켜 《월인천강지곡》, 《고려사》, 《삼강행실》 등의 책을 펴냈다. 1443년엔 《훈민정음》을 만들었다. 또한 이천, 장영실, 이순지 등과 함께 역사상 유례없는 과학기술의 전성기를 이끌었다. 세계 최초로 측우기를 만들고, 해시계(앙부일구), 물시계(자격루) 등의 천문 과학 기구를 발명했다. 《향약집성방》 등 의학 분야의 책도 펴냈으며, 박연을 통해 국악 발전에 기여했다. 또한 김종서에게 두만강 방면에 '6진'을, 최윤덕에게는 압록강 방면에 '4군'을 설치하게 하고, 이종무를 보내 쓰시마 섬을 정벌하게 하는 등 국방에도 힘썼다.

공식적으로 세상에 나오기까지는 부제학(조선시대 정3품 관직) 최만리를 비롯한 많은 사람의 반대를 극복하고 설득하는 작업이 필요했다.

훈민정음의 창제와 보급은 국가적 사업이었다. 훈민정음이 탄생하기는 했지만 한글이 우리 생활에 자리잡기까지 수많은 사람의 연구와 노력이 필요했다. 한글이라는 이름은 주시경이 처음 붙였다. 1940년 《훈민정음해례》가 발견돼 10월 9일을 '한글날'로 정하고 이날을 기념하고 있다. 국보 제70호인 《훈민정음》은 우수성을 세계적으로 인정받아 1997년 10월 유네스코 세계기록유산으로 지정됐다.

세종의 인생 격언

- 내가 꿈꾸는 태평성대는 백성이 하려고 하는 일을 원만하게 하는 세상이다.
- 남을 너그럽게 받아들이는 사람은 항상 사람들의 마음을 얻게 되고, 위엄과 무력으로 엄하게 다스리는 사람은 항상 사람들의 노여움을 사게 된다.
- 고기는 씹을수록 맛이 난다. 그리고 책은 읽을수록 맛이 난다.
- 무릇 잘된 정치를 하려면 반드시 선대의 잘 다스려진 세상과 어지러운 세상이 역사에 남긴 자취를 보아야 할 것이다.
- 나라는 백성으로 근본을 삼고 백성은 먹을 것으로 하늘을 삼는다. 지도자가 성심으로 이끌면 백성들은 부지런히 근본에 힘써 종사하

여 그 생업을 즐거워한다.

- 너그러워 포용성이 있는 사람은 언제나 모든 사람의 마음을 얻을 수 있으나, 무섭고 엄숙한 사람은 언제나 모든 사람의 분노를 산다.
- 사람이 천지 사이에서 살아가며 자기가 지은 대가가 되돌아오는 것이 당연하다. 다만 뜻밖의 불행은 바깥에서 들어오게 되는 것이므로 뜻하지 않는 일이다.
- 세상에 난신적자(亂臣賊子)라는 것이 따로 있지 않다. 제 나라 강산을 못 지켜 백성을 도탄에 빠지게 한 임금과 신하는 국가와 겨레의 난신적자다.
- 책을 통해 깨우치는 바가 많고, 정치와 일에 많은 도움이 된다.

조금씩이라도
독서를 생활화하라

학자 군주인 정조는 책을 많이 읽었다. 정조의 독서 습관은 일상의 규범과도 같았다. 정조는 어려서부터 일과를 정해놓고 글을 읽었다. 병이 났을 때를 제외하고는 언제나 일과를 채우고 나서야 잠을 잤다. 임금이 된 후로도 멈춘 적이 없다. 때로는 저녁에 손님을 응대한 뒤에, 아무리 밤이 깊어도 반드시 촛불을 켜고 책을 가져다 읽었다. 정조는 우리나라의 역대 통치자 가운데 가장 많은 글을 썼다. 일기를 세손 시절부터 써왔으며 국왕이 된 후에도 계속 썼다.

정조(正祖)
조선의 22대 왕(1752~1800) 대한민국

이름은 산(祘), 호는 홍재(弘齋). 세종대왕과 비견할 정도로 조선후기 사회를 태평성대로 이끈 성군으로 불린다. 영조의 손자. 아버지는 효심이 극진했던 비운의 사도세자이며, 어머니는 당시 영의정 홍봉한의 딸 혜경궁 홍씨다. 8세 때 세손으로 책봉됐으며 11세 때 아버지가 정쟁에 휘말려 뒤주에 갇혀 죽음을 당하는 것을 목격했다. 사도세자의 아들이라는 이유 하나만으로 항상 죽음의 위협 속에서 세손 시절을 보내야 했다. 24세 때 영조를 대신해 대리청정을 했고 그 이듬해 승하한 영조를 이어 왕위에 올랐다. 왕의 친위 부대인 장용영 설치, 통치 체제의 틀을 마련하기 위한 법전《대전통편》을 편찬하는 등 중앙집권 체제를 확립해 왕권 강화에 노력했다. 재위 기간 동안 붕당정치의 폐단을 시정하기 위해 탕평책을 실시했다. 백성들의 목소리에 귀를 기울이고, 인재를 키우기 위해 왕립 학술 연구 기구인 '규장각'을 만들었다. 이외에도 수원 화성 축조, 수많은 서책 발간 등 많은 업적을 남겼다.

정조의 인생 격언

• 모든 것은 때가 있다.

• 과인은 사도세자의 아들이다.[1]

• 매일 빗질하면 머리가 세지 않는다.

- 결단은 빠르고 정확하게 하는 것이다.
- 취하지 않은 자, 돌아갈 수 없다.

1 ── 사도세자(思悼世子, 1735~1762)는 영조의 두 번째 왕자로 이름은 이
선(李愃)이다. 장자인 효장세자가 요절하고 영조가 40세를 넘어 얻은
귀한 자식으로 2세 때 왕세자로 책봉됐다. 3세 때 《효경》을 외울 정
도로 영민하고 몸가짐이 신중했다. 그러나 학문보다 무예와 그림 그
리기를 좋아했다. 영조를 왕위에 올린 노론 세력들은 세자를 못마땅
하게 생각했다. 사사건건 노론을 비판한다는 이유에서다. 15세 때 세
자가 대리청정을 하면서 노론과의 충돌이 더욱 심해졌다. 노론의 이
간질은 날로 심해져 영조와 세자의 관계가 회복될 수 없을 만큼 갈
라졌다. 노론은 3개월 동안이나 평양에 비밀리에 유람한 것과 나경
언이라는 자를 사주해 비행 열 가지를 적어 올리도록 해 세자 지위
를 폐위시키는 데 성공했다. 이후 노론의 비방과 부왕의 불신으로 정
신 질환을 앓게 된 세자는 영조로부터 자결을 강요받는다. 하지만 이
를 거절했고 서인으로 강등되는 수모를 겪었다. 이윽고 세자는 강제
로 뒤주에 갇혀 8일 동안을 버티다가 아사(餓死)했다. 훗날 영조는 아
들을 죽인 일을 후회하며 그에게 사모하고 추도한다는 뜻의 '사도(思
悼)'라는 시호를 내렸다. 사도세자의 아들인 정조(당시 왕세손)는 겨우
11세 때 아버지가 할아버지의 명령으로 뒤주에 갇혀 죽어가고 있는
것을 눈으로 보며 숨죽인 채 흐느껴야 했다. 노론세력은 장차 왕세손
이 즉위해 아버지를 죽인 자신들에게 보복할 것을 두려워해 왕세손
에게 갖은 모략과 위협을 서슴지 않았다. 정조가 즉위 첫날 대신들
앞에서 가슴 속에 응어리진 한을 입 밖으로 꺼낸 첫마디가 바로 이
말이다. 하지만 정조는 노론에 대한 피비린내 나는 복수극을 펼치지
않았다.

사람 섬기기를
하늘과 같이 하라

최제우가 창시한 동학은 서학(西學)에 대립되는 개념이다. 동학은 동쪽에 있는 나라의 종교라는 뜻. 시천주(侍天主) 사상을 만들었다. 동학은 기일원론(氣一元論)의 관점에 따라 하늘과 사람이 일체화될 수 있다고 했다. 천주(天主)는 따로 존재하는 것이 아니라 인간 안에 있다는 사상이다. 최제우는 시천주 사상에 기초해 민중의 평등의식을 반영하고 고취하고자 했다. 최제우의 사상은 최시형에 이르러 '사람이 하늘이니(人卽天) 사람 섬기기를 하늘과 같이 하라(事人如天)'는 내용으로 발전했다. 3대 교주인 손병희에 이르러서는 '사람이 곧 하늘이다'라는 '인내천(人乃天)' 사상으로 체계화됐다. 표현만 달랐지 인간에 대한 믿음과 사랑은 모든 종교의 근본정신이라는 의미다. 동학교

최제우(崔濟愚)
동학 교조(1824~1864) 대한민국

자(字)는 성묵(性默), 호는 수운(水雲). '제우(濟愚)'는 35세 되던 해에 어리석은 중생을 구제한다는 뜻으로 스스로 지은 이름이다. 경상도 경주에 사는 가난한 선비의 아들로 태어났다. 어릴 때부터 용모가 남다르고 총명해 많은 이들의 주목을 받았다. 서자 신분이었기에 사회적 차별을 받아야 했고 미래도 밝지 않았다. 18세 때 양친을 모두 여읜 후, 1844년부터 1854년까지 전국을 떠돌아다니며 다양한 경험을 하면서 혼란한 조선 사회를 변화시킬 방법을 모색했다. 경주 구미산의 용담정에서 긴 수련을 시작했고, 드디어 1860년 5월 민족 고유의 경천사상을 바탕으로 유교·불교·도교를 비롯한 민간사상을 융합해 동학(東學)을 창시했다. 득도 이후 본격적으로 포교활동을 시작했다. 동학이 창시된 지 불과 3년 만에 교인 수(약 3000명)가 급증하자 접주를 둬 교도를 관장하게 했고, 1863년에는 최시형에게 동학의 도통을 잇게 했다. 동학의 후천개벽 사상은 백성들에게 새로운 세상이 열릴 것이라는 희망을 안겨주었다. 동학의 빠른 전파는 지배층의 경계를 받았다. 지배층은 동학의 인간평등 사상이 전통적인 신분체제를 위협할 것이라 보고 신도들을 탄압했다. 1864년 '백성을 유혹하는 사악한 종교'라고 규정짓고 최제우를 체포해 처형했다. 향년 나이 41세였다. 최시형은 최제우가 남긴 교리들을 정리해 동학의 경전인《동경대전》,《용담유사》를 간행했다.

도들은 1894년 갑오농민전쟁을 일으켜 부패한 조선에 개혁을 제시했다. 동학은 1905년 천도교로 이름을 바꿔 지금까지 이어져오고 있다.

최제우의 인생 격언

- 도(道)는 하느님의 올바른 가르침이다.

- 이제 후천개벽이 일어날 터인데, 그것은 분명 아낙을 앞세운 음개벽이다. 그러나 어디 아낙만의 세상이겠느냐, 남녀동등의 세상이겠지.

소리 내서 읽고, 손으로 쓰고 싶은
내 인생의 격언

우리 목표는 기울어가는 나라를 구하고
백성들을 편안히 살게 하는 것이다.
자, 주저하지 말고 즉시 일어나자!

1894년 동학농민운동이 시작될 무렵, 조선은 호시탐탐 침략을 꾀하는 외세의 위협을 받고 있었음에도 관리들은 백성들의 고혈을 짜내 자신들의 배를 불리는 일에만 몰두하고 있었다. 전봉준이 전라북도 고부의 동학 접주로 활동할 무렵, 고부 군수 조병갑의 폭정은 도를 넘었다. 전봉준의 아버지는 조병갑의 모진 매질에 목숨을 잃기도 했다. 이에 농민들과 동학교도들은 전봉준의 지휘 아래 관아를 습격해, 부패한 관원들을 몰아내고 창고를 열어 농민들에게 곡식을 나눠주었다. 이후 조정은 봉기의 원인 조사를 위해 이용태를 보냈지만, 원인규명은커녕 죄 없는 사람들을 막무가내로 체포하고 투옥시켰으며 가옥파괴나 살해도 서슴지 않았다. 다시 궐기를 다짐하며 고부 백산에 모

전봉준(全琫準)
동학의 지도자(1855~1895) 대한민국

일명 녹두장군(綠豆將軍)이라 불린다. 전라북도 고창에서 태어났다. 어릴 적 이름은 명숙, 족보상의 이름은 영준. 녹두장군은 키가 작아서 붙여진 별칭이다. 전봉준은 양반 신분이기는 했지만 집안 형편이 매우 어려웠다. 훈장 노릇도 하고 한의사 생활도 하며 생계를 꾸렸다. 30대에 동학을 믿기 시작했다. 폭정을 일삼던 고부 군수 조병갑을 몰아내기 위해 전봉준이 동학교도와 농민들을 모아 일으킨 봉기는 제1차 동학농민운동의 서곡이었다. 이후 조정에서 내려온 이용태의 폭압적인 수사는 다시 한 번 동학교도와 농민들을 집결하게 했고, 이를 토벌하러온 관군과 황토현에서 첫 싸움을 벌였다. 동학군은 파죽지세로 정읍, 고창, 영광 등을 장악한 뒤 전라도의 중심지인 전주성을 함락시켰다. 위기감을 느낀 조정은 동학군에 화해를 제의하는 한편, 청나라에 군사를 요청했다. '텐진조약'을 빌미로 일본도 입국했다. 동학군은 외세를 몰아내는 게 더 중요하다고 판단해 조정과 '전주화약'을 맺고 휴전했다. 일본은 이참에 청나라를 조선에서 쫓아낼 속셈으로 '청일전쟁'을 일으켰다. 전쟁에서 승리한 일본은 한반도에서의 침략행위를 더욱 노골화했다. 이에 동학군은 1894년 10월 일본에 항전하기 위해 다시 봉기했다. 제2차 동학 봉기였다. 전봉준은 12만 명의 농민군을 지휘했다. 농민군은 충남 공주의 우금치 전투에서 신식무기로 무장한 일본군과 관군의 공격에 속절없이 무너지며 와해의 길로 접어들게 된다. 결국 전봉준은 1894년 12월에 옛 부하였던 김경천의 밀고로 관군에게 잡혀 서울로 압송됐고, 이듬해인 1895년 3월 30일 형장의 이슬로 사라졌다.

인 1만 3000여 명의 농민들과 동학교도들에게 전봉준은 일장 연설을 했다. 전봉준과 농민들, 동학교도들은 탐학(貪虐)을 일삼는 관리들을 철퇴하는 한편, 외세를 몰아내고 민족정기를 바로 세우는 개혁운동도 추진했다.

전봉준의 인생 격언

- 사람이 세상을 사는 데 가장 중요한 것은 인륜이다.
- 나를 죽일진대 종로 네거리에서 목을 베어 오고가는 사람에게 내 피를 뿌려주는 것이 옳거늘, 어찌 컴컴한 적굴 속에서 암연(暗然)히 죽이느냐![1]
- 새야 새야 파랑새야 녹두밭에 앉지 마라. 녹두꽃이 떨어지면 청포 장수 울고 간다.[2]
- 나 자신이 핍박당한 것을 풀기 위해 봉기함이 어찌 남자된 자의 행동이겠는가? 많은 사람이 원통해하고 한탄하는 까닭에 백성들에 대한 핍박을 제거하고자 해서 일으켰다.
- 때를 만나서는 천하도 나를 따랐건만, 시운 다하니 영웅도 스스로 어쩔 수 없구나. 백성을 사랑하고 정의를 위한 길 무슨 허물이랴. 나라 위한 일편단심 그 누가 알아줄고?

1 —— 전봉준이 어두운 사형장으로 끌려가면서 한 말.

2 —— 조선 후기에 구전되던 민요. 전봉준이 주도한 동학농민혁명의 실패
를 슬퍼하는 농민들의 감정을 담고 있다. 녹두장군인 전봉준을 기린
노래로 알려져 있다.

소리 내서 읽고, 손으로 쓰고 싶은
내 인생의 격언

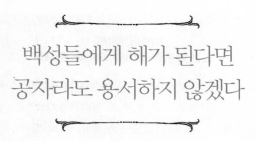

백성들에게 해가 된다면
공자라도 용서하지 않겠다

　　흥선대원군은 나라의 뿌리를 갉아먹는 해충 같은 존재인 서원을 철폐했다. 그에게 서원은 눈엣가시 같은 존재였다. 서원은 세도정치 속에서 군역의 의무를 지지 않는 등 각종 특권과 비리의 온상이었다. 조선 후기 뛰어난 학자였던 송시열의 위패를 모신 화양서원의 권세는 대단했다. 화양서원의 입김이 얼마나 센지 임금도 어쩔 도리가 없을 지경이었다. 화양서원에는 만동묘라는 사당이 있었는데, '임금 위에 만동묘지기가 있다'는 유행가가 돌 정도였다. 대원군은 만동묘를 철폐하고 폐단이 큰 서원을 철폐하는 특단의 조치를 취했다. 이에 양반들과 유생들이 줄지어 상소를 올리고, 경복궁 앞에 몰려와 시위를 벌였다. 대원군은 결연한 의지로 "백성을 해치는 자는 공자가 다시 살아

이하응(李昰應)
조선 말 왕족(1820~1898) 대한민국

자는 시백(時伯), 호는 석파(石坡), 시호는 헌의(獻懿). 고종(조선 제26대 왕)의 아버지로, 흥선대원군(興宣大院君)으로 잘 알려져 있다. 조선 역사상 유일하게 살아있는 왕의 아버지로 대원군에 봉해져 국정의 전권을 쥐락펴락하며 최고의 권력을 휘둘렀다. 12세 때 왕위에 오른 고종을 대신해 섭정을 했다. 고종의 비(妃)이자 며느리 민씨, 명성황후(민자영, 1851~1895)와는 화합할 수 없는 정치적 대결을 벌였다. 대내적으로는 60여 년 동안 이어져온 세도정치를 분쇄해 왕권 회복을 추진했다. 왕실의 권위를 높이기 위해 경복궁 중건에 착수했으나, 무리한 세금 징수와 강제 노역으로 백성들에게 큰 원성을 사기도 했다. 대외적으로는 침략적 접근을 꾀하는 외세에 맞서 강력한 '통상수교 거부정책'을 펼쳤다. 1866년(고종 3년)부터 1871년(고종 8년)까지 6년 동안(1866~1872) 네 번에 걸쳐 프랑스 신부 아홉 명과 8000여 명의 천주교도를 학살하는 천주교박해 정책을 펼쳤다. 프랑스 신부를 처형한 것이 문제가 돼 프랑스 함대가 강화도에 침입한 병인양요(1866)가 일어났다. 또 '제너럴셔먼호 사건'(1866)을 구실로 미국이 개국을 강요하며 신미양요(1871)를 일으켰다. 대원군은 프랑스와 미국을 격퇴하면서 구미 열강의 식민주의적 침략을 극복했다. 당시 서양세력을 경계하는 백성들에게 큰 호응을 받았다. 하지만 쇄국의 강화는 조선의 문호 개방을 가로막아 근대화의 길을 지연시키는 결과를 초래했다.

난다 하여도 내가 용서 못한다. 하물며 서원은 우리나라의 선유(先儒)를 제사지내는 곳인데 어찌 이런 곳이 도적이 숨는 곳이 되겠느냐"며 단호하게 말했다. 대원군은 서원을 47개만 남겨 놓고 모두 철폐했다. 서원의 토지와 노비를 몰수해 국가 재정을 강화했다. 《대한계년사》(정교가 조선 말·일제 초기의 역사를 편년체로 기술한 책)에 나오는 내용이다.

이하응의 인생 격언

- 서양 오랑캐가 침범하는데 싸우지 않으면 화친하는 것이요, 화친을 주장하는 것은 나라를 팔아먹는 것이다.[1]
- 허리를 구부려 난초 그림을 보니 이 늙은이라도 역시 마땅히 손을 들어야 하겠거늘, 압록강 이동에서는 이와 같은 작품이 없을 것입니다. 이것은 면전에서 아첨하는 한마디의 꾸밈말이 아닙니다.[2]

1 ─ 척화비(斥和碑) 내용. 흥선대원군은 두 차례의 외침을 물리치고 나서 서양과의 통상 거부 정책을 널리 알리기 위해 서울 종로 거리와 전국 각지에 '척화비'를 세웠다. 외국의 못된 오랑캐들과 싸우지 않는 것은 나라를 팔아먹는 일과 똑같다고 했다.

2 ─ 석파 흥선대원군이 추사 김정희와 주고받은 서신의 내용이다. 유명세를 탄 대원군은 김정희의 수제자였다. 대원군의 난초 그림은 뛰어났다. 대원군의 그림은 가짜가 많기로 유명한데 그의 그림 절반 이상이 가짜라는 것이 정설일 정도다. 대원군의 난초 그림은 그의 생전부터 가짜가 많았다고 한다. 당시 그의 난초 그림을 원하는 사람이 많았다. 대원군은 사랑방에 사람들을 앉혀놓고 대신 그리게 한 다음 거기에 자신의 이름을 쓰고 도장을 찍었다. 가짜가 많은 것은 대원군의

난초 그림이 탁월했음을 의미한다. 흥선대원군 이하응필 묵란도(興宣
大院君 李昰應筆 墨蘭圖)는 서울시 유형문화재 제142호로 서울시 종
로구 신문로에 위치한 서울역사박물관에 소장돼 있다.

소리 내서 읽고, 손으로 쓰고 싶은
내 인생의 격언

한 나라가 잘 되고 못 되는 열쇠는
그 나라 국어를
얼마나 사랑하느냐에 달려 있다

주시경은 한글 사랑에 일생을 바쳤다. 우리말을 살리는 데에 혼신을 다했다. 그는 말과 글은 곧 나라의 정신이라고 생각했다. 조선 초기 세종대왕이 훈민정음을 창제했지만, 백성들에게 널리 보급되지 못한 채 천대를 받았다. 민족의 정체성 확립을 위해서는 배우기 쉬운 우리 글의 보급이 필연적이었다. 주시경은 1913년에 '한글'이란 명칭을 처음 사용했고, 일제의 탄압에도 불구하고 한글에 대한 연구와 보급을 끊임없이 진행했다. 그는 "나라를 일으키는 일은 자기 나라의 말과 글을 존중해 쓰는 것이 가장 중요하다"는 어문 민족주의적 사고를 견지하며 애국계몽운동을 펼쳐나갔다.

주시경(周時經)
한글학자(1876~1914) 대한민국

국어학 연구의 선구자. 황해도 봉산에서 가난한 선비의 아들로 태어났다. 조선 중기 풍기군수로서 최초의 서원인 백운동 서원을 세운 주세붕의 13대 손이다. 아명은 상호(相鎬), 호는 한힌샘·백천(白泉)·태백산(太白山). 민족 정신을 고양시키기 위해 계몽운동, 국어운동, 국어연구 등의 활동을 활발히 전개했다. 우리말과 한글의 전문적 이론 연구와 후진 양성으로 한글의 대중화와 근대화에 개척자 역할을 했다. 우리말과 한글을 이론적으로 체계화했고, 국어에서의 독특한 음운학적 본질을 찾아내는 업적을 남겼다. 그의 노력으로 오늘날의 국어학이 발전할 수 있는 터전이 마련됐다.《말》,《국어문법》,《말소리》등을 저술했다.《국어문법》은 우리나라의 대표적인 근대적 문법서로 평가받고 있다. 1914년 7월 27일, 서울 수창동 자택에서 38세의 젊은 나이로 급서했다. 제자들이 그 뜻을 이어받아 '조선어 연구회'를 창설했다.

주시경의 인생 격언

• 말과 글이 거칠면 그 나라 사람의 뜻과 일이 다 거칠어지고, 말과 글이 다스려지면 그 나라 사람의 뜻과 일도 다스려진다.

• 말이 오르면 나라가 오르고, 말이 내리면 나라가 내린다.

- 우리글은 우리가 아껴야 한다.
- 불의에 편승해 영달을 꾀하려 하는 것은 이 나라의 국민으로서 있을 수 없는 행위다.

소리 내서 읽고, 손으로 쓰고 싶은
내 인생의 격언

하느님이 네 소원이 무엇이냐고 물으시면
나는 서슴지 않고
"내 소원은 대한 독립이오"라고
대답할 것이다

대한민국 임시정부의 주석이었던 김구는 우리나라의 완전한 자주 독립을 소망했다. 김구가 8·15광복 후 귀국해 《백범일지》상·하 편 뒤에 덧붙여 쓴 '나의 소원'이라는 글의 한 부분이다. 통일에 대한 끝 없는 염원을 표현한 것이다. 《백범일지》는 상하이(上海)에서 독립운 동을 하던 무렵 조국에 있는 두 아들에게 쓰기 시작한 편지였다. 편지 들은 유서 형식으로 썼고, 1947년 12월에 출간됐다. 상편은 1929년 상하이 임시정부에서 1년 정도의 독립운동을 회고하며 기록한 것으 로 한글과 한문을 혼용했다. 하편은 이봉창, 윤봉길 의거를 지휘한 후 충칭(重慶)으로 이동해 제2차 세계대전 중에 쓴 것이다. 해방을 맞기 까지의 투쟁 과정이 담겨 있다. 《백범일지》는 김구 개인의 활동 기록

김구(金九)
정치인(1876~1949) 대한민국

대한민국 정치 지도자 중 가장 존경받는 인물 중 한 명이다. 어릴 적 이름은 창암(昌岩). 18세 때 창수(昌洙)로 개명하고 37세 때 이름을 구(九)로 바꾸고 호를 백범(白凡)으로 정했다. 황해도 평산에서 태어났다. 을사조약 체결에 저항해 이준, 이동녕과 함께 상소를 올리고 1909년 안중근 의거를 지휘했다. 1910년 신민회 사건으로 3년여의 수감생활을 마치고 가석방됐다. 1911년 105인 사건으로 체포돼 종신형을 선고받는 등 일제에 의해 탄압을 받다가 3·1운동 직후 상하이로 건너가 대한민국 임시정부에 참여했다. 충칭 대한민국 임시정부에서는 주석으로 활동했다. 1945년 8·15 광복을 맞아 환국해 반탁운동을 주도했다. 통일 정부 수립을 위한 남북협상을 제안, 평양에 가서 정치회담을 했으나 실패하고 돌아왔다. 안타깝게도 1949년 6월 26일 경교장에서 육군 소위 안두희가 쏜 총탄에 서거했다. 장례식은 서울운동장에서 100만 명이 모인 가운데 국민장으로 치러졌다. 유해는 효창공원에 묻혔다.

에 그치지 않는다. 임시정부와 독립운동에 관한 연구에 귀중한 사료적 가치를 지니고 있다. 김구는 미국도, 소련도 아닌 오직 우리 민족의 힘과 의지로 모두가 바라는 통일 국가를 꿈꿨다.

김구의 인생 격언

- 나는 공자, 석가, 예수가 힘을 합해 세운 천당, 극락이 있다 할지라도, 그것이 우리 민족이 세운 나라가 아닐진대, 우리 민족을 그 나라로 끌고 들어가지 않겠다.

- 의심하는 사람이거든 쓰지를 말고, 쓰는 사람이거든 의심을 말라.

- 어떤 중요한 일을 할 때에는 그것이 현실이냐 비현실이냐를 따지기보다는, 먼저 그 일이 바른 길이냐 어긋난 길이냐를 따져서 결정하라.

- 얼굴이 잘 생긴 것은 몸이 건강한 것만 못하고, 몸이 건강한 것은 마음이 바른 것만 못하다.

- 오직 한없이 가지고 싶은 것은 높은 문화의 힘이다. 문화의 힘은 우리 자신을 행복하게 하고, 나아가서 남에게도 행복을 준다.

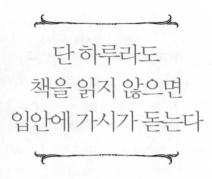

단 하루라도
책을 읽지 않으면
입안에 가시가 돋는다

일일부독서 구중생형극(一日不讀書 口中生荊棘). 안중근은 조국의 자주독립을 위해 목숨을 걸었다. 이토 히로부미(伊藤博文)를 저격하고 투옥당했지만 당당했다. 안중근이 옥중에서 처형을 앞두고 한 말이다. 이 말은 인간의 신체적인 기능에 빗대어 독서의 중요성을 비유적으로 표현한 것이다. 형극(荊棘)은 '나무의 가시'를 뜻한다. 힘겹고 어려운 상황, 고난 등을 의미한다. 그에게 살신성인 독립투쟁의 바탕이 된 것은 역시 책과 독서였다.

안중근(安重根)
독립운동가(1879~1910) 대한민국

아명은 응칠(應七). 황해도 해주에서 안태훈과 조성녀 사이의 3남 1녀 중 장남으로 태어났다. 안태훈의 가문은 안중근을 비롯해 독립운동가 40여 명을 배출한 명문가다. 독립 유공자로 인정받은 사람은 안중근과 동생 정근, 공근 등 11명. 안중근은 일찍이 천주교를 접하면서 개화사상에 눈을 떴다. 1895년 천주교 학교에 입학, 도마(多默, Thomas)라는 세례명을 받았다. 1906년에 경영하던 석탄회사를 정리하고 그 돈으로 삼흥학교를 설립했고, 이어 남포의 돈의학교를 인수해 인재 양성에 힘썼다. 1907년에 러시아 연해주(沿海州)로 건너가 의병부대를 창설해 일본군과 싸웠다. 1909년에 동지 11명과 '동의단지회(同義斷指會)'라는 비밀결사 조직을 결성하고 목숨을 바쳐 조국을 지킬 것을 맹세했다. 그해 10월 26일 오전 9시 반 무렵, 러시아 령 하얼빈 역에서 러시아군의 군례를 받는 조선통감부 초대 통감인 이토 히로부미를 저격 사살했다. 이와 함께 총영사 가와카미 도시히코, 궁내 대신 비서관 모리 타이지로 등에게도 중상을 입히며 러시아 경찰에게 현장에서 체포됐다. 뤼순(旅順) 감옥에 수감돼 1910년 2월 14일에 사형을 선고받고, 그해 3월 26일에 뤼순 감옥 형장에서 순국했다. 당시 나이 향년 32세. 옥중에서 《동양평화론》을 집필했다. 서예도 뛰어나 옥중에서 휘호한 많은 유묵(遺墨)이 보물로 지정됐다.

안중근의 인생 격언

⟨⟨⟨⟩⟩⟩

- 5분의 시간을 주십시오. 책을 다 읽지 못했습니다.
- 눈보라가 친 연후에야 잣나무가 이울지 않음을 안다.[1]
- 내가 이토를 죽인 것은 한국 독립전쟁의 한 부분이며, 또 내가 일본 법정에 서게 된 것도 전쟁 포로가 되었기 때문이다. 나는 개인 자격으로 이 일을 한 것이 아니고, 대한제국군 참모중장의 자격으로 조국의 독립과 동양의 평화를 위해 한 것이다. 나를 처벌하려거든 국제법에 따라 처리하라. 나는 범죄자가 아니다.[2]
- 내가 죽은 뒤에 나의 뼈를 하얼빈 공원 옆에 묻어두었다가 나라를 되찾거든 고국으로 옮겨다오. 나는 천국에 가서도 마땅히 우리나라의 독립을 위해 힘쓸 것이다. 대한독립의 노래가 천국에 들려오면 나는 마땅히 춤을 추며 만세를 부를 것이다.[3]
- 나라를 위해서 몸을 바치는 것이 군인의 본분이다.
- 허름한 옷과 거친 음식을 부끄러워하는 자와는 함께 의논할 수 없다.

---

1 ―― 남긴 유묵(遺墨) 중 하나. 날씨가 추워진 후에 잣나무의 절개를 알 수 있다는 뜻이다. 나라가 위험할 때 비로소 스스로 희생하는 사람을 알 수 있다는 말이다. '이울다'는 꽃이나 잎이 시든다는 뜻.

2 ―― 안중근은 이토 히로부미를 저격하고 뤼순 감옥에 수감돼 재판을 받

았다. 재판은 재판관도, 검찰관도, 변호인도 모두 일본인으로 채워진 어용·재판이었다. 그럼에도 불구하고 법정에서 자신이 한 일에 대해 당당하게 주장했다.

3 ─── 자신을 면회 온 가족에게 남긴 유언이다.

소리 내서 읽고, 손으로 쓰고 싶은
내 인생의 격언

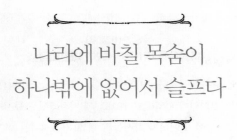

나라에 바칠 목숨이
하나밖에 없어서 슬프다

유관순 열사가 마지막으로 남긴 말이다. 유관순은 이 말을 남기고 감옥 안에서 대한독립의 희망을 잃지 않은 채 눈을 감았다. 서울 서대문 형무소에 갇힌 유관순은 갖은 고문과 학대로 몸이 점차 쇠약해졌음에도 대한독립 만세를 수없이 외쳤다. 유관순은 눈을 감기 전 "내 손톱이 빠져 나가고, 내 귀와 코가 잘리고, 내 손과 다리가 부러져도, 그 고통은 이길 수 있다. 하지만 나라를 잃어버린 고통만은 견딜 수가 없다. 나라에 바칠 목숨이 오직 하나밖에 없는 것이 이 소녀의 유일한 슬픔이다"라고 말했다.

유관순(柳寬順)
독립운동가(1902~1920) 대한민국

충청남도 천안에서 태어났다. 1915년에 선교사의 소개로 이화학당(현재의
이화여고) 보통과 2학년에 편입했고, 1918년에 이화학당 고등과에 입학했다.
1919년에 3·1운동이 일어나자 학생들과 함께 가두시위를 벌였다. 일제가
강제로 휴교령을 내리자 서울의 독립운동 소식을 전하고 만세 시위운동을
전개하기 위해 고향으로 내려갔다. 그해 4월 1일에 천안의 아우내(병천) 장
터에서 3000여 군중에게 태극기를 나눠주며 시위를 주도하다가 일본 헌병
대에 체포됐다. 이때 부모가 일본 헌병의 총칼에 목숨을 잃었다. 이송된 공
주 감옥에서 공주 영명학교의 만세시위를 주도하다가 잡혀온 오빠 유관옥
을 만났다. 그 후 법원에서 만세운동을 주도했다는 죄명으로 3년형을, 법정
모독죄까지 총 7년형을 선고받게 된다. 서대문형무소로 옮겨져 복역 중 모
진 고문의 후유증으로 꽃다운 나이인 19세에 순국했다.

유관순의 인생 격언

• 난 잔다르크처럼 나라를 구하는 소녀가 될 것이다.

• 여러분, 우리에겐 반만년의 유구한 역사를 가진 나라가 있었습니
다. 그러나 일본놈들은 우리나라를 강제로 합방하고 온 천지를 활
보하며 우리나라 사람들에게 갖은 학대와 모욕을 다하고 있습니
다. 우리는 10년 동안 나라 없는 백성으로 온갖 압제와 설움을 참

고 살아왔지만 이제 더는 참을 수 없습니다. 우리는 나라를 찾아야 합니다. 지금 세계의 여러 약소민족들은 자기 나라의 독립을 위하여 일어서고 있습니다. 나라 없는 백성을 어찌 백성이라 하겠습니까. 우리도 독립만세를 불러 나라를 찾읍시다.[1]

- 나는 대한민국 사람이다. 너희들은 우리 땅에 와서 우리 동포들을 수없이 죽이고 나의 아버지와 어머니를 죽였으니, 죄를 지은 자는 바로 너희들이다. 우리들이 너희들에게 형벌을 줄 권리는 있어도 너희들이 우리를 재판할 그 어떤 권리도, 명분도 없다.[2]

- 삼천리 강산이 들끓고 있는데 우리 동네만 잠잠할 수는 없다.

1 — 1919년 4월 1일에 아우내 장터에서 만세 시위운동을 지휘하던 유관순이 군중을 향해 외친 열변이다. 이 열변은 군중들에게 애국심을 한층 고조시켰고, 만세운동의 불쏘시개가 됐다. 이날 19명의 사망자와 30명의 부상자가 발생했다.

2 — 유관순이 공주 감옥에서 재판받을 때 법정에서 한 말이다.

"계림(신라)의 개, 돼지가 될지언정 왜의 신하는 되지 않겠다."

신라 눌지왕 때의 충신 박제상(朴提上, 363~419)이 나라와 임금을 위해서라면 목숨도 아끼지 않을 만큼 모든 것을 내던지겠다는 의지를 표현한 것이다. 박제상은 볼모로 잡혀간 왕의 동생을 구하고 순국했다. 세종대왕은 박제상을 "신라 천 년의 으뜸가는 충신"이라며 극찬했다. 부인이 치술령에 올라 남편 박제상이 오길 손꼽아 기다리다 숨겨 망부석(望夫石)이 됐다는 이야기가 전해진다. 신라 19대 왕인 눌지왕은 고구려와 왜나라(일본)에 볼모로 끌려간 동생 복호와 미사흔을 늘 걱정했는데, 어느 날 박제상에게 두 아우를 데려와 달라고 요청했다. 박제상은 고구려에 가서 장수왕을 설득해 복호와 함께 귀환했다. 이어 눌지왕은 왜나라에 있는 미사흔도 데려와주기를 바랐다. 박제상은 왜나라 왕을 속여 신라를 배신하고 온 것처럼 행동해서, 신라로 가는 왜나라 군대의 길 안내를 맡았다. 이때 미사흔을 빼돌려 혼자 신라로 도망치게 했다. 박제상은 왜나라 군대에 붙잡히는 신세가 됐다. 왜나라 왕은 자기의 신하가 되겠다고 하면 높은 벼슬을 주겠다고 회유

했다. 하지만 박제상은 이에 굴복하지 않고 죽음의 길을 택했다. 왜나라 왕은 박제상을 목도(木島)로 귀양 보낸 뒤 불에 태워 죽였다.

"고구려의 정신을 잊지 말고 계승하라."

698년 발해를 건국한 대조영(大祚榮, ?~719)이 남긴 유언이다. 대조영은 건국의 이유를 "나는 고구려의 후손이다. 고구려가 망한 뒤 이 넓은 땅이 우리 눈에서 멀어져 있는 것 같다. 매우 안타까운 노릇이다. 이에 나는 고구려 대제국의 모습을 다시 찾고, 정신을 계승하고자 이 땅에서 다시 일어났다"고 밝혔다. 대조영은 옛 고구려 땅을 되찾고, 돌궐·당나라 등과 외교관계를 맺으며 나라의 기틀을 다졌다. 이후 발해는 거란의 침략에 제대로 대처하지 못해, 926년에 역사 속으로 사라졌다.

"의를 보고 행하지 않으면 용맹이 없는 것이다."

신라시대 해상왕인 장보고(張保皐, ?~846)가 남긴 말이다. 장보고는 청해진을 설치해 해적을 소탕하고, 당·신라·일본 사이의 국제 무역을 주도했다. 장보고는 "저에게 청해를 지키는 일을 맡기신다면, 해적들이 우리나라 사람들을 노비로 끌고 가는 것을 막겠다"고 했다. 우리나라가 1988년 세종과학기지에 이어 26년 만인 2014년 2월에 완공한 두 번째 남극기지 이름이 바로 '장보고 과학기지'다.

"지혜로운 자는 가난해도 즐거워하고 어리석은 자는 부자라도 걱정한다."

통일신라 말기 학자이자 대문장가인 최치원(崔致遠, 857~?)이 한 말이다. 지혜롭고 어리석은 자는 행동하고 생각하는 데에 차이가 있다는 뜻이다. 고운(孤雲) 최치원은 경주 최씨의 시조다. 당나라로 유학해 당나라 관직을 지냈으며, 17년 동안 당나라에 머물면서 여러 문인들과 친교했다. '토황소격문(討黃巢檄文, 황소의 난을 토벌하는 격문)'을 지어 문장가로서 이름을 떨쳤다. 신라에 돌아와 높은 벼슬에 올라 공을 세웠으며 왕명으로 '대숭복사비문(大崇福寺碑文)' 등의 명문을 남겼다. 또 진성여왕에게 '시무책 10여조'를 올려 정치 개혁을 추진했다. 말년에는 가야산 해인사에 은둔해 저술활동에 전념했다. 수많은 시문을 남겨 한문학의 발달에도 기여했다. 시문집《계원필경》과 불교 서적《법장화상전》,《사산비명》 등이 전해지고 있다.

"뭉치면 살고 흩어지면 죽는다."

이승만(李承晚, 1875~1965) 대통령이 한 말이다. 대한민국 건국 대통령이자 최초의 박사 대통령 이승만은 대한민국의 초대·2대·3대 대통령을 지냈다. 1945년 광복 후 정부 수립을 놓고 정파 간 싸움이 벌어질 때 한 말이다. 대통령 재임 때 6·25전쟁이 발발하자 라디오 방송을 통해 "뭉치면 살고 흩어지면 죽는다"는 캐치프레이즈를 걸고 온 국민이 단결할 것을 호소하기도 했다. 개인별로 행동하는 것보다는 모두 함께 단결하면 더 강력한 힘이 생긴다는 것을 강조한 말이다. 1960년 3.15 부정선거를 규탄하는 대학생들의 시위를 진압하는 과정에서 희생된 학생들의 소식에 하야를 결심했다. 그 해 4월 28일 경무대를 떠나 이화장으로 돌아갔고, 그 후 하와이로 망명을 해서 고국으로 돌아오지 못하고 하와이에서 서거했다.

"진리는 반드시 따르는 자가 있고, 정의는 반드시 이뤄지는 날이 있다."

독립운동가 도산(島山) 안창호(安昌浩, 1878~1938)가 1898년 평양에서 열린 관서지부 만민공동회에서 행한 연설이다. 이로 인해 일약 서북지방 제일의 유명인사로 떠올랐다. 안창호는 새로운 희망과 각오로 독립 정신을 고취시켰다. 안창호는 "진리는 반드시 따르는 자가 있고,

정의는 반드시 이뤄지는 날이 있다. 우리는 나라사랑의 주인정신을 잃지 않고 희망을 열어가야 한다. 어린이는 방그레, 노인들은 벙그레, 청년들은 빙그레, 전국에 미소운동을 펼치자"고 호소했다. 안창호의 독립을 향한 열정은 민족의 미래를 밝히는 횃불이 됐다. 그의 기본사 상은 《민족개조론》을 기본으로 하고 있다. 3·1운동 직후 상하이로 가서 임시정부 조직에 참가해 국무총리대리 등을 지내며 〈독립신문〉을 창간했다. 1932년 윤봉길의 홍커우공원(虹口公園) 의거가 있은 후, 일본 경찰에 체포돼 2년 6개월을 복역했다. 그 뒤 가출옥해 휴양 중 '동우회 사건'으로 서대문 감옥에 재수감됐다. 1938년 병으로 보석된 후 병마를 이기지 못하고 서거했다.

"영토를 잃은 민족은 재생할 수 있어도, 역사를 잃은 민족은 재생할 수 없다."

독립운동가 단재(丹齋) 신채호(申采浩, 1880~1936)는 자신의 저작《조선상고사》머리말에서 "역사를 잃은 민족은 재생할 수 없다"고 했다. 민족이 자신들의 역사를 잊어버린다면 그 국가는 자신들의 정체성을 잃게 된다. 자연스레 다른 민족이나 국가에 흡수되어 사라진다. 역사 공부를 해야 하는 이유는 크게 보면 민족의 정체성을 알아내고 후손들에게 물려주기 위함이다. 과거가 없으면 현재도, 미래도 없다. 우리나라에는 많은 국난 극복의 역사가 있었다. 역사책을 통해 과거를 알고 그것을 토대로 지금을 바르게 이해할 수 있게 된다. 이는 민족의 정체성 확립과 직결된다. 이와 비슷한 의미인 "역사를 잊은 민족에게 미래는 없다(A nation that forgets its past has no future)"는 말은 영국의 처칠 수상(1874~1965)이 했다. 신채호는 민족 역사연구에 몰입해 중화주의, 일제 식민주의 사관에 맞서 역사를 '아(我)와 비아(非我)의 투쟁'이라 규정하고 민족사관을 수립, 한국 근대사학의 기초를 확립했다. 1919년 상하이 임시정부 수립에 참가했으나 이승만과의 갈등으로 결별, 무장투쟁노선을 지향했다. 1928년 체포돼 10년형을 선고받고 뤼순 감옥에서 복역 중 1936년 순국했다.

"어린이는 세상을 아름답게 만든다."

어린이날을 창안한 소파(小波) 방정환(方定煥, 1899~1931) 선생이 한 말이다. 그는 어린이도 어른과 같은 인격체로 존중받길 원하는 마음에서 '어리다'에 '이'를 붙여서 '어린이'라는 단어를 만들었다. 잡지 〈개벽〉의 1920년 8월호를 통해 '어린이'라는 단어를 처음으로 사용하기 시작했다. 1923년 3월에는 우리나라 최초의 순수 어린이 잡지인 월간 〈어린이〉를 창간했다. 〈어린이〉는 1934년 7월까지 10여 년 동안 122호를 발행했으며, 최고 3만 부까지 인쇄했다. 〈어린이〉의 가장 큰

성과는 '어린이'라는 단어를 제목으로 사용해 일반에게 널리 알리고 쓰일 수 있게 했다는 점이다. 33세의 나이로 요절했다. 방정환은 "어린이를 두고 가니 잘 부탁하오"라는 말을 유언으로 남겼다고 한다.

"행동하지 않는 양심은 하나의 악이다."

김대중(金大中, 1924~2009) 대통령이 남긴 말이다. 김대중은 다섯 번의 죽을 고비를 넘기고, 6년여의 감옥생활, 10여 년의 망명 및 연금생활 등 많은 고초를 겪었다. 1960년 민의원에 당선된 후 1971년까지 6·7·8대 국회의원을 지냈다. 1971년 대통령 선거에서 신민당 대통령 후보로 나선 그는 민주공화당의 박정희 후보에게 패배하고, 그후 미국·일본 등지에서 민주화 운동을 주도했다. 1973년 일본 도쿄의 한 호텔에서 중앙정보부(지금의 국가정보원) 요원에 의해 국내로 납치돼 세계의 이목을 집중시켰다. 1980년 신군부 세력에 의해 내란음모죄로 사형을 선고받고 복역하던 중 1982년 형집행정지로 석방돼 미국으로 건너갔다. 1987년 평화민주당을 창당해 '1노 3김(노태우-김영삼·김대중·김종필)'이 겨룬 대통령 선거에 출마했으나 낙선했고, 1992년 대통령선거에서 '영원한 맞수'인 김영삼과 대결했으나 또 다시 낙선해 국회의원직을 사퇴하는 동시에 정계은퇴를 선언했다. 이후 영국으로 건너가 1년 동안 연구 활동을 한 후 귀국해 새정치국민회의를 창당, 제1야당의 총수로 정치활동을 재개했다. 1997년 15대 대통령 선거에서 자유민주연합과의 야권 후보단일화에 성공해 대한민국 정치사상 최초의 평화적 여야 정권교체를 이뤄냈다. 2000년 6월 13~15일 평양을 방문해 김정일(1942~2011) 국방위원장과 첫 남북정상회담을 하며 6·15남북공동선언을 이끌어냈다. 그 해 한국인 최초로 노벨평화상을 받았다.

소리 내서 읽고,
손으로 쓰고 싶은
장군의 격언

적을 알고 나를 알면
백 번의 싸움에도 위태롭지 않다

지피지기 백전불태(知彼知己 百戰不殆). 상대를 알고 나를 알면 백 번 싸워도 위태롭지 않다. 적을 모르고 나를 알면 한 번은 이기고 한 번은 진다. 적도 모르고 나도 모르면 싸울 때마다 반드시 위태롭다. 중국 오나라 시대에 살았던 손무가 전쟁과 군사 전략에 관해 정리한 《손자병법(孫子兵法)》에 나오는 이야기다. 이 책은 중국 최초의 군사 이론서로 꼽힌다. 전쟁 방법에 대해 자세히 설명하고 있다. 그는 전쟁을 해서 이기는 것보다 전쟁을 하지 않고 이기는 것을 으뜸으로 여겼다. 이어 꾀를 내거나 외교적인 방법으로 이기는 것을 다음으로 쳤다. 가장 나쁜 방법은 군사를 일으켜 전쟁으로 이기는 것이라고 했다. 그래도 꼭 싸워야 한다면 '적을 알고 나를 알면 백 번을 싸워도 위태롭

손자(孫子)
전국시대 전략가(BC 544? ~ BC 496?) 중국

본명은 손무(孫武). 자는 장경(長卿). 산둥성 낙안 출신으로 제나라의 병법가다. 그는 절제와 규율로 오나라 군대를 양성해 초·제·진 등의 나라를 굴복시켜 오나라 왕 합려를 패자(覇者)가 되게 했다. 동서고금 최고의 군사 고전으로 불리는 병서(兵書)《손자병법》을 저술해 유명해졌다.

지 않다'라는 것을 명심해야 한다는 것이다.《손자병법》은 전쟁의 전술만이 아니라 국가경영의 비결, 승패의 비기, 인사의 성패 등에 널리 인용된다.

손자의 인생 격언

- 승리하는 군대는 이길 수 있는 상황을 만들고 이후에 전쟁을 한다. 패배하는 군대는 먼저 전쟁을 일으키고 이후에 승리를 구한다.

- 싸울 수 있는 경우와 싸워서는 안 될 경우를 아는 자는 승리한다. 많은 병력과 적은 병력의 사용 방법을 아는 자는 승리한다. 윗사람과 아랫사람의 마음이 같으면 승리한다. 조심스럽게 경계함으로써

경계하지 않는 적을 기다리는 자는 승리한다. 장수가 유능하고 군주가 견제하지 않으면 승리한다. 이 다섯 가지는 승리를 미리 아는 길이다.

- 적을 알고 아군을 알면 승리는 위태롭지 않고 그 위에 지리와 천시까지 안다면 싸움은 전승할 것이다.

- 최상의 명장이란 싸우지 않고 이기는 장수이며, 혹 싸우더라도 자국의 피해를 최소한으로 줄일 수 있도록 천리 밖에서 싸우는 장수가 그 다음이다.

- 비록 돌아가지만 결국에는 더 빨리 도달한다.

- 궁즉통(窮卽通)이다. 궁한 적은 쫓지 말아야 한다.

성을 쌓는 자,
망하리라

테무진은 1206년에 몽골 제국의 왕 칭기즈 칸이 됐다. 칭기즈 칸은 금나라의 수도 연경에 도착해 도시의 화려한 풍경에 놀랐다. 장수들은 이곳이야말로 칸(군주)을 위한 곳이라며 상주할 것을 건의했다. 그러자 그는 "성을 쌓는 자, 망하리라. 끊임없이 이동하며 길을 닦는 자만이 살아남을 것이다"라고 천명했다. 본래 이 말은 7세기 돌궐족 명장이었던 돈유쿠크(Tonyukuk, 646~726?) 장군이 비명에 새긴 유언이다. 비명에는 "성을 쌓는 자는 반드시 망하고, 길을 닦고 끊임없이 이동하는 자는 반드시 흥한다"라고 쓰여 있다. 칭기즈 칸은 한곳에 머무르지 않고 끊임없이 이동하며 더욱 넓은 땅을 정복했다. 그 덕분에 몽골 제국은 아시아뿐만 아니라 유럽에까지 세력을 확장했다.

칭기즈 칸의 인생 격언

• 나를 극복하는 그 순간 나는 칭기즈 칸이 됐다.

• 죽음이 무언지 도대체 알 수 없을 정도로 깊은 잠을 잤구나.[1]

• 내가 사라진 뒤에도 세상에는 위대한 이름이 남게 될 것이다.

• 적은 밖에 있는 것이 아니라 내 안에 있다.

• 너무 막막하다고, 그래서 포기해야겠다고 말하지 말라.

• 배운 게 없다고, 힘이 없다고 탓하지 말라.

• 가난하다고 한탄하지 말라.

- 집안이 안 좋다고 탓하지 말라.

- 작은 나라에서 태어났다고 말하지 말라.

1 —— 칭기즈 칸이 죽기 전에 한 마지막 말.

소리 내서 읽고, 손으로 쓰고 싶은
내 인생의 격언

황금 보기를
돌 같이 하라

최영의 좌우명으로 유명해진 말이다. 그는 늘 검소하고 소박한 생활을 했다. 원래 이 말의 유래는 사헌부 간관(諫官)을 지냈던 아버지 최원직이 세상을 떠나면서 남긴 말이었다. 당시 그는 16세였다. 부친은 "너는 황금 보기를 마치 저 길가에 뒹굴고 있는 돌덩이처럼 하라"라고 유언했다. 그는 부친의 유언을 마음에 깊이 새겨 평생 '견금여석(見金如石)'이란 네 글자를 띠에 적어 항상 품속에 지니며 이를 실천하고자 했다. 그래서 이 말은 최영의 청렴한 정신을 상징하는 말이 됐다. 사사로운 이익이나 권세를 얻고자 쓸데없는 욕심을 부리면 안 된다는 속뜻을 담고 있다.

시호 무민(武愍). 강직하고 절개를 지키며 타협하지 않았던 고려 말 충절의 상징으로 꼽히는 명장이자 재상이다. 문신 집안에서 태어났지만 무술을 익혀 무인의 길을 걸었다. 홍건적과 왜구 등의 침입으로부터 백성을 구하며 이름을 떨쳤다. 영삼사사, 수문하시중 등을 지냈다. 딸이 우왕의 비(妃)가 된 이후로는 권력의 핵심으로 부상했다. 명나라가 철령 이북의 땅을 자기 영토로 삼으려 하자, 요동 정벌을 주장했다. 그는 요동 정벌을 계획하고 팔도도통사가 돼 정벌군을 이끌고 출정했다. 그러나 이성계의 위화도 회군(威化島回軍)으로 요동 정벌이 좌절되고, 이성계에 맞서다 체포돼 유배됐다가 개경에서 참형을 당했다.

최영의 인생 격언

• 나는 죽어 고려를 지키는 귀신이 될 것일세.

• 내 평생에 단 하루라도 나 자신을 위해 탐욕을 품었다면 내 무덤에 풀이 날 것이요, 그렇지 않으면 풀이 나지 않을 것이다.[1]

• 내 몸은 늙었다. 허나 왜구를 몰아내고 고려를 지키겠다는 마음만은 어찌 늙었다 하겠는가.

최영이 유배지에서 참형을 당하기 전 남긴 말이다. 그는 처형당한 후 경기도 고양에 묻혔다. 그런데 그의 유언처럼 무덤에 풀이 자라지 않았다는 이야기가 전해진다. 무덤은 풀이 나지 않는 벌거숭이 무덤이라는 뜻으로 적분(赤墳)이라고 불렸다.

소리 내서 읽고, 손으로 쓰고 싶은
내 인생의 격언

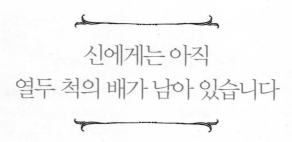

신에게는 아직
열두 척의 배가 남아 있습니다

이순신이 선조에게 보낸 장계(狀啓, 신하가 자기 관하의 중요한 일을 왕에게 보고하거나 청하는 문서)에 나오는 대목이다. 1597년 8월, 백의종군에서 삼도 수군통제사로 복직한 이순신은 모든 것을 처음부터 다시 시작해야만 했다. 약 5개월의 짧은 시간에 조선 수군의 상황은 너무나도 참담하게 바뀌어 있었다. 왜군은 칠천량 해전의 승리로 남해 바다를 장악했고, 마침내 곡창 지대인 전라도까지 넘보기 시작했다. 왜군은 남원성, 전주성을 손에 넣은 뒤 한양을 향해 진군했다. 이에 다급해진 선조는 그에게 바다를 포기하고 육지 전투에 임하라는 명령을 내렸다. 그러자 그가 선조를 설득하는 편지를 올렸다. 바로 그 내용 중 일부다. '신에게는 아직 열두 척의 전함이 있습니다. 비록 판옥

이순신(李舜臣)
조선 최고 명장(1545~1598) 대한민국

풍전등화에 처한 조선을 살려낸 시대의 영웅이다. 백성들로부터는 '불멸의 영웅'으로 칭송됐다. 본관은 덕수(德水). 자는 여해(汝諧), 시호는 충무공(忠武公). 한성부 건천동(현재 서울시 중구 인현동)에서 기묘사화로 몰락한 문반 가문의 4형제 중 셋째로 태어났다. 어려서 가족은 외갓집이 있는 충청도 아산으로 이사를 갔다. 일찍 유학을 공부하고 혼인 후에는 병학과 무예를 배웠다. 32세 때 재도전한 무과 시험에 합격해 관직에 나섰지만 승진과 좌천, 파면과 복직을 거듭하는 등 부침이 많았다. 재상 유성룡의 천거로 정읍 현감에서 전라좌도 수군절도사로 파격적인 승진을 한 후, 왜군의 조선 침략 의도를 일찌감치 예상하고 치밀하게 전쟁에 대비했다. 임진왜란 초기 신립 등 육지의 장군들이 계속 패하고 있을 무렵, 이순신 함대는 남해안에서 승전보를 알렸다. 1593년에 삼도수군통제사에 임명됐으나, 1597년에 왕명을 어겼다고 해서 통제사 직에서 해임되고 투옥돼 고초를 겪었다. 정유재란의 와중에 옥고에서 풀려나 도원수 권율 밑에서 백의종군했다. 원균이 이끌던 조선 수군이 칠천량 해전에서 대패하고 궤멸 상태에 이르자 다시 삼도수군통제사에 임명돼 전선을 지휘했다. 두 달 뒤 명량해전에서 열세 척의 배로 133척의 일본 수군을 물리치는 전과를 세웠다. 54세 때인 1598년 12월, 임진왜란의 마지막 전투인 노량해전에서 왜군의 조총에 맞아 전사했다. 선조는 임진왜란이 끝난 6년 뒤인 1604년에 의정부 좌의정과 덕풍 부원군을 하사해 공적을 치하했다. 인조는 1643년에 '충무공'이라는 시호를 내렸다. 1795년에 정조의 지시로 규장각 검서관이었던 유득공의 지휘 아래 이순신 전집인 《이충무공전서》가 편찬됐다. 그는 시문에도 능해 《난중일기》(1592.1.1~1598.11.17)와 시조·한시 등 여러 편의 뛰어난 작품을 남겼다.

선의 숫자는 적지만, 나아가 죽기를 각오로 싸운다면 왜군이 감히 우리 조선 수군을 업신여기지는 못할 것입니다.' 열두 척의 배를 확보한 그는 함대를 이끌고 벽파진에 도착해 일전을 준비했다. 명량 대첩에서 열두 척이던 판옥선은 망가졌던 한 척을 수리해 열세 척으로 늘어났다. 왜의 적선은 무려 133척. 13 대 133의 승부. 그는 절대적으로 불리한 여건 속에서도 지략을 내세워 대승을 거뒀다. 이 전투의 승리로 조선은 해상권을 되찾을 수 있었다.

이순신의 인생 격언

- 장수 된 자의 의리는 충(忠)을 쫓아야 하고 충은 백성을 향해야 한다.
- 전투가 한창 치열하니 나의 죽음을 알리지 말라.[1]
- 살고자 하면 죽을 것이요 죽고자 하면 살 것이다.[2]
- 한산섬 달 밝은 밤에 수루에 홀로 앉아/ 큰 칼 옆에 차고 깊은 시름 하는 적에/ 어디서 일성호가는 남의 애를 끊나니.[3]
- 석 자 길이의 칼을 들고 하늘에 맹세하니 산과 강의 빛이 변하고, 한번 휘둘러 쓸어버리니 산과 강이 피로 물들여질 것이다.
- 권세에 아부해 한때의 영화를 누리는 것은 내가 가장 부끄럽게 여

기는 것이다.

- 장부로 세상에 태어나 나라에 쓰이면 목숨을 다해 최선을 다할 것이며, 쓰이지 않으면 물러나 농사짓는 것으로 충분하다.

- 전장에서 죽음이란 항상 등짐같이 짊어지고 다니는 것일 뿐. 괘념치 말게나. 전장에서 지는 아쉬운 목숨이 어디 한둘이겠는가.

1 ── 전방급 신물언아사(戰方急 愼勿言我死). 이순신이 노량해전(1598년 11월 19일)에서 전사하면서 남긴 마지막 유언이다. 1598년 11월에 노량 앞바다에서 380여 척의 조선·명나라 연합 함대와 500여 척의 왜선이 충돌하면서, 임진왜란의 마지막을 장식할 최후의 결전이 벌어졌다. 수세에 몰린 일본 함대는 퇴각하면서 관음포로 숨어들었다. 이들은 관음포에서 남해안 쪽으로 빠져나가려고 안간힘을 썼다. 그러나 이순신은 퇴로를 공격하며 더욱 거세게 몰아붙였다. 한 사람도 도망가는 것을 용납하지 않았던 것이다. 그때 한 발의 조총탄이 이들을 끝까지 쫓아가던 이순신의 왼쪽 겨드랑이 밑의 살점을 찢고 몸속 깊숙이 파고들었다. 치명상을 당한 이순신은 대장선의 갑판 바닥에 힘없이 쓰러졌다. 전투에 함께 참가했던 큰아들 회가 달려왔다. 이순신은 방패로 앞을 가리라고 명을 내리며 이 말을 아들에게 전했다. 전투는 적선 500척 중 겨우 50척만 탈출할 정도로 대승을 거뒀다.

2 ── 생즉필사 사즉필생(生卽必死 死卽必生, 살고자 하면 죽을 것이요 죽고자 하면 살 것이다). 일부당경 족구천부(一夫當逕 足懼千夫, 한 사람이 길목을 잘 지키면 천 명의 적도 두렵게 할 수 있다). 이순신이 명량(鳴梁)해전이 있기 하루 전날 밤, 절대적 수적 열세 속에서 싸워야 하는 병사들에게 싸움에 임할 때의 자세를 당부한 말이다. 명량해전은 열세 척의 판옥선으로 133척의 왜선과 싸워 승리한 전투로, 세계적으로도 그 유례를 찾아보기 힘들다. 13과 133의 숫자는《난중일기》와 '장계(狀啓)'의 기록이다. 이순신은 불리한 상황에서 거꾸로 왜선을 폭이 좁고 물살이 빠른 명량 해협으로 유인해 왜군을 물리쳤다. 명량 앞 울돌목(전남 해남군 화원반도와 진도 사이에 있는 해협)의 급류를 이용해 적선을 유인한 뒤 31척을 격파하는 기적적인 승리를 거뒀던 것이다. 명량해전이

일어나기 얼마 전, 당시 경상 우수사였던 배설이 병을 핑계로 도망을 갔을 정도로 전황은 조선 수군에게 절대 불리했다. 이순신의 부하 장수와 병사 대부분도 왜군에 대한 공포심으로 선뜻 전장에 나서기를 두려워했다. 임금인 선조도 해전을 포기하고 육전에 동참하라고 이야기할 정도로 당시 주변 상황은 이순신에게 사면초가의 상황이었다. 하지만 결과는 대승. 명량해전에서 참패한 왜군들은 분풀이로 이순신 가족을 죽이기 위해 아산으로 쳐들어갔다. 그 와중에 이순신이 가장 아끼고 사랑했던 셋째 아들 이면이 왜군들과 맞서다 죽임을 당했다.

3 ── 《난중일기》에 실려 있는 우국가(憂國歌) 시조 〈한산도가〉.

소리 내서 읽고, 손으로 쓰고 싶은
내 인생의 격언

천하포무
(天下布武)

이 말은 오다 노부나가가 이용한 인장(印章)의 어구로 유명하다. 전
국시대를 끝내는 주인공이 되고자 했던 그는, '자신의 힘으로 천하를
모두 덮어버리겠다'는 의지를 천명한 인장인 '천하포무'를 처음으로
사용했다. 노부나가는 이 말을 '적대하는 자를 제압하고 천하 통일을
이룬다'는 뜻으로 해석하고, 무력으로 험난한 길을 헤쳐 나갔다고 알
려졌다. 그러나 '천하포무'는 본래 '일곱 가지 덕(폭력을 금한다, 다툼을
진정한다, 대국을 유지한다, 공을 세운다, 백성을 안정시킨다, 몸을 편안히 한다,
재산을 풍요롭게 한다)을 행하기 위한 무(武)를 갖춘 자가 천하를 통치
할 수 있다'는 의미다.

오다 노부나가(織田信長)
전국시대 무장(1534~1582) 일본

오와리(尾張, 현재의 아이치 현 서부)의 약소 전국 무장이었다가, 오케하자마 전투에서 열 배의 전력 차를 극복하고 스루가의 이마가와 요시모토를 격파하면서 일약 천하 제패 경쟁에 이름을 올렸다. 노부나가가 노린 천하 통일은 전국 난세에 새로운 질서를 확립하려는 것이었다. 하지만 천하 통일 일보 직전에 가신이었던 아케치 미쓰히데에게 암살당했다.

노부나가의 인생 격언

- 일은 스스로 찾아 창조하는 것이다. 주어진 일만 하는 자는 졸개에 지나지 않는다.

- 인생 50년, 하늘 아래 만물에 비하면 한낱 꿈과 같은 것. 한 번 삶을 얻어서 소멸하지 않는 것이 어디 있으랴.[1]

- 재주 있는 사람은 남의 생각에 반하는 사람이다.

- 잘잘못을 따질 수 없다.[2]

---

1 — 노부나가가 좋아했던 고와카마이(幸若舞, 무로마치 시대에 유행한 곡무(曲舞))인 '아쓰모리(敦盛)'의 한 대사. 사람은 태어나면 반드시 죽으므로 후회 없이 살자는 뜻이다. 차례차례 과감한 결단을 내리며 천하 제패의 계단을 달려 올라간 노부나가의 실질적인 좌우명이라고 할 수 있는 말이다.

2 —— '어쩔 도리가 없다'는 의미. 혼노지(本能寺)에서 아케치 미쓰히데가
　　　모반했다는 소식을 들은 노부나가는 이렇게 말한 후, 50년에 딱 1년
　　　모자란 49년의 인생을 마감했다.

소리 내서 읽고, 손으로 쓰고 싶은
내 인생의 격언

가신에게도
영주를 고를 권리가 있다

도요토미 히데요시는 젊었을 때 마쓰시타 가헤에라는 무장을 섬겼다. 그는 어느 날 도둑으로 몰렸다. 하지만 마쓰시타는 집안에서 문제가 일어나는 것을 꺼려 도요토미를 감싸기는커녕 '퇴직금을 줄 테니 나가라'고 말했다. 이렇게 약해빠지고 통이 작은 영주 밑에서는 도저히 일할 수 없다고 느낀 도요토미는 마쓰시타를 깨끗이 단념했다. "당신이 나를 내쫓기 전에 내가 당신을 버리겠다"라고 일갈했다. 도요토미는 마쓰시타를 떠나, 그를 호시탐탐 탐내던 오다 노부나가의 가신이 됐다.

도요토미 히데요시(豊臣秀吉)
아즈치·모모야마시대 무장(1537~1598) 일본

농민의 자식으로 태어나 천하를 통일한 인물이다. 오다 노부나가, 도쿠가와 이에야쓰와 더불어 전국(戰國) 3영걸로 불린다. 주군인 오다 노부나가의 뒤를 이어 실권을 장악한 그는, 1590년에 반대파를 모두 제압하고 일본을 통일함으로써 모모야마 시대를 열었다. 그는 도요토미라는 성을 하사받기 이전에 하시바 히데요시라는 이름을 사용했다. 1592년에 조선을 침공해 임진왜란을 일으킨 장본인이다. 파죽지세로 서울에서 평양까지 몰아부쳐 중국 정벌의 꿈에 부풀어 있었지만 정복의 꿈은 수포로 돌아가게 된다. 그는 명나라와의 평화교섭에 실패한 이듬해인 1597년에 다시 군대를 동원해 정유재란을 일으켰다. 하지만 전쟁은 고전을 거듭했고 국력만 소모하는 결과를 낳았다. 정유재란 중 후시미 성에서 질병으로 사망했다. 그의 나이 62세였다.

히데요시의 인생 격언

- 남의 의견을 듣고서 나오는 지혜는 참된 지혜가 아니다.
- 유언은 병이 중할 때 해서는 안 된다.[1]
- 진다고 생각하면 지고, 이긴다고 생각하면 이긴다. 그러니 남에게는 무조건 이긴다고 생각하라.
- 이슬처럼 이 세상에 태어나, 이슬처럼 덧없이 사라진 이 한 몸이여.

오사카 성에서 보낸 영화로운 나날은 꿈에 지나지 않도다.[2]

1 —— 도요토미 히데요시는 '병이 중할 때에는 머릿속이 혼란스러워 생각
을 정리하기 힘들기 때문에 유언해서는 안 된다'고 했다. 한편, '아들
도요토미 히데요리의 앞날을 부탁한다'는 도요토미 히데요시의 유언
은 지켜지지 못했다. 도쿠가와 이에야스가 그의 유언을 무시하고 히
데요리를 파멸시켰기 때문이다.

2 —— 도요토미 히데요시가 죽기 직전에 남긴 시다. 유언은 아들을 걱정하
는 마음으로 가득한 반면, 이 시는 자신의 덧없는 삶을 되돌아보는
심정이 절절하다.

소리 내서 읽고, 손으로 쓰고 싶은
내 인생의 격언

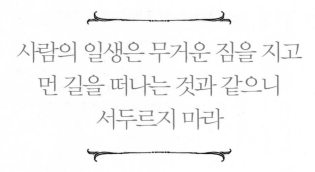

사람의 일생은 무거운 짐을 지고
먼 길을 떠나는 것과 같으니
서두르지 마라

도쿠가와 이에야스는 많은 유훈을 남겼다. 이 말 외에도 '부자유를 늘 생각하면 부족함이 없다', '이길 줄만 알고 질 줄은 모르면 해를 입는다', '모자란 것은 지나친 것보다 낫다' 등 깊은 뜻을 품고 있는 명언들이 적지 않다. 어린 시절에 인질로 잡혀 도요토미 히데요시를 추종해야 했다. 도쿠가와는 참고 견디며 때를 기다리다 만년에 이르러 마침내 천하를 손에 쥐었다.

도쿠가와 이에야스의 인생 격언

• 적에게 파멸 당하는 것을 두려워해서는 안 된다. 파멸의 원인은 자신에게 있다.

• 무릇 주군에게 간언하는 자의 의지는 전투에 참가하는 자의 의지보다 훨씬 낫다.[1]

• 참말 같은 거짓말은 해도 되지만, 거짓말 같은 참말은 해서는 안 된다.

• 물은 배를 띄우기도 하고 가라앉히기도 한다.[2]

1 —— 전투에 나서면 전사하더라도 후세에 이름을 남길 뿐 아니라 포상을
받아 자손도 번영하기 때문에, 이는 '득만 있고 실이 없는 충의'다. 한
편 주군에게 간언하면 자칫 벌을 받고 자손에게 해를 입힐 수 있기
때문에, 이는 '실만 있고 득이 없는 충의'다. 이런 사항을 잘 알고 있
던 도쿠가와 이에야스는 자신에게 간언하는 자의 말에 귀를 기울여
야 한다고 생각했다.

2 —— 여기서 배는 주인이고 물은 부하를 가리킨다. 부하를 잘 다루지 못하
면, 물이 배를 침몰시키듯이 부하가 주인을 배반한다는 뜻이다.

소리 내서 읽고, 손으로 쓰고 싶은
내 인생의 격언

내 사전에
불가능이란 말은 없다

나폴레옹의 명언 중 가장 유명한 말이다. 그대로 해석하면 '내가 하면 무엇이든 된다'라는 긍정적인 의미다. 하지만 지나치게 자신감이 넘친다는 느낌도 든다. 그런데 실제로 그가 한 말은 'Impossible n'est pas français('불가능'이란 말은 프랑스어가 아니다)'라고 한다. 현대적으로 해석하면 '프랑스인에게 불가능한 일은 없다!' 정도의 뉘앙스다. 황제였던 나폴레옹의 이 말은 분명 프랑스군의 사기를 북돋기에 충분했을 것이다.

나폴레옹 보나파르트(Napoléon Bonaparte)
군인, 정치가(1769~1821) 프랑스

코르시카 섬의 이탈리아계 귀족 출신이다. 프랑스 혁명 후에 벌어진 국내외의 혼란을 수습하고, 1804년에 프랑스 황제에 즉위했다. 영국과 스웨덴을 제외한 거의 전 유럽을 정복한 전쟁(나폴레옹 전쟁)을 지휘해서 영화를 누렸지만, 1814년에 실각했다. 1815년에 다시 황제의 자리에 올랐지만 워털루 전투의 패배로 운명이 판가름 났다. 그는 대서양의 외딴 섬인 세인트 헬레나 섬으로 유배돼, 1821년 5월 5일에 51세의 나이로 영웅적 일생을 마쳤다.

나폴레옹의 인생 격언

- 살아 있는 졸병이 죽은 황제보다 훨씬 가치가 있다.

- 내 비장의 무기는 아직 손 안에 있다. 그것은 희망이다.

- 남의 힘에 의지해서는 안 된다. 의지할 것은 단지 나의 힘뿐이다.[1]

- 중국이 눈뜨면 세상은 진동할 것이다.[2]

- 승리의 순간에 가장 큰 위험이 도사리고 있다.

- 리더는 희망을 전달하는 전령사다.

- 사람은 그가 입은 제복대로의 인간이 된다.

- 훌륭한 사람과 어리석은 사람은 불과 한 걸음 차이다.

- 사람은 덕보다는 악으로 더 쉽게 지배된다.

• 세계를 움직이는 비결은 하나밖에 없다. 바로 강해지는 것이다. 그 이유는 힘에는 오류도 착각도 없기 때문이다.

1 — 나폴레옹 전쟁으로 200만 명이 목숨을 잃었다고 한다. 그래서 나폴레옹은 '코르시카의 악마', '목숨의 낭비자' 등의 악명이 붙었다. 주변에 그를 암살하려는 사람도 많았다. '암살당할 것을 두려워해서 수염은 스스로 깎았다'거나, '비서를 하루가 멀다 하고 갈아치웠다'는 일화를 보면 주변과 화합하지 못했던 나폴레옹의 성격을 잘 알 수 있다. 이 말에서도 그가 매우 고독한 인물이었음을 상상할 수 있다.

2 — 18세기 말~19세기 초에 나폴레옹이 21세기의 현실을 예언한 셈이다.

소리 내서 읽고, 손으로 쓰고 싶은
내 인생의 격언

"말은 신이다."

아마존 원주민은 말에 생명이 깃들어 있다고 생각했다. 그런 생각을 한마디로 설명한 것이 위의 말이다. 말이 신이기 때문에 말로 사람의 마음에 상처를 입히는 것은 몸에 상처를 입히는 것과 똑같다고 생각했다.

"이 숲만 있으면 살아갈 수 있다. 자손에게는 숲 외의 재산을 남기지 않는다."

남미 원주민은 자손에게 재산을 남기지 않는다. 숲만 잘 보존하면 자손들이 살아갈 수 있기 때문이다.

"죽음과 맞닥뜨리는 경험을 해야만 자기 자신을 비롯한 모든 생명의 소중함을 실감할 수 있다."

남미 원주민 사회에서는 여성이 초경을 맞이하면 1년 동안 특별한 암실에서 조용히 지내는 의식을 치른다. 남성은 15세 즈음에 독을 마시고 버티는 의식을 치른다. 죽음에 가까운 체험을 함으로써 생명의 소중함을 배우는 것이 성인이 되기 위한 학습이었다.

"자신의 약점을 인정할 수 있는 사람은 강한 사람이다."

자신을 돋보이려고 강한 척하거나 뽐내지 않고, 자신의 약한 면을 솔직히 말할 수 있는 사람이 진짜 강한 사람이다. 자신의 약점을 알고 인정하는 것이 중요하다는 가르침이다.

콜럼버스

갈릴레이

난센

아문센

맬러리

암스트롱

가가린

쿠베르탱

베이브 루스

소리 내서 읽고,
손으로 쓰고 싶은
탐험가와 스포츠인의
격언

처음 생각하기는 어렵지만
모방은 쉽다

옛날 사람들은 지구가 동전처럼 납작하다고 믿었다. 그러나 콜럼버스의 생각은 달랐다. 일부에서 주장하던 '지구는 둥글다'는 이론을 믿었다. 지구가 둥글다면 직선 코스를 선택해 서쪽으로 가면 더 빨리 인도에 도착할 수 있을 것이라고 생각했다. 콜럼버스는 어렵게 출발한 첫 번째 항해에서 신대륙을 발견하는 행운의 주인공이 됐다. 게다가 황금까지 가득 싣고 무사히 고향으로 돌아왔다. 항해를 마치고 돌아온 콜럼버스는 영웅 대접을 받았다. 그런데 일부는 이를 시기하고 못마땅해 했다. 빈정거리는 투로 "배를 타고 서쪽으로만 가는 걸 누가 못해?"라며 대수롭지 않게 말했다. 이에 콜럼버스는 사람들이 모인 자리에서 달걀을 내밀며 똑바로 세울 수 있겠느냐고 물었다. 사람들

크리스토퍼 콜럼버스(Christoper Columbus)
탐험가(1451~1506) 이탈리아

새로운 항로와 대륙을 발견한 위대한 역사의 개척자로 평가받고 있다. 제노바에서 태어났다. 어려서부터 항해에 관심이 많았다. 선장인 장인의 영향으로 해도(바닷길 지도) 만드는 일을 했다. 14세 때부터 배를 타기 시작한 그는 북쪽으로 영국까지, 남쪽으로 기니까지 항해하곤 했다. 스페인 여왕 이사벨라 1세의 도움을 받아 여러 차례 항해 경험을 쌓았다. 콜럼버스 일행은 갖은 고생 끝에 팔로스 항구를 떠난 지 꼭 70일 만인 1492년 10월 12일, 아메리카 신대륙을 발견했다. 신대륙에 상륙한 그는 인도의 어느 곳쯤이라고 여기고 그곳을 스페인의 식민지로 선포했다. 그곳은 지금의 쿠바 근처인 바하마 제도의 와틀링 섬이었다. 콜럼버스는 섬 이름을 '서인도'라 하고, 원주민을 스페인 언어로 인디오, 즉 '인디언'이라고 불렀다. 이후 콜럼버스는 섬과 스페인을 몇 차례 오가며 황금과 신기한 물건 등 값비싼 물건을 실어 날랐다. 콜럼버스에게 그곳은 검은 진주, 즉 노예들로 가득 찬 보물섬일 뿐이었다. 나중에는 황금 생산량이 줄어들자 원주민들을 자기 나라에 노예로 팔아넘기는 등 온갖 학대와 살인을 저지르기도 했다.

은 너 나 할 것 없이 달걀을 똑바로 세우려고 애썼다. 하지만 둥근 달걀이 세워질 리 만무했다. 이를 세운다는 것은 불가능에 가까웠다. 결과는 모두 실패였다. 그러자 콜럼버스가 나섰다. 그는 달걀의 한쪽을 깨뜨린 후 깨뜨린 쪽을 바닥에 놓으며 달걀을 세웠다. 그리고는 자신을 시기하던 사람들에게 "남을 흉내 내기는 쉽지만, 처음 생각해 내기는 어렵다"라며 충고했다.

콜럼버스의 인생 격언

• 내 운명은 내가 개척한다.

• 1천 명의 사람들이 어리석은 어떤 것을 믿고 있을지라도, 어리석은
  것은 어리석은 것일 뿐이다. 진실은 여론에 의존하는 것이 아니다.
  차라리 나 혼자일지라도, 평범한 사람들의 평범한 헛소리를 따르
  는 것보다 내 마음속의 진리를 따르는 것이 더 좋다.

• 육지가 보이지 않으면 내 머리를 잘라도 좋소.

• 황금은 훌륭한 물건이다. 황금을 수중에 가진 사람은 무엇이든지
  하고 싶은 것을 다 할 수가 있다. 황금만 있으면 천당에도 들어갈
  수 있다.

그래도
지구는 돈다

갈릴레오 갈릴레이는 기존의 천동설에 반대해 지동설을 주장했다. 지동설은 갈릴레이가 일찍이 망원경으로 목성과 달 표면을 관측한 결과를 토대로 제시한 주장이었다. 하지만 로마 종교계의 큰 반발을 불러일으키면서 갈릴레이는 재판에 회부됐다. 두 번째 재판에서 유죄 판결을 받은 그는 지동설을 포기하겠다는 선언서를 읽은 직후에 "그래도 지구는 돈다"라는 말을 혼자 중얼거렸다. 실제로는 이런 말을 하지 않았다는 설도 있지만, 어찌 됐든 그 당시에 지동설을 주장한 것만으로도 커다란 용기가 필요했을 것이다. 자신의 주장을 굽히지 않았던 갈릴레이의 신념이 잘 담겨 있는 말이다.

갈릴레오 갈릴레이(Galileo Galilei)
물리학자, 천문학자(1564~1642) 이탈리아

이탈리아의 피사에서 태어났다. 피사대학에 입학했지만 4년 후에 자퇴하고 피렌체로 이주했다. 천문학자 중에서도 이른 시기에 천체망원경을 손수 만들었다. 더욱 개량한 망원경을 사용해 목성의 새 위성(갈릴레이 위성)을 발견하고,《태양 흑점론》을 간행했다. 그 후 지동설을 주장하면서 로마교황청으로부터 탄압을 받았다. 피렌체에서《천문 대화》를 출간했다는 이유로 유죄 판결을 받고 종신형에 처해졌다. 연금 상태에 놓인 그는 피렌체의 교외에서 여생을 보내다 세상을 떠났다.

갈릴레이의 인생 격언

- 어떤 진실이라도 발견만 되면 누구나 쉽게 이해할 수 있다. 중요한 것은 발견하는 일이다.
- 과학은 우주라는 드넓은 책에 쓰여 있고, 우리 눈앞에 펼쳐져 있다.[1]
- 나는 아무것도 배우지 못한 무지한 사람을 지금껏 만난 적이 없다.

1 — 이 말 뒤에는 '그러나 과학에서 사용하는 언어를 배우고 글을 해석하지 않으면, 아무도 그 내용을 이해할 수 없다. 그 언어가 바로 수학이다'라는 말이 이어진다. 물리학자이기도 한 갈릴레이다운 말이다.

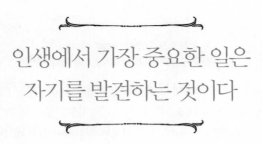

인생에서 가장 중요한 일은
자기를 발견하는 것이다

난센은 대지와 자연을 탐구한 위대한 탐험가였다. 그럼에도 불구하고 자기 자신에 대한 탐험이 제일 중요하고 어려운 일이라고 생각했다. 자기 자신이 누구인지 알아야만 자신이 좋아하고 잘할 수 있는 일을 찾아 인생을 개척해 나갈 수 있기 때문이다. 자신을 탐험하다 보면 미처 몰랐던 새로운 자신의 모습을 발견하게 된다. 이는 마치 미지의 신대륙을 발견하는 것과 비슷한 이치다.

프리드쇼프 난센(Fridtjof Nansen)
북극 탐험가(1861~1930) 노르웨이

극지 탐험과 북극해 연구에 이바지했던 탐험가다. 인도주의 정치인이기도 했다. 난센은 지금까지도 노르웨이의 아버지로 칭송받고 있다. 크리스티아니아(지금의 오슬로) 근교의 스토레프뢴에서 태어났다. 대학에서 동물학을 공부하고, 1882년에 그린란드 해역을 여행하기 위해 바다표범잡이선 '바이킹 호'에 합류했다. 1888년에 그린란드를 횡단하면서 에스키모에 관한 연구 업적을 남겼다. 훗날《에스키모의 생활》(1891)을 출간했다. 1890년에 탐험사에 빛나는 북극해 대장정 계획을 수립했다. 노르웨이 의회가 경비의 3분의 2를 부담했다. 나머지는 오스카 2세 왕과 민간인들의 개인 기부금으로 충당했다. 배 이름은 '전진(Forward)'한다는 의미의 '프람'(Fram)호. 난센의 설계를 바탕으로 건조됐다. 현재 오슬로 외곽에 보존돼 있다. 난센은 1893년부터 1896년까지 북극을 탐험하면서 최북방 지점에 도달해 북극 연구에 지대한 공헌을 했다. 1906~1908년에 초대 런던 주재 노르웨이 대사로도 활동했다. 제1차 세계대전 중이던 1917년에 대미협상 노르웨이 위원회 대표로 활약했고, 1920년에 국제연맹 첫 회의 때 노르웨이 대표 단장을 지냈다. 제1차 세계대전 이후 포로의 본국 송환, 난민 구제 등 인도주의 사업에 힘써 1922년에 노벨 평화상을 받았다. 노벨상 상금은 모두 국제구제사업 증진에 사용했다. 1922년 7월에 제네바에서 난민을 위한 신분증명서를 도입하는 국제협정이 난센의 발의로 체결되기도 했다. 이 신분증은 '난센 여권'이라 불렸다. 난센이 사망하고 난 뒤인 1931년 '난센 국제난민 사무소'가 제네바에 창설됐다.

난센의 인생 격언

• 인류가 한층 더 나은 미래로 나아갈 수 있게 되기를 진심으로 바란다면, 그 첫째 조건은 우리가 용기를 가지고 공포에 지배되지 말아야 한다는 것이다.

• 한 민족의 자유를 구속하는 동맹은 어떤 것이라도 위험하며, 앞으로도 계속 위험 요소로 남을 것이다.[1]

1 ── 난센은 나이가 들면서 개인과 국가의 관계에 대해 더욱 관심을 가졌다. 그가 1905년에 노르웨이와 스웨덴 간의 연맹 해체에 관한 토론에 활발하게 참여하면서 발언한 내용이다.

지구 위에
미지로 남겨진 것은
인류의 큰 짐이다

아문센은 남극과 북극을 탐험함으로써 극지점을 모두 정복했다. 아문센의 탐험정신은 역사 속에 남아 지금까지도 이어지고 있다. 알려지지 않은 땅과 바다, 하늘은 미지의 세계다. 미지의 세계를 개척한다는 것은 목숨을 건다는 의미와도 같다. 척박하고 위협적인 자연과 싸워야 하기 때문에 가장 위험한 일이기도 하다. 아문센은 강한 의지로 도전했고, 끝내 그 꿈을 이뤄냈다.

로알 아문센(Roald Amundsen)
탐험가(1872~1928) 노르웨이

아문센은 1911년에 남극을, 1926년에는 북극을 탐험했다. 노르웨이의 수도 오슬로 인근 보르게에서 선장의 넷째 아들로 태어났다. 의과 대학을 중퇴하고, 항해사가 되어 탐험대의 일원으로 참여했다. 아문센은 1903~1906년에 두 번째로 북극으로 가서 북서항로를 처음 개척했다. 그때 이누이트 족과 함께 생활하며 극지에서 살아가는 기술을 배웠다. 본래 아문센의 목표는 남극이 아니라 북극이었다. 그러나 미국인 로버트 피어리(1856~1920)가 1909년 4월 6일에 북극점에 도착했다는 사실을 알고는, 계획을 급히 수정해 남극점 도달이라는 새로운 목표를 세웠다. 아문센 탐험대는 출발한 지 55일 만인 1911년 12월 14일, 인류 최초로 남극점에 도달했다. 두 번째 남극 방문에서 거둔 최대 성과였다. 이 탐험으로 아문센은 노르웨이의 영웅으로 떠올랐다. 아문센은 북극 탐험 도중 실종된 친구를 구하러 갔다가 다시 돌아오지 못했다.

아문센의 인생 격언

- 극탐험가들이 가질 수 있는 최고의 갑옷은 바로 인내심이다.
- 고난이라는 것은 우리가 그것으로부터 무언가를 배우기 위해 있는 것이다.

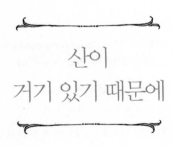

산이
거기 있기 때문에

세계에서 가장 높은 산이 에베레스트라는 사실이 밝혀진 것은 1885년이다. 당시 사람들은 에베레스트 산을 등반하는 것은 사지로 떠나는 것과 같다고 생각했다. 산이 워낙 험하고 높은데다 등산로도 없어 대단한 모험심이 없고서는 불가능했기 때문이다. 그럼에도 불구하고 1921년에 목숨을 건 에베레스트 등반이 시작됐다. 그때 가장 촉망받던 원정대원이 바로 맬러리였다. 그는 1차 도전에서 새로운 등산로를 발견했다. 2차 도전에서도 산소통 없이 8225미터 지점까지 올라가는 쾌거를 달성했다. 하지만 에베레스트 산은 맬러리에게 쉽게 정복의 기회를 주지 않았다.

맬러리가 에베레스트 3차 원정을 앞두고 미국 필라델피아에서 강연할 때다. 한 청중이 "왜 그렇게 위험한 에베레스트에 오르고 싶어 하죠?"라고 물었다. 그러자 맬러리는 "산이 거기 있기 때문에(Because it is there)"라는 촌철살인의 답변을 남겼다. 이 말은 산에 가는 이유를 한마디로 함축한 명언으로 남아 있다.

세계인이 그토록 바라던 에베레스트의 첫 정복은 1953년 5월, 헌트가 이끄는 영국 등반대에 의해 이루어졌다. 1924년 맬러리가 등반 도중 실종된 후 30년 만의 일이었다.

맬러리의 인생 격언

• 아주 힘들었어. 돌아보면 엄청나게 노력을 했고 진이 다

빠져버렸다는 기억밖에 없어. 텐트 밖을 보면 희망은 사라

지고 눈만 덮인 황량한 세계가 눈에 들어와.[1]

1 —— 맬러리가 1924년 6월 8일, 에베레스트 북측 8220미터의 제 6캠프에
　　　 머물며 아내에게 남긴 마지막 편지 내용이다.

소리 내서 읽고, 손으로 쓰고 싶은
내 인생의 격언

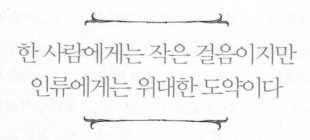

한 사람에게는 작은 걸음이지만
인류에게는 위대한 도약이다

"That's one small step for man, one giant leap for mankind." 1969년 7월 20일, 닐 암스트롱이 달 표면에 내리면서 던진 일성(一聲)이다. 암스트롱은 이 말을 하며 달에 첫발을 내디뎠다. 미국에게 인류 최초의 달 착륙은 더 이상 양보할 수 없는 자존심 같은 것이었다. 소련에 밀려 뒷북만 치던 미국이 스타 워즈(star wars, 우주 전쟁)의 주도권을 쥐는 결정적 전환점이 됐다. 미국은 달에 사람을 보내기 위해 아폴로 계획을 세웠다. 1967년, 미국의 세 번째 우주 계획인 아폴로 계획에 따라 모두 29명의 비행사가 훈련을 받았다. 이중 암스트롱, 버즈 올드린, 마이클 콜린스 등 세 명이 최종 선발됐다. 1969년 7월 16일, 새턴 5호 로켓이 아폴로 11호를 우주 공간으로 띄워 올렸다. 새턴 5호 로켓 꼭

대기에 얹혀 있는 아폴로 우주선의 사령선 컬럼비아 호에는 세 사람 (선장 닐 암스트롱, 달 착륙선 조종사 버즈 올드린, 사령선 조종사 마이클 콜린스)이 올라탔다. 이 장면을 보기 위해 플로리다에는 약 100만 명이 몰려들었다. 이들은 컬럼비아 호를 타고 달 주위를 돌다가 이글 호가 컬럼비아 호에서 분리될 때 암스트롱과 올드린이 이글 호로 옮겨 탔다. 드디어 1969년 7월 20일 일요일, 이글 호는 '고요의 바다'인 달에 착륙했다. 암스트롱은 가장 먼저 사다리를 타고 내려가다가 뛰어내렸다. 왼발이 먼저 달 표면에 닿았다. 암스트롱은 달 표면에 내리자마자 맨 먼저 우주복 호주머니에서 봉지를 꺼내 바닥에 있는 먼지를 한 움큼 담았다. 19분 뒤, 올드린은 암스트롱의 뒤를 이어 달 표면에 내려섰다. 둘은 달 표면에 성조기를 꽂고 그 앞에 섰다. 닉슨 대통령은 지구에서 이 광경을 지켜보며 "하늘이 인간 세계의 일부가 됐다"라고 말하면서 감격했다. 컬럼비아 호는 지구를 떠난 지 정확히 195시간 18분이 지난 뒤 태평양 상공에 떨어졌다. 우주선 회수 선박인 호닛 호가 컬럼비아 호와 비행사를 바다에서 건져 하와이까지 싣고 갔다. 이후 세 영웅은 38일 동안 23개국에서 극진한 환영을 받았다.

닐 알덴 암스트롱(Neil Alden Armstrong)
우주 비행사(1930~2012) 미국

오하이오 주 워퍼코네타에서 태어났다. 퍼듀대학에서 항공학을 전공한 뒤 해군 비행학교에 입학했고 군인이 되어 한국전쟁 때 전투기 조종사로 참전했다. 해군을 떠나 미국 항공우주국(NASA)에 들어간 그는 1966년에 '제미니 8호'의 지휘 조종사로 첫 우주 비행을 시작했다. 1969년 7월에 아폴로 11호를 타고 인류사상 최초로 달 착륙에 성공했다. 달에 역사적인 첫발을 디딘 순간 심장박동수가 1분에 150회에 달했다는 사실이 보도되는 등, 그의 일거수일투족은 전 인류의 관심사가 됐었다.

암스트롱의 인생 격언

• 나는 달에서 신의 눈으로 지구를 바라보았다.

• 난 UFO를 믿지 않는 사람을 실망시키고 싶지 않다.

지구는
푸르다

1961년 4월 12일 9시 7분. 소련 우주 비행사 가가린이 인류 최초로 인공위성 보스토크 1호를 타고 지구 궤도에 진입하는 데 성공했다. 세계가 깜짝 놀란 대단한 역사적 사건이었다. 무중력 상태로 지구 300킬로미터 상공의 우주권에 돌입해 시속 2만 9000킬로미터로 108분 동안 지구를 일주했다. 가가린이 우주 비행을 마치고 돌아왔을 때 사람들은 궁금해서 질문들을 쏟아냈다. 무섭지는 않았는지, 무슨 생각을 했는지, 지구의 모양은 어땠는지 등. 이에 가가린은 "지구는 갖가지 색을 늘어놓은 그림물감 상자처럼 아름다웠다. 또한 연푸른빛에 둘러싸여 신비롭게 보였다"고 말했다. 훗날 그는 우주 비행의 경험을 책으로 펴냈다. 책 제목이 《지구는 푸르다》였다. 가가린은 인류 최초

유리 알렉세예비치 가가린(Yuri Alekseevich Gargarin)
우주 비행사(1934~1968) 소련

러시아 공화국 스몰렌스크에서 태어났다. 사라토프의 공업 중등 기술학교 재학 중 항공 클럽에서 비행기술을 익혔다. 오렌부르그의 항공 학교를 졸업한 뒤 공군에 입대했다. 1961년에 보스토크 1호(Vostok 1)를 타고 인류 최초로 우주 비행에 성공하며 크게 이름을 떨쳤다. 1968년에 대령으로 미그15기 비행훈련을 하던 중 연습기가 모스크바 근교의 마을에 추락해 안타깝게 목숨을 잃었다. 모스크바 외곽에 인류 최초의 우주인 가가린을 기념해 명명된 '유리 가가린 우주인 훈련센터'가 있다.

로 우주 공간으로 나간 사람일 뿐만 아니라 우주에서 지구로 말을 건넨 것도, 우주에서 음식을 먹은 것도 모두 인류 역사상 최초로 기록되었다.

가가린의 인생 격언

• 드디어 우주로.
• 클라이막스는 역시 달빛 아래서 먹는 소세지겠지요.

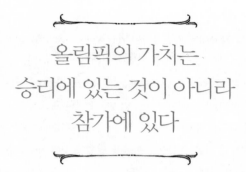

올림픽의 가치는
승리에 있는 것이 아니라
참가에 있다

올림픽은 원래 그리스인들이 제우스신에게 바치는 정성어린 제전
이었다. 각 도시국가 시민들은 올림피아에 모여 4년마다 경기를 펼쳤
다. 그러다가 그리스가 로마인의 지배를 받으면서 고대 올림픽은 막
을 내리게 된다. 391년에 로마 제국 테오도시우스 황제가 기독교를
국교로 삼으면서 올림픽 제전을 이교도들의 종교행사로 규정하고 폐
지를 명령했다. 고대 올림픽은 393년 제293회 대회를 마지막으로 역
사 속으로 사라졌다. 이 올림픽이 쿠베르탱 남작에 의해 1500여 년
만에 재탄생해 이어진 것이 현대 올림픽이다. 쿠베르탱은 1894년에
국제올림픽위원회(IOC)를 창설해 올림픽을 부활시켰다. 1896년에 세
계인의 열렬한 호응 아래 제1회 근대 올림픽 대회가 고대 올림픽 경

기의 연고지인 그리스의 수도 아테네에서 개최됐다. 쿠베르탱은 올림
픽의 부활을 축하하며 "올림픽의 진정한 의의는 결코 이기는 데 있지
않다. 오로지 우리가 함께 참여해 평화와 진리를 사랑하는 마음을 나
누는 데 있다"고 강조했다.

쿠베르탱의 인생 격언

• 한 인간의 성공 여부를 결정짓는 척도는 그 사람이 승리자
이냐 아니냐에 달려 있는 것이 아니라, 그 사람이 어느 정
도 노력했는가에 달려 있다.

- 재주가 뛰어나지 않더라도 꾸준하게 노력한 사람은 반드시 성공을 거두게 된다. 노력해보지도 않고 어차피 해봐야 안 된다고 생각하는 것처럼 바보짓은 없다.
- 올림픽은 온 세계가 진실로 평화를 사랑하며 인생에 대한 존엄성을 창조하는 일이다.

소리 내서 읽고, 손으로 쓰고 싶은
내 인생의 격언

저기에
쳐서 넣겠다

미국의 전설적인 홈런왕 베이브 루스. 그는 원래 미국 메이저리그
보스턴 레드삭스 소속의 뛰어난 왼손잡이 투수였다. 그의 볼 위력은
대단했다. 아무리 뛰어난 타자라도 쉽게 치지 못했다. 얼마 후, 루스는
투수에서 타자로 전향했다. 이후 뉴욕 양키즈 팀에서 왼손잡이 강타
자로 활약하며 명성을 얻었다. 루스가 타석에 들어서기만 하면 관중
들은 방향을 가리키느라 법석을 떨었다. 그때마다 루스는 "좋아, 저기
에 쳐서 넣겠다"고 말하곤 했다. 언제나 정해진 자리로 치는 것은 아
니었지만 아주 여러 번 자신이 원하는 곳으로 공을 쳐냈다. 1932년 월
드시리즈에서 기적이 일어났다. 루스가 자신이 홈런을 날릴 곳을 손
으로 가리켰다. 그리고 날아오는 공을 향해 방망이를 휘둘렀다. 그런

베이브 루스(Babe Ruth)
프로야구 선수(1894~1948) 미국

원래 이름은 조지 허먼 루스(George Herman Ruth). 베이브 루스는 애칭이다. 볼티모어의 가난한 집안에서 태어나 불행한 어린 시절을 보냈다. 일찍부터 야구 실력이 출중해 프로야구 팀의 이목을 끌었다. 19세의 나이에 보스턴 레드삭스에 입단해 프로선수 생활을 시작했다. 15년 동안 뉴욕 양키스의 전성기를 이끌며 미국 프로야구를 대표하는 선수로 이름을 날렸다. 소속 팀을 일곱 번이나 월드시리즈 정상에 올려놓았다. 통산 홈런 714개, 타율 3할 4푼2리, 안타 2873개. 타율은 아직도 난공불락으로 남아 있다. 루스를 기념하는 수많은 영화와 노래가 만들어졌다. 미국 야구 명예의 전당에 그의 이름이 올라 있다.

데 정말로 그가 가리킨 곳으로 공이 날아가 홈런이 되었다. 이는 미국 메이저리그 역사상 가장 극적인 홈런의 하나로 꼽힌다.

베이브 루스의 인생 격언

• 내가 714개의 홈런을 칠 수 있었던 것은 1330번이나 삼진을 당했기 때문이다.

• 홈으로 오기 위해선 1루, 2루, 3루를 모두 차례대로 밟아야 한다.

• 골프에서는 역전 홈런이란 존재하지 않는다. 그 게임의 승패는 자신에 의해 결판난다.

소리 내서 읽고, 손으로 쓰고 싶은
내 인생의 격언

"대답하지 않는 것도 대답의 일종이다."

아메리카 인디언인 호피 족의 속담이다. 그들에게는 조언을 구해도 대답을 들을 수 없는 경우가 많다. 배울 시기가 찾아오면 답을 자연스럽게 알 수 있다는 것이 그들의 생각이다.

"꿈의 의미는 크다. 정령이 호의로 사람을 이끌어 주는 것이 꿈이다."

크리 족의 속담이다. 꿈을 영적인 계시로 파악하고, 보이지 않는 세상으로 통하는 입구라고 생각한다. 크리 족에게는 '멋진 꿈을 꾸고 행동으로 옮겨라'라는 속담도 있다. 그들의 인생 지침은 바로 '꿈'이다.

"자기보다 위대한 존재에게는 항상 경외심을 지녀라."

쇼쇼니 족의 속담이다. '위대한 존재'란 우주와 자연을 뜻한다. 그들은 우주와 자연에 항상 경외심을 품고 생활해왔다.

"개구리는 자기가 사는 연못의 물을 몽땅 마시지 않는다."

수 족의 속담이다. 개구리는 자기가 사는 환경을 스스로 파괴하지 않는다. 자연과 함께 공생하라는 메시지를 담고 있다.

저자별 집필 인물

김규회

유베날리스, 도연명, 세르반테스, 허균, 스탕달, 바이런, 위고, 스마일스, 휘트먼, 톨스토이, 마크 트웨인, 타고르, 헤세, 헬렌 켈러, 생텍쥐페리, 신사임당, 김정희, 로댕, 베토벤, 히치콕, 백남준, 히포크라테스, 유클리드, 아르키메데스, 허준, 다윈, 파브르, 클라크, 슈바이처, 호킹, 맹자, 노자, 장자, 순자, 원효, 주자, 왕양명, 이황, 이이, 정약용, 성철, 김수환, 법정, 프란치스코, 아리스토텔레스, 키케로, 베이컨, 파스칼, 스피노자, 루소, 칼라일, 밀, 토인비, 사르트르, 노벨, 앤드루 카네기, 록펠러, 정주영, 스티브 잡스, 빌 게이츠, 페리클레스, 알렉산더, 카이사르, 콜린스, 호치민, 덩샤오핑, 만델라, 선덕여왕, 정몽주, 정도전, 세종, 정조, 최제우, 전봉준, 이하응, 주시경, 김구, 안중근, 유관순, 손자, 칭기즈 칸, 최영, 이순신, 콜럼버스, 난센, 아문센, 맬러리, 암스트롱, 가가린, 쿠베르탱, 베이브 루스

야마다 토모미(山田智美)

셰익스피어, 괴테, 스탈 부인, 도스토옙스키, 헤밍웨이, 다자이 오사무, 다 빈치, 고흐, 피카소, 모차르트, 존 레논, 채플린, 구로사와 아키라, 데즈카 오사무, 뉴턴, 에디슨, 노구치 히데요, 아인슈타인, 공자, 테레사, 소크라테스, 데카르트, 니체, 프로이트, 록펠러, 포드, 샤넬, 데일 카네기, 디즈니, 드러커, 마쓰시타 고노스케, 혼다 소이치로, 이부카 마사루, 쇼도쿠, 마키아벨리, 프랭클린, 링컨, 사카모토 료마, 간디, 쑨원, 처칠, 마오쩌둥, 케네디, 나폴레옹, 갈릴레이

타나베 준(田辺准)

게바라, 맬컴 엑스, 마틴 루서 킹, 오다 노부나가, 도요토미 히데요시, 도쿠가와 이에야스, 레닌

나카무라 후미오(中村文雄)

쇼펜하우어, 호퍼

사자키 료(砂崎良)

석가, 예수, 무함마드, 아시아의 격언, 아프리카의 격언, 인도의 격언, 중국의 격언, 유럽의 격언, 남아메리카의 격언, 북아메리카의 격언